2021年国家社科基金重大招标项目（编号：LSYZD21009）阶段性成果

KAIFANG FAZHAN ZHONG DE JINGWU BIANGE WENTI YANJIU

开放发展中的
警务变革问题研究

谢 波 / 著

法律出版社
LAW PRESS · CHINA
北京

图书在版编目(CIP)数据

开放发展中的警务变革问题研究 / 谢波著. -- 北京: 法律出版社, 2024

ISBN 978-7-5197-9073-8

Ⅰ. ①开… Ⅱ. ①谢… Ⅲ. ①警察-工作-研究-中国 Ⅳ. ①D631

中国国家版本馆 CIP 数据核字(2024)第 081776 号

开放发展中的警务变革问题研究
KAIFANG FAZHAN ZHONG DE JINGWU BIANGE WENTI YANJIU

谢 波 著

责任编辑 董 昱
装帧设计 鲍龙卉

出版发行 法律出版社
编辑统筹 法规出版分社
责任校对 张红蕊
责任印制 耿润瑜
经　　销 新华书店

开本 A5
印张 10　**字数** 216 千
版本 2024 年 8 月第 1 版
印次 2024 年 8 月第 1 次印刷
印刷 北京新生代彩印制版有限公司

地址:北京市丰台区莲花池西里 7 号(100073)
网址:www. lawpress. com. cn
投稿邮箱:info@ lawpress. com. cn
举报盗版邮箱:jbwq@ lawpress. com. cn
销售电话:010-83938349
客服电话:010-83938350
咨询电话:010-63939796

书号:ISBN 978-7-5197-9073-8　**定价**:58.00 元

凡购买本社图书,如有印装错误,我社负责退换。电话:010-83938349

序

《开放发展中的警务变革问题研究》是西南政法大学国家安全学院谢波副教授多年深耕警务化教学和研究的一部新著。作为同学和拥有相同人生经历的人，我们博士毕业后都走到公安院校任教，都关注警务教学和警务化实战研究。在工作之余，常就涉及警务中的相关问题探讨，他善于思考、注重对实践化问题深入研究，写作能力强，成果较多。《开放发展中的警务变革问题研究》是他在深耕实际，以中国自由贸易试验区建设中如何开展公安机关职能建设为命题的又一力作。经本人托请为该书作序，我有幸能在他完稿后拜读其大作，深感荣幸，同时也就该书的内容介绍谈谈心得以作序。

拜读后，我认为该书在结构上分为两个大的部分：

第一部分紧扣自贸区建设中涉及的治理和安全因素，就自贸区建设与公安行政管理、社会治安治理、经济犯罪防控等内容进行多层次考察，在逻辑上按照问题、分析及对策层层深入，聚理论性和实践性为一体。其中，以理论如何服务实践为原则，注重就警务化实战应用为特色进行写作。一是通过对上海、广东、天津、福建等自贸区的警务机制创新案例的分析，揭示了公安机关服务保障自贸区建设的实践样态，并指出了警务工作在新形势下的挑战和应对策略。二是深入探讨了自贸区建设中警务工作面临的新挑战与应对路径，包括国家安全稳定、社会治安治理、公安行政管理和经济违法犯罪等方面的风险和变革。作者提出，公安机关需要树立“专业化”警务理念，理顺警务组织机构，推进行政管理改革，并创新社会治安治理模式，以有效应对自贸区建设带来的新变化。三是该书通过比较法研究，对成渝地区双城经济圈警务合作机制进行探讨。分析了国内三个一体化发展区域警务合作的经验和成渝地区的双城经济圈警务合作机制的路径。还结合了实际案例并进行实地调研，如探讨了重庆自贸区的知识产权综合管理改革试点，以及广东自贸区针对两岸金融贸易、人员交流方面的特色警务机制。

第二部分就当前数字经济时代关涉的数字犯罪，分别从电信网络诈骗犯罪、区块链技术在洗钱犯罪中的应用，以及人工智能对犯罪和侦查的影响三个角度，深入探讨了新型犯罪形态的特点、侦查中存在的问题以及对应的对策和路径，为理解和应对新型犯罪提供了有价值的视角和策略。

在电信网络诈骗犯罪方面，书中主要探讨了“杀猪盘”犯罪侦查中存在的问题，并提出了相应的对策和路径。指出所谓“杀猪盘”，是指一种电信网络诈骗犯罪，犯罪分子通过建立虚假的恋爱关系，诱骗受害者投资或赌博，最终导致受害者财产损失。对此，作者以侦查博弈论视角，分析了“杀猪盘”犯罪侦查中的信息不对称、跨国跨境合作的冲击、诈骗话术对人性弱点的利用以及心理博弈策略的缺失等问题，并提出了提升获取侦查信息水平、健全合作机制、加强话术预警反制和合理运用心理博弈等策略。在区块链洗钱犯罪方面，书稿聚焦于非同质化通证洗钱犯罪的生成逻辑与侦查路径。界定了非同质化通证的内涵、外延及表现形式，并分析了非同质化通证的监管现状与法律属性。随后，探讨了我国境内非同质化通证（数字藏品）的运行交易机制及洗钱犯罪风险，并提出了构建非同质化通证洗钱犯罪侦查路径的对策，包括网络阵地控制、资金流查控、多部门协作和国际警务合作以及相关法律法规的完善。在生成式人工智能对犯罪和侦查的影响方面，作者指出生成式人工智能技术的进步为犯罪提供了新的手段和机会，同时也为侦查工作带来了挑战和变革。在分析了生成式人工智能如何形塑新型犯罪，特别是在深度伪造技术方面的应用，并探讨了侦查与犯罪之间的博弈关系及其演变驱动力的基础上，提出了未来侦查模式转型的路径选择，包括转变侦查理念、革新侦查重点、前置犯罪打击和扩大侦查协作等方面。

总之，这是一部注重现代警务实践，反映中国贸易区现代警务化实用之作，集警务化理论与具体案例、研究方法多元并紧扣智能化手段、融国内与国际视野于一体，特别是针对数字化时代下聚焦新型犯罪，公安工作如何开展侦查和分析的学术著作，对理解当前中国警务在顺应时代化主题开展策略应对进行深度研究，对公安侦查实战实践具有重要的参考价值。该书作为国家社科基金重大招标项目的阶段性成果，集中体现了作者在公安学和国家安全学领域的专业素养和研究成果。

西南政法大学教授　吴　喜

2024年4月

目 录

第一章
中国自由贸易试验区建设
对警务工作的影响

中国自由贸易试验区（以下简称自贸区）建设是经济全球化背景下我国实施的一项重大国家战略，其对公安警务工作产生了深刻影响。这种影响集中反映在公安机关的职能定位、公安行政管理、社会治安治理、经济犯罪防控等四个方面，具体表现为：公安机关职能定位之核心是“服务保障”；公安行政管理当更强调合作与服务；社会治安治理面临复杂的新形势；经济犯罪防控压力持续加大。结合自贸区公安警务实践，深入分析这些影响，有助于公安机关提升服务保障自贸区建设发展的质效。

中国自贸区建设是经济全球化背景下我国实施的一项重大国家战略，其对公安警务工作产生了深刻影响。这种影响集中反映在公安机关的职能定位、公安行政管理、社会治安治理、经济犯罪防控等四个方面，具体表现为：公安机关职能定位之核心是"服务保障"；公安行政管理当更强调合作与服务；社会治安治理面临复杂的新形势；经济犯罪防控压力持续加大。结合自贸区公安警务实践，深入分析这些影响，有助于公安机关提升服务保障自贸区建设发展的质效。

中国自贸区建设是经济全球化背景下我国实施的一项重大国家战略，也被学者称为我国"寻求新一轮'入世'主动权的试验田"。[①] 党的十九大报告提出，要推动形成全面开放新格局，赋予自贸区更大改革自主权，探索建设自由贸易港。党的二十大报告指出，加快建设海南自由贸易港，实施自贸区提升战略，扩大面向全球的高标准自由贸易区网络。自2013年8月上海自贸区成立以来，我国已分批成立了共22个自贸区。[②] 较之其他经济功能区，自贸区在贸易开放、监管理念、法律政策

---

① 参见乐美龙编著：《中国（上海）自由贸易试验区变革与机遇》，上海交通大学出版社2015年版，第7页。

② 这22个自贸区分别为：2013年9月，国务院批复成立上海自贸区；2015年4月成立广东、天津、福建3个自贸区；2017年3月成立辽宁、浙江、河南、湖北、重庆、四川、陕西7个自贸区；2018年4月，党中央决定支持海南全岛建设自贸区，支持海南探索推进中国特色自由贸易港建设；2019年8月成立山东、江苏、广西、河北、云南、黑龙江6个自贸区；2020年9月成立北京、湖南、安徽3个自贸区；2023年11月成立新疆自贸区。

等方面具有明显差异，也正是这些差异，使自贸区建设对公安警务工作产生了深刻影响。本章试结合当前中国自贸区警务实践，从多个领域分析自贸区建设对公安警务工作之影响。

一、中国自贸区建设对公安机关职能定位的影响

自贸区作为经济全球化和区域经济一体化新变局中，我国进一步扩大对外开放、深化经济体制改革的产物，其建设发展之核心即在于制度创新。公安机关是政府的重要组成部分，兼有行政管理和刑事侦查职权，对其职能定位理应放到自贸区建设背景下政府职能的转变中，加以理解与把握。如有学者指出："近几年来，特别是党的十八大以来，上海在推进政府职能转变，深化行政体制改革方面的探索，取得的成效和新的进展，为自贸试验区建设中的政府职能转变奠定了良好基础，形成了后续改革良性的路径依赖。"[①] 实际上，2013 年党的十八届三中全会通过的《中共中央关于全面深化改革若干重大问题的决定》就着眼于我国改革发展全局，系统阐述了全面正确履行政府职能的总体要求，为加快转变政府职能、进一步简政放权、更好发挥政府作用指明了方向。2015 年 11 月，时任总理李克强在上海自贸区考察时强调得更清楚，自贸区要大胆地试，使权力做减法，给责任做加法，为市场做乘法，用更高水平的改革开放释放经济发展潜力。2016 年全国公安厅局长会议上公安部要求，公安机关要主动服务"一带一路"、自贸区建

---

① 陈奇星主编：《自贸区建设中政府职能转变的突破与创新研究》，上海人民出版社 2017 年版，第 42 页。

设等国家重大发展战略，抓好边防出入境管理制度等改革政策落地实施，最大限度为经贸往来、人员流动、人才引进创造便利条件。可以说，正是自贸区建设中政府职能之转变为公安机关的职能定位提出了新的要求。较之传统意义上的警务模式，自贸区公安警务工作无疑将更具专业性和创新性，其核心可用“服务保障”加以概括之。从笔者掌握的情况看，当前设立较早的沪、粤、津、闽四地自贸区公安机关，已经探索实施了一些特色警务机制，彰显出公安机关服务保障自贸区建设之实践样态，具体如表1所示。

表1　沪粤津闽自贸区的特色与警务机制实践创新①

自贸区	自贸区主要特色	自贸区警务机制创新
上海自贸区	突出金融创新推动金融业发展	要素性服务管理、大数据有效监管、多网络复合防控、全息式打击模式的自贸区警务机制
广东自贸区	面向港澳促进服务业发展和开放	针对自贸区重点建设项目从落地、建设到建成使用全过程的“项目警务制”
天津自贸区	辐射北方侧重制造业发展与开放	创新自贸区社会治理涉及出入境、户政、交通管理等方面的服务型警务机制
福建自贸区	发挥对台优势深化两岸经贸关系	针对两岸金融贸易、人员交流等方面警务前移的一系列接轨自贸的特色警务

通过表1不难看到，公安机关对自贸区建设的服务保障与

① 表中自贸区警务机制实践创新情况来源于笔者收集的新闻报道、公安机关文件资料和调研所获信息。

自贸区的区位定域性、产业聚集性、监管特殊性、政策激励性等基本特征密切相关。[①] 一方面，就自贸区共通特征而言，至少表现为三点：一是自贸区的本质即为自由，其“境内关外”的属性及所追求的投资和贸易自由化、便利化，需要公安警务工作不断弱化管理色彩、强化服务主导，以适应市场化、法治化和国际化的营商环境；二是自贸区实行以“法无禁止即自由”为表征的负面清单管理，[②] 将放宽外商投资准入限制，致使公安管理范畴发生变化（如文化、体育、娱乐等领域的开放，可能超越公安机关常规的治安管理范畴），加之依照国际通行规则，负面清单的内容不能增加只能缩减，这无疑会给公安警务工作带来新的考验；三是自贸区针对货物贸易领域“一线放开、二线管住、区内流转自由”（“一线”指国境线，“二线”指自贸区与内地的连接线）的监管模式，将使传统注重事前审批的公安监管向注重事中、事后监管转变。

另一方面，公安机关服务保障自贸区建设之职能定位，也同各自贸区的发展目标、功能定位、主要任务等相关联。例如，根据2015年国务院印发的《中国（福建）自由贸易试验区总体方案》，福建自贸区应以创新两岸合作机制、增强闽台经济关联度、拓展与21世纪海上丝绸之路沿线国家和地区交流合作深度和广度等为发展目标，并明确了平潭、厦门和福州

① 参见林雄主编：《中国自贸区建设与国际经验》，中山大学出版社2016年版，第7–8页。

② 负面清单是指仅列举法律法规禁止的事项，对于法律没有明确禁止的事项，都属于法律允许的事项；负面清单管理模式对于扩大市场主体准入自由、激发市场主体活力、减少政府管制，具有重要现实意义。参见王利明：《负面清单管理模式与私法自治》，载《中国法学》2014年第5期。

三个片区的功能定位，相应的在服务保障自贸区建设方面，福州马尾警方就探索实施了在出入境管理中融入“地域元素、自贸区元素、警察元素”①的接轨自贸特色警务；为提高自贸区治安防控体系智能化水平，福清公安开启了“智慧警务”建设，打造集视频指挥、信息查询、通信保障等多功能于一体的警务监控中心。②又如，国务院于2017年3月新设重庆自贸区，印发《中国（重庆）自由贸易试验区总体方案》将“开展知识产权综合管理改革试点”作为优化营商法治环境的主要任务之一，为充分履行公安职能助推改革试点，公安机关加大了打击侵犯商标权、专利权、著作权、商业秘密等侵犯知识产权犯罪的力度，而这无疑又有利于保障电子核心部件、云计算、高端装备、生物医药等“高端产业集聚”“法治环境规范”等发展目标之实现。至此可以归纳出，正是自贸区的典型特点及战略目标“倒逼”公安机关转变职能定位，以提升服务保障自贸区建设的质效和水平。

二、中国自贸区建设对公安行政管理的影响

自贸区建设发展“制度创新”之核心，必然要求公安行政管理制度机制的创新，而制度机制创新集中体现为：在自由贸易规则下，其对公安行政管理服务意识和法治透明度的更高要求。实际上，这种要求又与我国政府不断深化行政体制改革、

① 梁仁昌：《福州马尾打造特色警务接轨自贸模式》，载《人民公安报》2015年5月21日，第1版。

② 参见泓翔：《福建：“智慧警务”对接服务自贸试验区》，载搜狐网2015年10月23日，http://www.sohu.com/a/37475899_114812。

转变政府职能，推动简政放权和行政审批制度改革的“放管服”（简政放权、放管结合、优化服务之简称）[①] 改革要求是相契合的。其重心在于在加快政府职能转变的背景下，公安机关秉持“服务保障”之职能定位，重点推进“两个转变”：一是公安行政监管由事前审批向事中、事后监管调控转变，以充分发挥市场在资源配置上的决定性作用；二是公安行政管理模式由管理主导向服务主导型转变，以最大限度地激发多元市场主体的创新活力。不过有学者指出，政府职能转变作为自贸区建设的关键，具有“牵一发动全身”的效用，加之当前自贸区建设尚处于探索阶段，政府职能实现方式转变还面临来自管理体制、市场开放、电子政务建设、法律法规、社会力量参与等方面多重制约。[②] 这里，主要从自贸区公安管理体制、公安行政监管、公安行政管理服务等三个方面，分析自贸区建设给公安行政管理带来的影响。

首先是在公安管理体制上，自贸区作为特殊经济区域，其经济上的相对独立性和行政上的依赖性，决定了自贸区公安行政管理需要一个专业性、权威性的公安机关，但目前自贸区却普遍缺乏这样的公安机关。由于长期以来我国公安系统实行

---

① 2016 年 3 月，时任总理李克强在人民大会堂金色大厅会见采访十二届全国人大四次会议的中外记者并答问时指出：“‘放管服’改革实质是政府自我革命，要削手中的权、去部门的利、割自己的肉。计利当计天下利，要相忍为国、让利于民，用政府减权限权和监管改革，换来市场活力和社会创造力释放。”（参见《李克强谈“放管服”改革：用政府权力减法换取市场活力乘法》，载中国政府网，http：//www.chinanews.com/gn/2017/08－06/8297210.shtml）

② 参见蒋硕亮：《中国（上海）自贸试验区制度创新与政府职能实现方式转变》，载《哈尔滨工业大学学报（社会科学版）》2015 年第 4 期。

“条块结合、以块为主”的管理体制，自贸区不同区域片区由不同的公安机关管理（一般至少涉及3个公安机关），这容易形成条块分割、多头管理局面，由此带来政策理解冲突、权责任务交叉、管理效率不高等弊端。同一自贸区不同区域片区各自所属公安机关在案件管辖上还可能存在推诿扯皮现象，在行政执法标准、证据规格等把握上也可能存在不统一的地方。而一些发达国家自贸区警察管理体制正与之相反，如国外资料显示，1979年设立的美国纽约港自贸区由纽约—新泽西港务局统一管理，该机构虽然地跨两州，由纽约州和新泽西州政府联合成立，但是却配备了自己的警察执法力量。为了克服上述弊端，理顺自贸区公安管理体制，有效统筹自贸区警务工作，2014年9月上海市公安局自贸区分局正式挂牌成立，其作用功能在于“按照‘区内事、区内办’要求，上海市公安局通过授权在行政管理上发挥分局对自贸区经济发展的服务保障作用”①。这是我国成立的第一个自贸区专门的公安机关，其无疑有利于在公安组织体系层面克服多头管理之弊，以满足自贸区公安行政管理的需要。

其次是在公安行政监管领域，这种影响主要表现在两方面。一方面，在自贸区负面清单管理模式下，变革原有易束缚市场自由的行政许可和审批制度，随着事前审批事项范围之不断缩减，需弱化公安机关在治安、交通、消防、出入境等条线的刚性事前行政审批。以上海自贸区消防条线行政审批改革为

---

① 吴艺、刘建：《上海自贸区公安分局成立》，载《法制日报》2014年9月29日，第3版。

例，按照国务院办公厅曾印发的《自由贸易试验区外商投资准入特别管理措施（负面清单）（2017 年版）》规定（现行 2021 年版负面清单同样如此规定），外资获准进入我国消防市场，在自贸区内依内外资一致原则实施管理；而除涉及易燃易爆危险品的建筑和大型人员密集场所需事先取得消防行政审批许可外，其他建设工程均实行备案抽查。从中可以看到，上海公安机关在自贸区“放管服”改革中行政审批权之弱化，这无疑契合了国际通行注重单位自我管理、激励社会广泛参与的消防监管模式。另一方面，事前行政审批的弱化给公安机关针对违法犯罪、安全稳定的事中、事后监管带来压力，如易燃易爆危险品企业的入驻，给安防工作带来巨大安全隐患。此时就需要更加强化“合作”的理念，集约多元力量参与监管，以实现事中事后监管之效能。为此，有人提出通过强调“合作”和“参与”的协商性行政执法体制创新，来实现自贸区公安行政执法之平等性、服务性、经济性和裁量性。[①] 自贸区公安机关已在这方面开展了一些警务实践，如上海自贸区公安分局打造直联互通的“三大”（警企、警银、警社）服务监管平台、福建平潭综合实验区公安局“主动跟进自贸区”的警务机制建设等，具体如表 2 所示。

---

① 曲光毅：《论上海自贸区行政执法体制的创新——以协商性行政执法体制为视角》，载《法制与经济》2015 年第 21 期。

表2 上海和福建自贸区公安机关基于“合作”理念的警务实践①

公安机关	警方合作对象	“合作”警务实践内容	工作目标或解决问题
上海市公安局自贸区分局	企业、银行、自贸区各职能部门、驻区机构、行政执法部门等	推进警企在线平台建设	实现警企数据库自动比对和差别化监管，及时发布预警提示
		建立警银直通协作机制	实现金融风险防控和信息共享
		深化警社合作平台	整合资源、共享信息、联动处置，提升园区城市安全防控合力
平潭综合实验区公安局	自贸办、行政审批局、市场监管局、仲裁中心、片区检察室等	建立新兴业态企业信息交流共享机制	为主动预警、动态管控和专业打击提供基础支撑
		与仲裁、检察建立常态长效沟通联系机制	形成涉台民商事纠纷和打击两岸跨境犯罪工作合力

通过表2不难看出，自贸区公安行政监管强化警方与其他力量合作的实际功用。这一点正如美国学者朱迪·弗里曼所指出的：“在合作模式下，参与可以改进规则的信息基础从而提升决定的质量，并因而增加成功实施的可能性，并且就规则在实践中的效果提供重要的反馈。”② 而实际上，美国警学专家J. Q. 威尔森在归纳“服务型”警务模式的典型特征时，也言明了合作之重要性：“这种警务模式倾向于与社会服务单位或

① 这些警务实践是笔者根据收集的公安工作简报和发表的论文整理而成。

② 参见［美］朱迪·弗里曼：《合作治理与新行政法》，毕洪海、陈标冲译，商务印书馆2010年版，第41页。

者‘帮助’单位合作，去控制犯罪，以解决治安问题。”[①] 从中又可以看到，自贸区公安行政管理服务与公安行政监管相同，亦需更为强调“合作”之基本理念。

最后是在公安行政管理服务方面，自贸区建设中营商环境之优化会使政府承载更多的服务职能，相应地，公安行政管理的服务主导色彩会更趋明显。此时，公安行政管理不再必然体现为单一的强制与被强制关系，而是还需强化为自贸区建设提供高质量的行政服务。时任总理李克强指出，深化“放管服”改革要取得更大成效，就要做到以简政放权放出活力和动力、以创新监管管出公平和秩序、以优化服务服出便利和品质。[②] 这些要求亦显示出在自贸区建设发展中应对公安行政管理之“服务性”更为强调，这在当前一些警务实践中已有直接体现。以福建自贸区为例，2015 年福建公安与海关、检验检疫等部门配合，推出“台（台湾）车入闽便利化措施”，简化台车和机动车驾驶人临时入闽行驶牌照申领手续，实现台车入闽快速通关，方便了两岸人员、车辆往来；[③]；福建公安边防总队创新实施《服务自贸区建设十项措施》[④] 则兑现了官方提出的自贸区

---

① 参见［美］普尔普拉：《警察与社区——概念和实例》，杨新华译，中国人民公安大学出版社 2009 年版，第 76 页。

② 源自 2018 年 6 月 28 日时任总理李克强在全国深化“放管服”改革转变政府职能电视电话会议上的讲话（参见《人民日报》2018 年 7 月 13 日，第 2 版）。

③ 参见福建自贸试验区领导小组办公室、福建自贸区发展研究中心等：《福建自贸试验区创新实践探索（2016）》，福建人民出版社 2016 年版，第 185、190 页。

④ 这十项措施包括：推行“单一窗口”服务；实行“自助通关”服务；推行“移动验放”服务；推行鲜活产品优先验放制度；推行全天候通关服务；推行旅游团快速通关机制；简化船员调换手续；推行海港登轮证件“一证通”制度；跟进对接口岸扩大开放；推行大型经贸活动通关保障机制。

的事“马上就办、办就办好”的服务承诺，促成了公安行政服务前移，使公安边检服务质量和通关效益得到提升。此外，为主动服务自贸区建设，上海、福建、湖北、重庆、四川等地出入境管理方面的探索创新也十分典型，如上海公安在外国人证件业务上创新实施的“单一窗口”制，即变此前办证“往返跑”为“一个窗口、一套材料、一次申请、一并办结”，使办事效率大幅提升，实现让“自贸区跨境引才大提速”之效果。[①] 这无疑也是自贸区建设促使公安行政服务改革创新的先例。

三、中国自贸区建设对社会治安治理的影响

自改革开放40余年以来，社会主义市场经济体制不断健全完善，社会治安状况保持总体稳定，但仍然面临一些新情况新问题。正如有学者总结，“社会治安是社会秩序的一个组成部分”“在进一步深化改革、扩大开放的新形势下，由于各种主客观原因，我们面临的治安形势仍然相当严峻”[②]。作为新时期国家深化改革开放“试验田”的自贸区，其社会治安形势在此大背景下，加之制度创新带来的风险，日益呈现出了一些新特点，使公安警务工作面临着新考验。例如，在“一线放开”监管模式下，“二线管住”的压力持续加大，如通过仓储物流、集卡运输等方式运送易燃易爆物品、毒品、枪支等违法违禁品

① 参见唐玮婕：《“单一窗口”让自贸区跨境引才大提速》，载《文汇报》2016年10月5日，第1版。

② 罗锋：《改革开放30年：中国社会治安形势和犯罪控制战略》，群众出版社2009年版，第1、7页。

风险增加；在负面清单管理过程中，文化娱乐等行业外商投资准入，可能在自贸区内滋生“黄赌毒”现象；高度集聚的中外企业、机构及其人财物流动增量，致使人口、场所、交通管理、街面管控等治安基础工作难度变大。从中不难窥见，自贸区制度创新对社会治安形势产生的影响。再以笔者调研的内地某自贸区某片区为例，来说明自贸区公安警务工作在社会治安方面面临的新形势。该自贸片区占地近23平方公里［含综合保税区约9平方公里和铁路保税物流中心（B型）0.15平方公里］，片区的功能定位为打造加工贸易转型升级示范区，重点发展智能装备、电子信息等制造业，以及保税物流中转分拨等生产性服务业，优化加工贸易发展模式。自该自贸片区设立以来，当地经济社会发展发生了很大变化，公安机关开展社会治安治理至少面临以下三个方面的问题。

第一，社会矛盾日趋复杂。某自贸区自于2017年正式挂牌以来，大型园区和公司企业不断落户该片区及周边工业配套发展区，由此导致因征地拆迁、建筑施工、劳动争议等因素引发的社会矛盾日趋多样化，矛盾主体更加多元化，矛盾性质也更为复杂化。早在2013年，国家土地督察上海局就针对上海自贸区土地利用管理调研指出，自贸区面临产业转型升级和结构优化挑战，区内土地以工业用地为主，如何在短期内为国内外企业提供大量商业和办公用房，满足急剧增加的企业退出登录需求，显示出土地利用结构存在调整优化问题。而土地需求如若得不到满足，显然容易引发“地荒”等一系列社会问题。笔者调研了解到，劳资纠纷在片区维护社会稳定和群体性事件中所占比重日益增大，几个月内在属地公安机关接报纠纷、维护社会稳定类警情中，劳资纠纷占比达近73%。还有人担心自贸区内各种自由便捷的交易平台，还可能被境外宗教和非政府组织利用，从而对国家安全和社会稳定产生威胁。同时，随着人才中介、资信调查、工程设计、医疗、教育等服务产业的对外开放，相关个体性矛盾与群体性矛盾纠纷也有交织叠加之趋势，自贸片区社会不稳定因素增多。

第二，治安隐患日益增多。调查数据显示，该片区群众的社会安全感较为靠前，但违法犯罪的诱因却大量存在，盗窃、诈骗等多发性侵财案件仍然占据较大比重。随着近年来自贸区快速发展，外资进入逐渐增多，外来人员涌入片区，导致该片区人口结构发生变化，流动人口比重日益上升，从而客观上为违法犯罪活动提供了新的便利条件和空间，一些输入性、流窜性、智能性违法犯罪显现出向自贸区汇聚的“洼地效应”。笔者收集的某沿海自贸片区公安部门服务自贸区建设简报写道，“要科技强警，提升口岸服务效能”“建立全港区高清监控体系，针对管控死角提供重点盲点区域报警设定，对进入设定区域或者搭靠设定区域的可疑船舶实行自动报警，为维护口岸安全和秩序提供保障”。从这些警务应对措施也不难看到，治安隐患可能对自贸区产生的负面影响。而在较早设立的上海自贸区，各类公共安全隐患也呈现出“存量未减、增量巨大”之态势，有专门调研显示：“由于历史原因，自贸区内不少‘先上车、后买票’的企业中存在安防手续不全、防护设施落后、安全设施不达标的‘非法建筑’，安全隐患问题突出。”[①] 此外，随着该片区建设发展和中欧班列发班频率的增加，人流、物流、车流加剧运动，公安交管方式落后与大型运输车辆激增、智能交通建设滞后与群众交通法治意识薄弱等矛盾日益凸显，给片区的道路交通管理带来较大压力，2018 年 1 月至 5 月，该片区查处的交通违法案件同比上升 32.4%。自贸区内交通违章多发、事故上升、秩序混乱等现象，无疑将进一步考验公安机关在交通管理方面的能力水平。

第三，经济纠纷日渐多发。自贸区便利化、市场化、国际化的营商环境对企业入驻的吸引力增强，据不完全统计，近年来该片区每天有 8 家以上企业快速入驻，片区内新注册成立公司也成倍增加。随着入驻企业和新设立公司逐步进入常态运营，涉及公司企业的法律纠纷也浮现出来，特别是投资贸易、金融商事、知识产权等经济类纠纷逐渐增多。例如，2017 年 11 月，片区所属派出所在排查中发现，区内一家企业代理深圳某公司自动售货机，合同签订后因代理权效力问题发生纠纷，双方多次协商未果，企业老板情绪十分激动，声称，“代理权问题如果不解决，公司员工将集体‘闹事’”。后派出所积极开展调查，发现深圳某公司在签订合同之初，即存在显失公平问题，于是派出所主动出面联系深圳某公司的负责人，并对其开展法治教育，最终双方协商达成一致意见，维持了片区社会秩

---

① 上海市公安局自由贸易试验区分局课题组：《自贸试验区公共安全管理体系的探索和实践》，载《上海公安高等专科学校学报》2017 年第 4 期。

序稳定。[①] 与此同时，经济纠纷的主体也呈现出由初期的内资企业、中国公民向外资企业、外国公民转变之趋势，这无疑又会使公安机关面临如何化解跨国纠纷争议、维护社会稳定的问题，也从侧面反映出自贸区建设在便利中外人员来往的同时，外国人身份复杂化、居住地域扩大化等特征带来的诸如“三非”（指非法入境、非法居留、非法就业）外国人管理问题，对公安机关在自贸区开展社会治安治理带来新的考验。

四、中国自贸区建设对经济犯罪防控的影响

自贸区建设以投资体制改革、金融制度创新和服务业制造业扩大开放为核心任务，通过放松政府对市场的管制，形成了自贸区内营商环境自由、宽松、开放之鲜明特点。正是基于这些任务和特点，人、物、资金、信息、技术等经济要素加速流动，极大地激发了自贸区的经济活力，但同时也使经济违法犯罪频发。近年来，在自贸区内金融贸易、税收征管、知识产权等领域，经济犯罪风险持续加大，并逐渐成为区内犯罪类型的主要增长点。笔者赴某自贸区某片区所属公安机关调研发现，该自贸片区自设立以来，刑事发案率总体状况趋于平稳，近年来未发生杀人、爆炸、抢劫、绑架等严重暴力案件，但是经济犯罪案件在刑事发案中所占比例却逐年上升，从 2014 年至 2017 年年均上升 2.3%。在自由贸易区立法较为成熟的国家，违反自由贸易区法的行为被认为是一种经济犯罪，这类犯罪涉

① 参见陈燕、任学意：《重庆：自贸区里的派出所实践》，载《现代世界警察》2018 年第 5 期。

及面广，影响较大，其后果也相对比较严重，在立法上规定了较为严厉的处罚，以威慑违法犯罪活动，保证自由贸易区顺利发展。① 因此，涉自贸经济犯罪往往成为国外执法部门重点打击的案件范围。我国公安机关负有预防、制止和侦查犯罪活动之基本职责，自贸区建设中经济犯罪案件日渐增多，区域性、系统性金融风险随之上升，无疑会使公安警务工作面临更大压力。

自贸区所属检察机关发布的“检察白皮书”相关内容，则从另一角度体现了此种趋势。如2018年5月，上海浦东新区检察院发布的《2017年度涉自贸、科创检察工作白皮书》显示：浦东检察院在2017年共受理涉自贸和科创经济犯罪案件168件、229人，其中破坏金融管理秩序案21件、27人（占比17%），金融诈骗案46件、49人（占比38%）；这些案件主要表现为金融诈骗、破坏金融管理秩序、侵犯知识产权、扰乱市场秩序及销售伪劣商品等五类。② 同年6月，成都双流自贸区检察院发布《涉自贸刑事检察白皮书》（2017.4—2018.4）分析涉自贸案件呈现出两个新特点：一是传统侵犯知识产权犯罪案件向高价值商品领域蔓延并日趋产业链化；二是金融、保险、航空等企业人员利用管理漏洞泄露公民个人信息情况渐现。由于这些案件皆属公安机关管辖范围，自然不能不对公安警务工作产生深刻影响。

---

① 参见钱震杰、胡岩：《比较视野下自由贸易区的运行机制与法律规范》，清华大学出版社2015年版，第197页。

② 参见张敏、徐朦：《浦东检察院发布涉自贸和科创检察工作白皮书 探索建立追赃挽损工作标准流程》，载《浦东时报》2018年6月1日，第5版。

实际上，自贸区建设中的金融创新在创造经济利好的同时，也带来较高的经济犯罪风险。笔者收集的《某公安局关于服务保障某自由贸易试验区建设的指导意见》要求，公安机关应顺应自贸区特殊管理体制，审慎对待金融税收等领域创新过程中的新情况、新问题，准确把握法律政策，注意区分经济纠纷与经济犯罪、改革创新出现偏差与钻改革空子实施犯罪的界限。这一要求反映出自贸区金融创新的两面性，及执法实践中把握的导向与困难。2015 年 9 月，最高人民检察院发布的一件金融犯罪典型案例——上海某实业有限公司、某动力机械有限公司、王某逃汇案，作为涉自贸区首例逃汇案件，清晰反映了自贸区金融创新可能带来的经济犯罪风险。该案采取了与传统逃汇犯罪不同的方式，[①] 引发了司法界对逃汇行为认定的争议，具体表现为：该案不法分子通过虚构贸易背景，先行存入等额人民币保证金，再采取外汇贷款形式套取大量外汇资金，以进口名义将外汇汇出境外，再以出口名义将外汇流回境内，实现利用境内外利差跨境内外市场套利之目的；其与传统逃汇的区别在于，犯罪动机不是将外汇汇出境外，而是赚取利率差，犯罪结果是汇出境外的外汇最终仍然回到境内。[②] 由此可见，犯罪分子正是利用了上海自贸区金融改革创新使跨境贸易更为便利，通过借助离岸公司以虚假转口贸易实施逃汇犯罪，损害国

---

① 我国《刑法》第 190 条对逃汇罪的规定为：国有公司、企业或者其他国有单位，违反国家规定，擅自将外汇存放境外，或者将境内的外汇非法转移到境外，情节严重的，对单位判处罚金，并对其直接负责的主管人员和其他直接责任人员，处 5 年以下有期徒刑。

② 参见陈辐宽主编：《上海自由贸易试验区检察实务研究》，法律出版社 2016 年版，第 300 - 301 页。

家外汇管理秩序和金融安全。

调研中有经侦民警告诉笔者，从近年案侦情况看，自贸区设立后一些典型经济犯罪逐渐浮现出来，例如：自贸区试行人民币资本项目可兑换、跨境使用、金融市场利率市场化等方面的金融制度创新，可能诱发金融诈骗、跨国洗钱等新型经济犯罪；自贸区在税收征管方面的政策突破，不排除企业或个人为追求利益最大化，钻税收政策空子实施骗税、逃税等违法犯罪活动；随着自贸区电子信息、互联网软件、高端装备、生物医药等产业领域的兴起，侵犯知识产权犯罪的发案率显著提升。[①] 而这些犯罪也日益呈现出网络化、智能化之新趋势，如传统销假类知识产权犯罪与网络平台相互结合；在融资领域出现了利用 P2P 网络平台、网络商城等手段实施非法集资案件等。这些充分说明，在自贸区建设进程中经济犯罪案件的专业化、多样化、网络化等新特点，给公安经侦工作带来了巨大挑战，需要公安机关着力加以应对。

此外，笔者收集到公安机关侦办的一个案例，基本案情为：某公司法定代表人 A 自 2013 年以来，以其公司在某市城郊开发建设“某度假公社”和准备在上海自贸区成立子公司为名，面向社会高息借款，承诺借款时间半年、半年利息为 11%—15%，借款时间一年、年利息为 24%，后支付部分借款

---

① 前些年，有学者对自贸区潜在经济犯罪风险作了归纳，主要包括：金融领域犯罪风险，如洗钱、非法集资、贷款、保险、票据诈骗、内幕交易、信用卡类犯罪风险；商贸领域犯罪风险，如合同诈骗、侵犯知识产权、侵犯商业秘密、商业贿赂等职务类犯罪风险；税收领域犯罪风险，如偷逃税、骗取出口退税犯罪风险。参见程一平、黄敬敏等：《浅析中国（上海）自由贸易试验区建设潜在犯罪风险及防范对策》，载《上海公安高等专科学校学报》2014 年第 1 期。

本金和利息后关门跑路。该案件中，犯罪嫌疑人正是利用了“上海自贸区”概念（发展前景好、预期收益可观）为诱饵，实施非法吸收公众存款的犯罪行为。据此，自贸区建设中还可能伴生其他经济犯罪，这也是公安警务工作在经济犯罪防控方面需加扩展注意的。

通过以上分析不难看到，中国自贸区建设对公安警务工作产生的全面而深刻的影响。这些影响有的已经显现，有的则是基于自贸区“开放创新”内核之趋势性研判。习近平总书记指出：“推进更高水平的对外开放，加快实施自由贸易区战略，加快构建开放型经济新体制，以对外开放的主动赢得经济发展的主动、赢得国际竞争的主动。”① 这充分表明，在自贸区战略下我国改革开放还将持续推进，对公安警务工作之影响亦是长期而深远的。美国学者奎斯特弗·斯顿曾提出“警务改革新专业化”应包含承担责任、有效执法、改革创新和改革整体性四个要素。② 这对理解自贸区公安警务工作无疑具有启发意义，唯有正确认识自贸区建设对公安警务工作之多维影响，探索实践自贸区警务机制改革创新，方能有效服务保障自贸区建设发展。

---

① 《习近平：加快实施自由贸易区战略　加快构建开放型经济新体制》，载新华网，http：//www. xinhuanet. com/politics/2014 -12/06/c_ 1113546075. htm。

② 参见王大伟：《第五次警务革命：十论世界警务大趋势》，中国人民公安大学出版社 2012 年版，第 106 页。

第二章

中国自贸区建设中警务工作面临的挑战与应对

中国自贸区建设作为我国在新时代推进改革开放的一项战略举措，在带动构建开放型经济新体制的同时，亦对警务工作带来新挑战。这些挑战体现在国家安全稳定、社会治安治理、公安行政管理、经济违法犯罪等方面。为应对新挑战，提升服务保障自贸区建设的质效，当前警务实践探索已显现出丰富的样态，但警务机制改革创新有必要持续推进，主要着力点是树立“专业化”警务理念及理顺警务组织机构、推进“放管服”背景下公安行政管理改革、创新基于“合作”理念的社会治安治理举措、构建打防并重的经济犯罪防控机制。

中国自贸区建设是我国在新时代全面深化改革、扩大对外开放的重大战略举措，在改革开放进程中具有里程碑意义。尽管不同的自贸区各具区域特色，但无疑都承载着制度之改革创新，具有充分自由、优惠高效、通达便利等共性特征，① 正是这些特征给我国公安警务工作带来了全新挑战。在全球化时代，"寻求解决未知问题的未知方法" 成为警察的一项重要使命。② 本章结合我国警务实践探索，③ 分析自贸区建设中的警务问题，并从警务机制创新方面提出初步对策建议。

一、中国自贸区建设与警务工作的关联梳理

国际国内对自贸区之界定较为丰富，但就中国自贸区而言，是指在主权国家或地区关境以外划出的特定区域，在经贸、投资等方面作出优惠安排，允许外国商品豁免关税自由进出。也就是说，自贸区属于我国境内一个特殊经济区域，由此区别于主权国家之间建立的自贸区。中国自贸区虽系保税区、出口加工区、保税物流园区等海关特殊监管区的自然延伸，但

---

① 参见李萍：《中国自由贸易区发展理论与实践——兼论山东半岛自由贸易区的构想》，中国社会科学出版社 2014 年版，第 4－5 页。

② 参见［英］本·鲍林、［英］詹姆斯·谢普蒂基：《全球警务机制研究》，倪铁译，法律出版社 2014 年版，第 23 页。

③ 自 2018 年以来，笔者通过实地调研、访谈、查阅制度文件等形式，对一些自贸区公安机关进行了初步调研，收集掌握了论文相关实务材料。为遵循学术惯例，本书对调研涉及的自贸区（片区）和公安机关名称作模糊处理。

不同的是它具有“境内关外”之地位,[①] 由此形成区内高度市场化、法治化和国际化。自贸区之设立有着深刻的国内国际背景,既是全面深化改革开放之需,亦是接轨国际贸易新规则的需要。我国经过 40 多年的改革开放,经济取得了腾飞发展,但在经济全球化和区域经济一体化浪潮下,为西方发达国家主导的国际贸易规则正在全球展开,给我国带来国际竞争边缘化之压力。我国经济发展同样面临一些新瓶颈,譬如,经济发展方式亟须转变、陈旧的管理体制有待改变、应对市场波动的能力尚待提高等。是故,全面深化改革、扩大开放自然成为我国冲破阻力之出路,诚如有学者指出:“自贸试验区是中央从我国争取更大的全球经济治理话语权出发,提高对外开放水平,以开放促改革、促发展的一块试验田。”[②] 正因如此,自贸区建设亦被业界称作中国的“二次入世”。

公安机关作为政府重要职能部门,具有行政管理和刑事司法之双重职责,由此,公安警务工作便与自贸区建设紧密勾连起来。两者间的关联在警察学理论层面,很容易通过警察角色理论(涵盖警察的作用、职责与任务等)加以理解言说。尽管如有学者所言“如果将所有的行政或司法人员放置于社会万花筒中观察,警察无疑具有最多重的影像与角色”[③],但根据 T. 巴克和 R. D. 亨特之研究,警察因社区和警察组织差异,主要

---

① 学者乐美龙从定位、功能及运作模式等方面,对保税区、出口加工区、保税物流园区、保税港区和自贸区间的差异作了细致对比。参见乐美龙编著:《中国(上海)自由贸易试验区变革与机遇》,上海交通大学出版社 2015 年版,第 4－9 页。

② 林雄主编:《中国自贸区建设与国际经验》,中山大学出版社 2016 年版,第 59 页。

③ 宋远升:《警察论》,法律出版社 2013 年版,第 206 页。

扮演了控制犯罪、维持秩序和提供服务三种角色。[①] 显然，此三种警察角色皆可能与自贸区建设相关。同时，通过我国《人民警察法》第6条有关警察的14项职责的规定，亦可以笼统看到这种关联。此外，这在当前一些有关自贸试验区管理的制度规范中也有直接体现，例如，《中国（上海）自由贸易试验区条例》规定，公安机关等部门在区内依法履行行政管理职责。就实际警务举措而言，在国家和地方公安层面，警务工作与自贸区建设之关联也不可谓不密切，具体如表1所示。

表1　公安机关有关自贸区建设的实际举措[②]

层次	年份	公安机关	业务类别	警务举措内容
国家	2016/2017	公安部	出入境管理	推出支持广东自贸区建设涉及外国人签证、停留居留证件、永久居留证签发等方面的16项出入境新规；后又提炼出实际需求高、社会反响好的7项出入境政策措施，在有关自贸区实施
地方	2015	天津市公安交通管理局	交通管理	建成全国首家公安交管部门派驻自贸区服务站，实现"一站式"办理机动车及驾驶证业务
	2017	重庆市公安局	出入境管理	推出助推重庆内陆开放高地建设的14项出入境便利措施，对在自贸区工作、符合认定标准的外籍高层次人才，可直接申请在华永久居留
	2017	厦门市公安局	易制毒化学品监管	简化、优化福建自贸区厦门片区企业第一类易制毒化学品运输许可证审批流程

① 王大伟等编著：《外国警学理论》，中国人民公安大学出版社2017年版，第69－70页。

② 这些警务举措系笔者根据调研收集的资料和媒体报道整理而成。

此外，在赴某自贸区调研时，自贸办工作人员告诉笔者："自贸区的建立势必会促进口岸物流、车流上升，也必然带动进出港人流、出入港船舶量增多，地方政府和服务对象都希望公安边检能进一步提高服务质量和通关效益。" 表 1 所列有关出入境、交通管理、化学品监管等领域警务举措，以及社会对公安机关在自贸领域提供服务之更高预期说明，在深化"放管服"改革和推进政府职能转变背景下，政府对自贸区的支配性、强制性管理当逐渐弱化，其服务功能则应不断得到加强。习近平总书记曾深刻指出，自贸区建设的核心任务是"制度创新"。对服务功能的强调无疑与此核心任务是高度契合的，而制度创新又离不开市场化、法治化、国际化的营商环境，正如时任总理李克强在考察上海自贸区时指出："自贸区这个改革开放'高地'，高在'放管服'，高在'大众创业、万众创新'，高在新动能的培育，高在整个市场环境的开放、公平和公正。" 公安机关作为全面依法治国的主力军，自当主动、高效服务保障自贸区建设。也正是在促进贸易和投资自由化、便利化的自贸规则下，有人分析自贸区警务乃一种主动型、服务型警务，具有以服务为主导、注重事中事后监管、日常警务工作国际化等新特性。[①] 为此，在 2016 年全国公安厅局长会议上，公安部要求全国公安机关要主动服务自贸区建设等国家重大发展战略，最大限度为人员流动、经贸往来、人才引进创造便利条件。这里也强调了公安机关在自贸区建设中的服务功

---

① 参见上海市公安局自由贸易试验区分局课题组、上海市公安局自由贸易试验区分局：《自贸试验区公安行政管理工作探索》，载《上海公安高等专科学校学报》2015 年第 1 期。

能。笔者收集《某公安局关于服务保障某自由贸易试验区建设的指导意见》说得更明白，其针对服务保障之“总体要求”提出：“紧紧围绕自贸试验区的战略定位和发展目标，自觉把公安工作纳入自贸大局，综合发挥好打击、预防、保护、教育等职能，找准公安机关服务保障自贸试验区建设的切入点，着力构建公安服务保障体系，为自贸试验区创新发展提供优质的法律服务和司法保障。”至此可以说，在自贸区建设与警务工作的关联上，前者对后者提出了崭新的要求，公安机关应主动服务保障自贸区建设之目标任务，切实提升服务保障的质效和水平。

二、中国自贸区建设给警务工作带来的新挑战

在自贸区宽松自由的内核下，人员、货物、资金、技术等经济要素在自贸区内外加速对流，给经济社会发展格局带来重大变化。如有学者指出：“自贸试验区推出的制度创新面向对接国际投资贸易新规则等领域，是全局性、共通性的制度创新，旨在完善基本体系、激活全盘。”[①] 加之，前述自贸区建设与警务工作的密切关联，势必使警务工作面临不少新挑战。这些挑战可能源于复杂的社会矛盾、严峻的治安形势、新型的违法犯罪等诸方面，需要公安机关在服务保障自贸区建设中认真对待。归纳起来，新挑战至少体现在以下四方面。

（一）国家安全稳定面临新问题

按照总体国家安全观的要求，国家安全体系涉及政治、经

---

① 肖林、张湧主编：《中国（上海）自由贸易试验区制度创新：回顾与前瞻》，格致出版社、上海人民出版社 2017 年版，第 260 页。

济、社会、网络、军事等多个领域安全。自贸区宽松便利的投资环境与国家安全息息相关，因其势必吸引更多外资企业入驻，而这些外资企业得益于便捷的企业备案管理模式，在入驻前往往并未经过严格的国家安全审查。① 一些具有复杂背景的外资企业可能借机“合法”入驻自贸区。此外，自贸区内各类自由交易平台，也可能被境外非政府组织利用，为这些组织进入我国活动，特别是境外势力实施意识形态领域渗透、在敏感节点闯关入境等提供便利，从而影响到国家安全稳定。笔者调研还发现，某自贸片区存在不少公安内保重点单位，其中涉及易制爆危险化学品、易制毒化学品、放射性同位素等单位上百家，金融重点单位（部位）30 余家，加油加气站 4 家。而这些重点单位在高效运营中，或多或少存在安全防范手续不全、设施不达标等问题，公共安全隐患漏洞较为突出。正如有调研指出，受历史和现实因素之影响，自贸区公共安全管理面对的一大瓶颈即为“增量巨大、存量未减”。② 同时，自贸区建设发展带来的征地拆迁、建筑施工、交通安全等矛盾纠纷也日益多样化，矛盾主体更趋多元化，在新兴产业向自贸区加速聚集过程中，相关个体矛盾与群体性矛盾纠纷进一步交织（如劳资纠纷引发不稳定及群体性事件），成为影响自贸区稳定的新诱因。

① 对此，改革决策层已有所注意，如国务院办公厅于 2015 年印发《自由贸易试验区外商投资国家安全审查试行办法》，决定在上海、广东、天津、福建等 4 个自贸区实施。

② 参见上海市公安局自由贸易试验区分局课题组：《自贸试验区公共安全管理体系的探索和实践》，载《上海公安高等专科学校学报》2017 年第 4 期。

（二）社会治安治理承受新压力

自由贸易体系一方面，极大地释放了企业活力；另一方面，也给社会治安带来深刻影响。特别是随着区域经济成分、组织形式、利益关系等日趋复杂多样，关涉自贸区的社会治安新情况随之增多。以笔者调研的某自贸片区为例，虽然该片区民众安全感指数较高，但违法犯罪的诱因却也大量存在，片区自2017年设立以来，区内以盗窃、诈骗等为代表的多发性侵财违法犯罪呈现高发态势。有民警告诉笔者，随着近年来自贸片区快速发展，入驻企业日益增多（自贸片区挂牌一年来新注册企业达5000余家），不少外来务工人员涌进片区，导致区内人口结构、就业生活方式发生变化，流动人口比重迅速抬升，这在客观上为多发性侵财犯罪活动提供了便利条件。2018年，成都市双流区人民法院发布《涉自贸区案件审判白皮书（2017.4—2018.3）》显示：从2017年4月至2018年3月，双流区人民法院共审结各类涉自贸区案件640余件，其中刑事案件仍以传统型破坏社会秩序类犯罪为主，包括危害公共安全罪、扰乱公共秩序罪、盗窃罪、运输毒品罪等。[①] 影响自贸区社会治安另一重要因素是“一线放开、二线管住、区内不干

---

① 参见王一多：《双流法院发布涉自贸区案件审判白皮书》，载成都长安网，http：//www.chengdupeace.gov.cn/fzjs/20180424/1795971.html。

预”的监管模式。[①] 两线之间存在一定程度的张弛关系，完全可能出现“‘一线’放得越开，‘二线’压力越大”的现象，从而打破自由开放环境中高效的经济模式与伴生的治安风险之平衡。正是在此种监管模式下，自贸区普遍推行市场准入负面清单制度，其典型表征为“法无禁止即自由”的法律保留原则。[②] 2018 年，国家发改委、商务部曾发布《自由贸易试验区外商投资准入特别管理措施（负面清单）（2018 年版）》适用于所有自贸区（现行 2021 年版负面清单同样如此规定），当时，这一版负面清单在更多领域试点取消或放宽外资准入限制。而限制之大幅减少，使常规公安管理范畴发生变化，由此可能影响社会治安治理。如文化、娱乐等领域对外资的开放，可能导致黄、赌、毒现象在自贸区内及周边区域滋生蔓延，进而衍生出黑恶势力等其他社会问题。

（三）公安行政管理提出新要求

自由贸易规则要求将过往注重事前审批的政府管理方式转变为注重事中事后监管，必然推动政府职能由管理型向服务型转变，这亦是推进政府简政放权、优化服务的应有之义。与之

---

① “一线”是指自贸区与国境外的通道口；“二线”是指自贸区与海关境内的通道口，普遍被视同进出口线，实行与其他关境进出口相同的海关法律、法规、政策；“区内不干预”是指区内的货物可以进行任何形式的储存、展览、组装、制造和加工，自由流动和买卖。参见福建师范大学福建自贸区综合研究院编著：《自贸区大时代：从福建自贸试验区到 21 世纪海上丝绸之路核心区》，北京大学出版社 2015 年版，第 7 页。

② 负面清单（Negative List）和正面清单（Positive List）是贸易自由化的两种路径，其中，负面清单模式是指“所有行业部门和措施都是开放的，除非在附录中进行了特别的保留或者明确列举了不符措施”的贸易开放模式。参见刘征峰：《负面清单、透明度与法治原则——兼评我国自贸区外资管理的路径改革》，载《暨南学报（哲学社会科学版）》2018 年第 4 期。

相对应地，公安机关在行政管理上的服务主导特征将更趋凸显，这就为公安机关如何重构监管与服务的关系、如何突出服务自贸相关职能等提出了新的更高要求。实际上，以往针对外资领域偏重事前监管存在明显不足，正如有学者指出："这在一定程度上削弱了外商投资中国的热情，同时，过于复杂的审核手续也无形中成为阻碍国际经贸自由的壁垒，这与自贸区所具有的自由、开放、平等等内在属性不相适应。"① 对服务主导下注重事中事后监管之强调，在一些自贸区管理制度规范中也得到了直接体现，如《中国（福建）自由贸易试验区条例》第46条规定："自贸试验区创新行政管理方式，完善管理规则，注重事中事后监管，推动形成行政监管、行业自律、社会监督、公众参与的综合监管体系。"从公安行政管理服务实践看，以出入境管理为例，在自贸区建设中外籍人员往来大幅增长背景下，如果沿用传统出入境管理办法势必不利于人员流动。而如本章表1所列重庆市公安局实施的出入境便利举措，显然有助于自贸区引进外籍高端人才，这些新举措使"对在华工作的市场化外籍人员放宽了申请'绿卡'的条件"。② 这也说明了公安行政管理中对服务的强调之于自贸区建设的重要性。

（四）经济违法犯罪显现新趋势

自贸区宽松、自由的创新环境犹如一把"双刃剑"，其在增强经济活力的同时，亦大大增加了经济运行之风险。从世界

---

① 李猛：《中国自贸区法律制度建立与完善研究》，人民出版社2017年版，第3页。

② 《重庆警方推14项出入境优惠政策 在渝外国友人更方便》，载中国青年网2017年6月7日，https://news.youth.cn/jsxw/201706/t20170607_9996862.htm。

各国自贸区建设情况看，也往往存在做空金融市场、缺乏有效反洗钱措施、出现空壳公司（简化公司注册程序所致）等系统性弱点。[①] 随着自由贸易要素向自贸区汇集，经济违法犯罪同向汇聚的“洼地效应”也日渐显现出来。此前有学者预测，在自贸区建设进程中，经济犯罪将占据绝对主流犯罪之位置。事实也是如此，最高人民法院于2016年出台《关于为自由贸易试验区建设提供司法保障的意见》，在第二点“充分发挥审判职能作用，为促进自贸试验区健康发展提供司法保障”部分，提出“重视解决侵犯知识产权跨境犯罪问题”“依法惩治涉自贸试验区的走私、非法集资、逃汇、洗钱等犯罪行为”“注意区分虚报注册资本罪、虚假出资罪、抽逃出资罪以及非法经营罪的罪与非罪的界限”。这些罪名即从制度规范层面回应了主流犯罪之判断。2016年，上海市检察院发布的《2015年度涉自贸刑事检察白皮书》显示：较之上年，上海自贸区在2015年经济犯罪案件上升2.4%；其中，经济犯罪案件占区内刑事案件的11.2%，同比增长0.1个百分点；同时，存在犯罪分子逃避监管手法不断演化、利用异地监管衔接的缝隙实施犯罪、假借P2P和异化P2P网贷实施犯罪等新动向。另据媒体报道，广州南沙自贸区自挂牌成立以来，落户的金融企业达6000余家，比挂牌前增长了约50倍；案件呈现出涉众型经济犯罪更趋复杂化、跨境跨区域案件明显增多等新特点。2017年，上海浦东新区法院对外发布十大涉自贸区金融审判典型案例，其中

① 参见程一平、黄敬敏等：《浅析中国（上海）自由贸易试验区建设潜在犯罪风险及防范对策》，载《上海公安高等专科学校学报》2014年第1期。

"波驷贸易（上海）有限公司、尼某、陈某逃汇案"颇为复杂，[①] 虚构转口贸易对外付汇是否构成刑法意义上的逃汇罪，还曾一度在司法系统内部发生争议。此案中，犯罪分子正是利用了金融创新环境下跨境贸易之便利及境内外外汇管制的差异实施犯罪。从以上自贸试验区经济犯罪之新趋势，不难看到负有防范和打击经济犯罪职责的公安机关所面临的新挑战。

三、中国自贸区建设中警务应对的路径

面对这些新挑战，自贸区公安机关积极探索警务机制改革创新。尽管改革创新尚不可与"必须有警察哲学作为理论基础"和"一定是整体的综合进步"[②] 的警务革命相提并论，但这些机制创新仍然具有明显的"服务保障"之核心理念。如上海公安针对自贸区经济犯罪前端管理、主动预警、动态防控、专业打击"四项机制"，珠海横琴警方护航自贸"项目警务制"等皆是如此，虽涉及不同警务领域，但都体现了服务保障的功能。下面结合这些警务创新实践，提出自贸区警务机制创新之对策建议。

（一）树立自贸区"专业化"警务理念与理顺警务组织机构

警察系统作为一个同外部环境密切关联的开放系统，应积

---

① 此案的详细案情及判决，可参见上海浦东新区法院陆光怡法官对案件的研析。参见张斌主编：《浦东法院服务保障上海自贸试验区的探索与实践》，法律出版社 2016 年版，第 95 - 106 页。

② 王大伟：《第五次警务革命：十论世界警务大趋势》，中国人民公安大学出版社 2012 年版，第 17 页。

极适应环境变化并随之更新工作理念、调整角色定位。既然自贸区具有自由开放典型表征，那么，警务理念首先需与之相契合。[①] 当前，一些公安机关探索实践在自贸区警务机制改革中所提出的“自贸大局”“自贸意识”“自贸速度”等概念，有时类似概念也被媒体提炼出来，[②] 无疑显示了公安机关对警务理念变革的思考。2015 年天津自贸区正式挂牌后，滨海新区公安在服务保障自贸区建设上，提出要树立现代警务思维，此种思维包括法治思维、数据思维和改革思维等三个方面。[③] 此外，还提出要求：要紧密围绕自贸区建设，在主动警务和专业警务上下功夫，努力提高服务企业、服务区域经济发展的能力。这些都较为清晰地体现出自贸区警务理念之内核，其可以与“改革”“服务”“专业”“法治”等关键词紧密联系起来。放眼国外，美国学者 C. 斯通于 2011 年提出了世界性警务改革趋势的观点——“警务改革新专业化”（Toward New Professionalism in Policing），对更新自贸区警务理念颇具启发性，该观点与自贸区建设要求或特征可能之联系如表 2 所示。

---

① 对于警务理念之重要性，早有学者指出：警务现代化包括警务理念、警务制度和警务技术装备现代化三个层面，而警务理念是前提，它决定警务活动的基本面貌、基本方面和基本过程。参见向池山：《中国社会主义现代警务机制概论》，中国人民公安大学出版社 2010 年版，第 67 页。

② 参见梁仁昌、陈航岚：《福州市马尾区公安局“自贸 Style”广受好评》，载网易新闻网 2015 年 7 月 21 日，http：//news. 163. com/15/0721/11/AV1VISCQ00014AEE. html。

③ 参见张亮：《天津自由贸易试验区背景下新区公安机关创新社会治理的实践与思考》，载《滨海时报》2016 年 3 月 25 日，第 1 版。

表2　"警务改革新专业化"观点与自贸区建设可能的关联①

"警务改革新专业化"		自贸区建设之要求
要素	要素内涵	
承担责任性（Accountability）	改革要对犯罪上升、经费短缺和管理混乱等三个要素负责	建设法治化国际化便利化营商环境、深化行政管理体制改革、提高行政管理效能等
有效执法性（Legitimacy）	解决警察执法权问题，增强公众对警察的信任	建设法治化营商环境、深化行政管理体制改革等
改革创新性（Innovation）	自上而下形成改革机制，并把改革创新作为日常工作	以制度创新为核心、扩大投资领域开放、推动贸易转型升级、深化金融领域开放创新等
改革整体性（Coherence）	解决改革过于分散、五花八门问题，达到全国一盘棋	解放思想，先行先试，形成可复制可推广的经验

通过表2可以看到"警务改革新专业化"观点所含四个要素为更新自贸区警务理念提供了一种解释的路径，意即以警察之"专业化"来提升服务保障自贸区建设的质效。正是在此意义上，自贸区警务机制改革创新中的"服务""专业""法治"等概念皆可为C. 斯通所谓的"专业化"理念所统摄。至此，可说自贸区警务理念之内核为专业化。从另一角度看，这种专业化也在相当程度上表现为专业化的警务组织机构，而自贸区在经济上的相对独立和行政之依赖性（如管理体制上的政府主导）间的张力，决定了自贸区公安管理体制的复杂与特殊。

---

① 表中"警务改革新专业化"猜想相关内容来自王大伟教授的专著。参见王大伟：《外国警察科学》，中国人民公安大学出版社2012年版，第304－305页。

2014年9月，上海市公安局自贸区分局揭牌成立，这是全国首个提出以服务自贸区建设为主要职责的公安机关，[①] 而其职责定位是打造“创新警务机制的‘探索型分局’、优化行政管理的‘服务型分局’和防范金融风险的‘专业型分局’”[②]。笔者调研发现，不少自贸区不同片区分别归所属公安机关管理，一般可能涉及两个以上公安机关，这种条块分割式的多头管理容易导致效率不高、案件管辖不清、执法标准和方式不统一等问题。实际上，在以“分权式的警察体制”为代表的美国，[③] 其自贸区的警务管理亦呈现出集权统一的一面。例如，成立于1979年的纽约港自贸区地跨新泽西州和纽约州，由地跨两州的纽约—新泽西港务局全权负责管理，而该港务局在法律上独立于两州，拥有自己的警察执法力量，而正是“统一的跨州机构确保了整个大纽约地区港务业务的流畅运行，为纽约港自贸区发展奠定了政治基础”[④]。所以，为了更好服务保障自贸区建设需要，可以立足权责清晰、运转高效、法治保障之目标，适当借鉴吸收这些做法，在专业化理念下逐步理顺自贸区的公安管理体制。

---

① 上海市公安局自贸区分局为上海市公安局直属正处级机构，行使相当于地区公安分局的执法权限，享有市公安局部分行政审批权限，主要负责管辖上海外高桥保税区、外高桥保税物流园区、洋山保税港区和上海浦东机场综合保税区等总面积28.78平方公里的自贸区域。

② 上海市公安局自贸区分局党委：《以公安改革创新成效服务自贸区建设发展》，载搜狐网2017年6月28日，http：//www. sohu. com/a/152650592_ 115696。

③ 参见赵炜、张光主编：《警察政治学》，中国人民公安大学出版社2014年版，第56页。

④ 李敏：《美国纽约港自由贸易园区发展实践及其启示》，载《改革与战略》2015年第8期。

（二）推进“放管服”背景下自贸区公安行政管理改革

改革决策层提出，“放管服”改革是一场刀刃向内的政府革命，目的是重塑政府和市场关系，使市场在资源配置中起决定性作用和更好发挥政府作用，推动政府职能深刻转变，建设服务型政府。[①] 对于自贸区建设与政府职能转变之关系，有学者指出：“政府职能转变作为一种渗透性要素渗入制度创新、服务供给和行政效能之中，没有政府职能转变到位，服务型政府的建立进而经济的转型、升级等无疑成为不可能完成的任务。”[②] 公安机关作为政府的重要组成部分，在服务保障自贸区建设中自然亦需把握好同市场间的关系，实现自身职能转变。申言之，自贸区公安行政管理要由管理向以公共服务为中心的政府职能转变，而在此过程中必然伴随深化行政管理体制改革。实际上，早有研究表明，即便在传统警务活动中，也只有很少一部分与刑事司法有关，绝大多数警务工作涉及维护秩序和提供相关服务。[③] 职能转变还可以通过自贸区制度创新体现出来，如以“非禁即入”的负面清单制度替代市场准入行政审批，其目的就在于清单以外事项由市场主体依法自主决定。结

---

① 时任总理李克强在《在全国深化简政放权放管结合优化服务改革电视电话会议上的讲话》（2017 年 6 月 13 日）和《在全国深化“放管服”改革转变政府职能电视电话会议上的讲话》（2018 年 6 月 28 日）中均对此提出了要求（参见《人民日报》2017 年 6 月 30 日，第 2 版和《人民日报》2018 年 7 月 13 日，第 2 版）；2018 年 11 月，中央全面深化改革委员会审议通过《关于推进基层整合审批服务执法力量的实施意见》从构建简约高效基层管理体制角度，促使“放管服”改革面向基层深入推进实施。

② 陈奇星主编：《自贸区建设中政府职能转变的突破与创新研究》，上海人民出版社 2017 年版，第 33 页。

③ 参见［美］塞缪尔·沃克、［美］查尔斯·M. 卡茨：《美国警察导论》（第 8 版），张小兵、江帆等译，中国人民公安大学出版社 2016 年版，第 341 页。

合当下“放管服”改革背景及警务实际举措，自贸试验区公安行政管理改革当以强化服务性为内核，至少先在行政审批、行政公开、警务工作方式等方面着力改革创新。

在行政审批方面，公安机关行政审批权限范围较为广泛，在治安、人口、交通、出入境等公共管理领域，不少行政审批项目都与自贸区建设相关。既然自贸区政府管理注重事中事后监管，那么公安行政管理亦应随之而弱化事前审批。调研发现有公安机关针对自贸公安工作，提出“以服务促管理”警务机制，笔者认为是非常贴切的。自贸区的灵魂是自由，因此自贸区的管理应该以简洁为主，尽量杜绝出现繁文缛节现象。[①] 所以，这种警务机制在管理服务上当着眼于提升工作效率，并能为自贸区企业和民众直接感知。基于这一目标，可以考虑全面清理省级公安行政审批事项，重点写好权力清单、责任清单和负面清单，通过行政审批权限下放与授权，探索高效的公安行政管理服务机制，以推动事前审批向后续监管转变。为让服务提质增效，珠海横琴公安在简化行政审批上着力，主动承接了珠海市公安局下放的治安、户政、出入境、交通等 19 项公安行政管理权限。[②] 从中清楚展示了自贸区公安行政管理服务上高效便利的改革举措。以下，再举两例当前自贸区公安行政管理改革实践之探索及效果，具体如表 3 所示。

---

① 参见钱震杰、胡岩：《比较视野下自由贸易区的运行机制与法律规范》，清华大学出版社 2015 年版，第 257 页。

② 参见廖仔傲：《珠海横琴：“自贸新时代”警务》，载《现代世界警察》2018 年第 5 期。

表3　自贸区公安行政管理改革实践探索实例①

改革项目	领域	改革实践简况	改革实践效果（社会评价）
上海自贸区公安分局“单一窗口制”	出入境	对涉及外国人居留许可、就业证、专家证换发、延期、变更等12大类20余项业务实施“三窗合一”受理、“并联式”审批新模式，简化办事环节，提高审批效率	“以前相同的材料我要分别递交给三个不同部门，现在我只要递交一份材料……时间上大幅缩短，从给教师发offer到入境只需要不到一个半月的时间。”（自贸片区某国际学校人力资源负责人）
珠海横琴公安分局“项目警务制”	治安、人口等	把横琴自贸片区近百个重点建设项目作为警务服务项目，设立项目警务联络办公室，从项目落地、建设到启用实行全程跟踪服务，依法保护各方合法权益	“现在有了这一办公室，我们联系就更加紧密，有什么事第一时间就能找到警察。”（自贸片区某综合开发项目部工作人员）

从表3不难看到，公安行政管理在多个领域着力提升效率和强化服务性之同时，也提高了企业和民众在自贸事务上的满意度。而行政公开、警务工作方式的改革创新，无疑又是行政审批制度改革自然的逻辑延伸。有学者在阐释政府职能转变“三张清单”的作用及关系时说：“自贸区建设、运作与探索，与地方行政体制改革和政府行政职能转变关系重大，后者是前者成功的先决条件……完善事中事后监管体系，加强负面清单管理的透明度，包括可获得性、可预见性和稳定性，着手制定权力清单与责任清单，进一步提高政府服务透明度，明确政府

① 这两个实例系笔者根据收集的公安改革工作简报和媒体报道整理而成。

职能范围，适应清单管理的新模式。”① 其中的“透明度”即与行政公开紧密相关，这也是自贸区建设法治化营商环境的必然要求。例如，四川省于 2017 年出台《中国（四川）自由贸易试验区“证照分离”改革试点方案》，其中 99 项改革试点事项中就有 37 项属“提高透明度和可预期性事项”（如娱乐场所审批、机动车驾驶员培训业务许可等事项）。上海自贸区公安分局在推行“单一窗口”时也制作了《办事指南》《实用攻略》等服务宣传手册，将创新政策主动推介给申请人；2016 年，珠海市公安局面向社会推出《服务横琴自贸片区建设十二条措施》。这些行政公开举措显然有助于提高行政管理服务之透明度，进而提升公安机关服务自贸的水平。至于警务工作方式之改革创新，在信息化时代主要是注重运用科技信息手段，实现服务载体、方式等方面的创新，为此笔者调研收获较多之语即“让数据多跑路，让群众（企业）少跑腿”。笔者收集的一份基层公安简报描述，在某总队推出服务自贸区建设十项措施后，某基层单位主动将服务前移，通过上门走访、电话告知、QQ 服务平台、警务微博、微信、现场 LED 滚动播放等多种形式，全方位宣传便利化措施，提升服务对象知悉率，受到广泛认可与欢迎。至此，笔者调研访谈记录的警政人员语“寓管理于服务”“做到服务事项‘零距离’、服务质量‘零差错’”，即很好地说明了自贸区警务工作方式改革创新之基本理念与目标。

---

① 杨柏、陈伟主编：《内陆自贸区与重庆发展》，经济管理出版社 2016 年版，第 64 页。

（三）创新基于"合作"理念的自贸区社会治安治理举措

早在20世纪80年代，我国政府推行社会治安综合治理策略后，逐步形成"打防结合、预防为主，专群结合、依靠群众"指导方针及其实践举措（如人防物防技防、应急处突、矛盾纠纷排查化解等举措）。这些当然是公安机关在自贸区社会治安治理方面需加吸纳的，如海南省大力推广运用澄迈县"三位一体"（综治中心、雪亮工程和网格化服务管理）建设经验，以构建与自贸区（港）相适应的共建共治共享社会治理新格局。[①]有学者指出，社会治安综合治理的基本特点体现在"综合"二字，需要改变政府部门单一主体治理社会治安之格局，在保持政府对社会治安控制力的前提下，适度推进警政工作社会化。[②]在自贸区自由开放之表征和警务工作服务保障的定位下，警务活动以"参与"为核心的合作治理之重要性愈发凸显。在合作模式下，参与可以改进规则的信息基础从而提升决定的质量，因而增加成功实施的可能性，并就规则在实践中的效果提供重要反馈。[③]自由贸易负面清单内容"只减不增"致使公安事前审批逐渐弱化，这给事中事后监管带来较大压力，前述自贸区建设引发的不少挑战清晰显示出这种压力。此时，公安机关单一主体下的社会治安治理已难以适应新形势发展要求，所以有必要加强同其他力量的密切合作。这种合作可以从

---

① 参见良子、周培：《构建与海南自贸区（港）建设相适应的共建共治共享社会治理新格局》，载《海南日报》2018年5月22日，第2版。

② 参见陆永：《当代中国警政与现代国家成长》，江苏人民出版社2015年版，第182、214页。

③ 参见［美］朱迪·弗里曼：《合作治理与新行政法》，毕洪海、陈标冲译，商务印书馆2010年版，第41页。

两方面着力：一方面是公安机关与其他公共部门之合作，另一方面是同社会力量间的合作。实践中这两类合作也可能紧密交织在一起。

第一类合作是对政府管理方式转变带来部门协同性问题的回应，在自贸区制度设计层面多有明确表态，如《中国（福建）自由贸易试验区条例》第 47 条规定，自贸区建设统一的监管信息共享平台，整合监管信息资源，提高联合监管和协同服务效能；第 49 条规定，片区管理机构建立多部门合作协调、联动执法工作机制，实施集中统一的综合行政执法。值得注意的是，合作当体现互惠互利，这一点正如国外学者在阐述“多机构联动型警务”时所指出的，“不能想当然地认为，每个机构都会领会到进行协作的必要性”“多机构联动工作需要制定若干共用标准，使参与联动的机构彼此可从对方那里获得服务”[①]。对此有启发意义的是，为以标准化手段明确管理服务要求、优化流程及实现协同，2018 年 5 月，上海浦东新区发布《社会治理指数评价体系》《“家门口”服务规范》两项区级标准，这是首次在自贸区发布基层社会治理标准。[②] 在实践操作层面，笔者调研了解到某自贸区为防范交易风险，建立了整合工商、税务、公安、法院、银行等部门数据的信用系统，供有关部门共享信息资源，企业和个人亦可按规定查询。笔者收集的一份公安新闻动态显示，某自贸片区所属公安局与自贸办、

---

① ［英］彼得·乔伊斯：《警务发展与当代实践》，曹志建译，知识产权出版社 2015 年版，第 140 页。

② 参见《上海：自贸区首发 2 项基层社会治理区级标准》，载《中国质量与标准导报》2018 年第 6 期。

市场监管局、片区检察室、仲裁中心等部门密切协作，一方面，建立新兴业态企业信息交流共享机制，为主动预警和动态监管提供基础支撑；另一方面，与仲裁、检察建立常态沟通联系机制，促使涉外民商事纠纷和打击跨国（境）犯罪工作形成合力。

对于第二类合作，完全可以纳入社区警务基本观点加以深入推进。社区警务强调警察不是一个试图解决社会问题的孤立组织，市民应持续参与社区管理，共同解决问题。[①] 自由贸易规则下自贸区的市场化自由化程度非常高，而在合作模式中“当事人更有可能实施其参与的合意过程产生的规则”[②]，所以企业和民众在社会治安治理上的参与，无疑将有助于如社区警务那样“共同解决问题”，以缓解事中事后监管之压力。这也会在弱化管理强制性的同时，更多彰显出与自由贸易相契合的平等性、服务性、经济性等公安执法新表征。在自贸区制度设计上这类合作也多有表达，如前述《中国（福建）自由贸易试验区条例》第46条有关“公众参与”之规定。又如，《中国（辽宁）自由贸易试验区条例》第50条第2款亦规定：“自贸试验区应当提高公众参与监管的水平，建立行政监管、行业自律、社会监督、公众参与的综合监管体系。”对此，已有不少基于“合作”理念的警务实践探索，如上海自贸区公安分局构建的“警企、警银、警社”三大直联互通监管平台、珠海横琴

---

① 参见［美］普尔普拉：《警察与社区——概念和实例》，杨新华译，中国人民公安大学出版社2009年版，第46－47页。

② ［美］朱迪·弗里曼：《合作治理与新行政法》，毕洪海、陈标冲译，商务印书馆2010年版，第36页。

公安分局推行的“警民伙伴关系计划”项目等，其内容如表4所示。

表4 上海和珠海横琴公安基于“合作”理念的社会治安治理实践探索①

改革项目	合作对象	警务实践探索简况	改革目标
上海自贸区公安分局三大直联互通监管平台	企业、银行、自贸试验区职能部门、驻区机构等	依托信息化手段，建设警企在线平台	实现警企数据库比对和差别化监管；加强金融形势研判和风险防控；提升自贸区安全防控合力
		与区内银行逐一签订《合作协议备忘录》，建立警银直通协作机制	
		整合资源，汇聚力量，建设警社合作平台	
珠海横琴公安分局“警民伙伴关系计划”	人民群众、社会组织等	以警民互动体验馆为载体，建立警务工作宣传、社区安全与防范教育、警民合作共商社区治理与服务议事等警民关系“三个平台”	宣传警务工作和法律法规；鼓励群众举报违法犯罪线索，调动社会力量参与社会治安治理；加强警民联络，实时发布提示信息，指导群众开展治安防范
		以公共秩序协会为载体，建立群众参与治安治理动员机制	
		以警民伙伴微信群为载体，建立警民实时互动沟通机制	

① 表中警务实践探索系笔者根据收集的公安改革工作简报和媒体报道整理而成。有学者提出“多元治理格局”，即自贸区要形成政府、市场、社会等力量的多元治理格局，政府只是社会治理主体之一，而不是全部。参见蒋硕亮：《中国（上海）自贸试验区制度创新与政府职能实现方式转变》，载《哈尔滨工业大学学报（社会科学版）》2015年第4期。

通过表4不难看出，“合作”理念下自贸区警务实践丰富的样态，其中最为突出的一点就是警方与多类对象开展的广泛合作。以珠海横琴警务实践探索为例，2015年9月，珠海市公安局推出首批改革创先“10+1”重点项目，其中的“1”即指服务自贸区建设、探索横琴特色警务模式，而“警民伙伴关系计划”则属其中的重点建设项目之一。[①] 横琴警方表示，实施该项目的目标为实现治安治理能力现代化，这就通过警务实践探索回应了从“社会管理”到“社会治理”后，强调公众参与、激发社会活力的社会治理创新之新要求。

最后需要指出的是，公安机关与其他公共部门的合作，亦是行政管理强化服务性之必要前提，否则警务改革创新难以取得实效。例如，本章表3中上海自贸区公安分局推行“单一窗口”，将分属公安局、人社局、外国专家局等三个部门的业务进行有机整合，实现了信息资源共享与集约运用。显然，实施该改革项目离不开部门间的紧密协作。又如，为服务自贸区建设，2015年福建省公安厅开始实施“台车入闽便利措施”项目，在公安、海关、检验检疫等部门密切合作下，推出台车入闽快速通关模式，简化中国台湾地区临时入闽机动车和驾驶人牌照申领手续，为台胞提供高效便捷服务。[②] 这也是公共部门通过合作促成改革项目落地见效的例子。

---

① 参见王清波、王宇声：《珠海将推出公安改革创先重点项目》，载《人民公安报》2015年9月23日，第4版。

② 参见福建自贸试验区领导小组办公室、福建自贸区发展研究中心等：《福建自贸试验区创新实践探索（2016）》，福建人民出版社2016年版，第185－186页。

（四）构建打防并重的涉自贸区经济犯罪防控机制

前述涉自贸区经济犯罪呈现之新趋势，足以显示这些犯罪的专业化、新型化及国际化特征，而且犯罪极有可能引发影响社会稳定的次生风险。[①] 据广州南沙自贸区检察院介绍，2018年南沙自贸区涉众型经济犯罪涉案金额动辄上千万元，甚至上亿元人民币，对金融环境造成严重破坏，成为自贸区防范化解重大风险的重点对象。[②] 调研中，有经侦民警所言给笔者留下的印象也很深："一些涉自贸经济犯罪披着合法经济活动的外衣，与合法经济行为、经济纠纷、经济行政违法相互交织，犯罪行为极为复杂、隐蔽，罪与非罪、经济犯罪与经济纠纷有时很难截然区分。"涉自贸区经济犯罪的社会影响和判别犯罪之困难，无疑需将防范和打击有机结合起来，一方面，注重前端的预防预警；另一方面，强化后方的专业打击。同时，防控过程中还要注意打击犯罪与支持创新张力的平衡。

前端预防预警与前述"合作"理念下自贸区社会治安治理紧密相关，因为合作对及时发现经济犯罪起到重要作用。预防预警首先需要搭建信息资源共享平台。比如，自贸区金融创新可能引发洗钱犯罪风险，具体表现为：自贸区跨境直接投资可与前置核准脱钩，以备案制代替审批制，直接以电子银行方式办理所涉及的跨境收付、兑换业务，这在提高效率的同时，也

---

① 此外，自贸试验区建设还可能伴生其他经济犯罪，如前文提到以自贸区发展前景好、预期收益可观为诱饵，非法吸收公众存款的案例。

② 参见程景伟、夏立元：《广州南沙自贸区近一年来跨境案件明显增多》，载中国新闻网，http：//www.chinanews.com/sh/2018/12－14/8702805.shtml。

给那些假投资之名，行逃汇、洗钱的不法行为打开了方便之门。[①] 为预警防控洗钱犯罪风险，警方与其他公共部门之间、警银（企）之间显然需要相互合作，实现信息资源共享。[②] 对警方与其他公共部门间信息资源共享，可纳入自贸区制度规范下“监管信息共享平台”的建设中加以统筹考虑。[③] 而公安司法机关间也需强化信息互通共享，如上海自贸试验区制度创新之“司法协同监管机制”：浦东新区法院自贸法庭在审理部分因民间融资引发借贷、委托理财类案件时，发现一些企业以未实缴的高注册资本额进行“包装”，以购买“理财产品”“项目投资”等方式吸引民众出资，对此应及时与公安经侦部门交换信息，将可能涉嫌经济犯罪案件线索移送公安机关处理，保障了自贸区市场环境的安全。[④] 对警银（企）间信息资源共享，笔者了解到，上海自贸区公安分局构建“警企在线”平台依托互联网直通和大数据分析优势，将企业员工信息、贸易要

① 参见陈辐宽主编：《上海自由贸易试验区检察实务研究》，法律出版社2016年版，第49页。

② 合作共享也可能表现为其他公共部门主动与警方展开，如央行上海总部于2014年发布《关于切实做好中国（上海）自由贸易试验区反洗钱和反恐怖融资工作的通知》要求：“建立人民银行与自贸区管委会反洗钱工作交流合作机制，加强与海关、税务、工商等部门的信息共享，提升对区内贸易及资金流动的后台监控能力。同时，积极会同税务、公安部门加强对自由贸易区犯罪类型的研究，着力加大对走私、税收犯罪的打击力度。”

③ 在自贸区制度规范中多有“监管信息共享平台”之表达，如《中国（上海）自由贸易试验区条例》第41条规定：在自贸区建设统一的监管信息共享平台，促进监管信息的归集、交换和共享；《中国（浙江）自由贸易试验区条例》第65条规定：自贸试验区应当完善综合监管体系，整合监管信息资源，依托一体化智能化公共数据平台。

④ 参见周奇、张湧主编：《中国（上海）自贸试验区制度创新与案例研究》，上海社会科学院出版社2016年版，第433页。

素、治安类安全检查等数据纳入平台，实现警企数据库自动比对，及时向企业发布安全防范预警提示信息；在上海自贸区警银合作中，警方与区内银行签订《合作协议备忘录》，内容涵盖金融形势定期研判、风险预警信息共享、培训宣传与业务合作等方面。这也显示出警银（企）信息资源共享在风险预警方面的前提性功能。为实现预防预警作用最大化，有必要探索公安信息数据库、行政管理数据库、企业机构数据库之深度融合，运用大数据分析实现多维度风险预警。① 预防预警还需加强相关机制建设，目标是适时、灵敏、有效地监管动态防控风险。对此，上海自贸区公安分局探索构建的三项机制颇为典型，具体如表 5 所示。

表 5　上海自贸区公安分局构建的三项动态防控机制②

机制名称	机制主要内容
企业分级管理机制	实行企业备案登记和分类管理，分类制定评价要素和积分表，对备案企业按“诚信守法便利，失信违法惩戒”原则分类管理，赋予相应的出入境办证便利
企业背景审查机制	重点针对注册自贸区的大宗商品融资、第三方支付平台、融资租赁、出口商品退税、巨额资金流动及投资咨询服务等领域和企业开展背景审查，定期分步分批滚动排查风险

① 有学者指出，大数据不仅具有容量大、速度快、多样性等特征，更是推动了人类思维方式、方法论的进步与革新；相比小数据时代的思维方法，大数据在思维方面主要有全数据、混杂性、相关性等特征。参见王燃：《大数据侦查》，清华大学出版社 2017 年版，第 28－29 页。

② 系笔者根据收集的公安改革工作简报和媒体报道整理而成。

续表

机制名称	机制主要内容
警企党支部联建机制	选派党员民警担任企业党支部的党建指导员，指导企业设立反洗钱员、犯罪报告员、出入境联络站等

通过表5中第1项机制内容，不难看到其在风险前端管理上强调预防预警的一面：企业分级管理机制鼓励企业诚信经营，有利于警方及时掌握不诚信企业风险并加强重点监管，从而营造法治化营商环境；而后两项机制有助于掌握重点行业领域和重点企业的经营状况，及时进行风险排查与评估，获取违法犯罪情报线索。值得注意的是，企业分级管理机制所体现的互惠性，将极大提升企业参与风险防控之积极性，取得良好防控效果。笔者调研发现，某自贸片区公安机关也建立了类似的互惠机制：倡导“守信便利，失信惩治”原则，通过限制办证期限、增加登轮比例、优先实施报检等奖惩措施，提升企业遵章守纪意识，结果是促使码头业主主动投资监控视频改造，增聘口岸协管员，形成人人参与口岸管理、职责分工更加明确的管控格局。专业打击与预防预警亦是密不可分的，为此由自贸区公安机关提出“以防为主、打防同轴、打防并进”的金融风险防控理念，正是在此理念下探索构建了警银合作、金融风险防控协调会商等机制，以提升主动发现预警、依法打击处置工作效能。调研中，有公安机关提出专业打击中案件管辖（如网络金融犯罪案件管辖）、法律适用（如区内外“同类不同罪”）、涉案资金界定、证据规格等突出法律问题。检察系统也指出自贸区投资管理制度改革、贸易发展便利化、金融开放创

新可能带来的刑事风险和法律适用新问题。[①] 这些除有赖于立法层面支持外，公安司法机关也应“以开放与向前为原则”共同研究[②]，先行达成法律适用上之共识。

打击犯罪与支持创新张力的平衡，由于自贸区制度创新可能带来一些问题与失误，而打击体现出的强制会掣肘改革创新动力，故只有把握宽容谦抑原则，方能营造支持改革、鼓励创新、宽容失误的司法氛围。为此，至少可以先从两个方面着力：一方面是准确把握法律政策界限，审慎对待自由贸易规则下制度创新出现的新情况新问题，打击时注意区分改革探索产生偏差与钻改革空子实施犯罪、失职渎职与改革创新失败之界限。同时，坚持罪刑法定原则，[③] 对法律界限不明、罪与非罪不清的，不以犯罪打击处理。另一方面是改进办案方式方法，打击中当强化规范意识，最大限度地减少对自贸区企业正常生产经营活动之影响。如笔者调研了解到，为服务保障自贸区建设，某公安机关要求慎重选择办案时机和方式，不轻易传唤企业负责人、查封冻结企业账册和银行账户及扣押企业财物。还有公安机关提出“两个并重”，即采取强制性措施与维护区内企业正常经营秩序、合法权益并重；打击犯罪与帮助区内企业

---

① 参见陈辐宽主编：《上海自由贸易试验区检察实务研究》，法律出版社 2016 年版，第 35 - 55 页。

② 参见郑少华：《论构建开放型经济新体制的法治保障》，载陈立虎主编：《自贸区法律制度研究》，法律出版社 2016 年版，第 23 页。

③ 陈兴良教授指出，罪刑法定原则的内在精神是限制机能，包括对立法权和司法权的限制，并通过立法权与司法权相互间的制衡得以达致；为实现罪刑法定司法化，必须具备人权保障、形式理性和刑法谦抑三个司法理念。参见陈兴良：《罪刑法定司法化研究》，载《法律科学（西北政法大学学报）》2005 年第 4 期。

减少和挽回经济损失并重。强调平衡也日益成为承担控诉职能的警检机关服务保障自贸区建设之共同要求，如 2017 年浙江省检察院出台的《关于服务保障“中国（浙江）自由贸易试验区”建设的意见》提出：“对于锐意创新探索，但因缺乏经验、先行先试出现失误和错误，造成一定损失的行为，区分情况慎重对待……在项目实施中虽有突破现有制度规定的失当做法，但有利于实现创新预期成果的，应当予以宽容；在创新过程中发生轻刑犯罪、过失犯罪但完成重大创新任务的，应当依法从宽处理。”

近年来，我国刑事诉讼制度改革开始运用“地方性试点改革”的方法，而自贸区警务机制改革创新与其极为类似。对中国自贸区整体而言，较早成立的沪粤津闽自贸区警务机制改革可视为一种“试点改革”，先批成立的自贸区也在不断为后设自贸区警务机制改革创新提供可借鉴的经验。有学者指出：“这种方法赋予了司法机关尤其是地方司法机关自己探索解决问题的空间，也拓展了刑事司法改革的内容与形式，还深刻改变了刑事诉讼制度的实践面貌。”① 显然，此种逻辑用到自贸区警务机制改革创新上也是合适的。在自贸区建设“国家方案”中都有“可复制可推广”的改革经验之说，便颇可说明问

① 郭松：《试点改革与刑事诉讼制度发展》，法律出版社 2018 年版，第 55 页。

题。[①] 公安机关唯有直面自贸区建设带来的种种新挑战，通过不断试点探索警务机制改革创新，方能不断积累经验，提升服务保障自贸区建设之质效，护航开放型经济健康发展。

---

① 例如，2015 年国务院印发《中国（天津）自由贸易试验区总体方案》规定，“以制度创新为核心任务，以可复制可推广为基本要求，努力成为京津冀协同发展高水平对外开放平台、全国改革开放先行区和制度创新试验田、面向世界的高水平自由贸易园区”；2018 年印发《进一步深化中国（福建）自由贸易试验区改革开放方案》规定，加强改革系统集成，力争取得更多可复制可推广的制度创新成果，更好地服务全国改革开放大局。

第三章

中国自贸区警务问题审视与机制创新

作为党中央在新时期深入推进改革开放的重大战略决策，中国自贸区建设在释放开放型经济活力的同时，亦对警务活动产生了深刻影响。在自贸区建设时代背景下，当前警务工作面临国家安全风险增加、社会治安形势发生新变化、经济违法犯罪呈现新态势、网络犯罪层出不穷等新形势，自贸区建设在公安行政监管方式、警务专业化、服务性功能发挥等方面给传统警务机制带来了新挑战。为有效服务保障自贸区建设，公安机关应在合作、服务、专业、高效理念指引下，更加强调在自贸区警务的“协作联动”、提升警务效率及服务性、强化大数据运用、加强违法犯罪预防和专业打击等方面深入推进警务机制创新。

中国自贸区建设是党中央在新时期深入推进改革开放的重大战略决策。2018 年，习近平总书记对自贸区建设作出重要指示强调："不断提高自由贸易试验区发展水平，形成更多可复制可推广的制度创新成果，把自由贸易试验区建设成为新时代改革开放的新高地。"2019 年，党的十九届四中全会提出要"建设更高水平开放型经济新体制""加快自由贸易试验区、自由贸易港等对外开放高地建设"。当前，我国已分批设立了 22 个自贸区，自贸区建设布局日趋完善，形成覆盖东西南北中的改革开放新格局，这使警务活动面临新的形势，亦给警务机制带来新挑战，警务机制随之改革创新势在必行。近年来，随着自贸区建设提速提质，自贸区相关问题日益成为学界研究的热点，但自贸区法治或司法研究并未必然包含警务问题，[①] 专门针对自贸区警务的探讨还不多，研究内容也不尽系统和深入。[②]

---

① 近年来这类代表性成果包括：高全喜主编的《上海自贸区法治建设探索》（社会科学文献出版社 2018 年版），陈利强的《中国特色自贸区（港）法治建构论》（人民出版社 2019 年版），许凯主编的《中国（上海）自由贸易试验区司法保障问题研究》（北京大学出版社 2020 年版），郑少华的《中国（上海）自由贸易试验区的司法试验》（载《法学》2013 年第 12 期），范愉的《自贸区建设与纠纷解决机制的创新》（载《法治研究》2017 年第 1 期），刘敬东、丁广宇的《自贸试验区战略司法保障问题研究》（载《法律适用》2017 年第 17 期）等。

② 以"自由贸易试验区（或自贸试验区、自贸区）"和"警务（或公安）"为主题词，在中国知网能检索到的论文不多，这些论文普遍侧重从自贸区警务工作角度或某个具体警务领域进行技术性探讨，如上海市公安局自由贸易试验区分局课题组的《自贸区外国人证件业务"单一窗口"创新实践与思考》（载《上海公安高等专科学校学报》2017 年第 4 期），叶氢、杨巨洪的《广东自贸区的警务模式与警务合作》（载《中国人民公安大学学报（社会科学版）》2018 年第 6 期），陈婉颖的《河南自贸区涉外警务存在的问题与优化路径》（载《郑州轻

为此，本章在分析中国自贸区建设背景下警务活动面临新形势、给传统警务机制带来新挑战的基础上，结合当前自贸区警务实践探索的新举措新办法，提出未来警务机制创新之路径选择。

一、中国自贸区建设背景下警务活动面临的新形势

自贸区作为我国境内设立的扩大对外开放、实施特殊经济政策的重要功能区域，其具有国家行为、境内关外、高度自由、功能突出、依法监管等基本特征。[①] 正是这些特征致使区内区外经济社会发展存在不少差异，从而给警务工作带来新的更趋复杂的管理服务新问题。总体而言，在中国自贸区加快推进建设背景下，警务活动面临新形势集中体现在以下四个方面。

（一）国家安全稳定增量风险加剧

自贸区建设需要积极打造市场化、国际化的营商环境，这势必伴随境外企业入驻的快速增长。如公开数据显示，河南自贸区自2017年挂牌成立半年以来，入驻境外企业就达72家，占全省吸引外资企业总数近四成；截至2019年10月，广东自贸区已累计入驻港澳资企业1.5万家。2019年新华社报道指出，我国自贸区运行5年多来，累计新设企业60余万家，外资企业近4万家，吸收外资占12%、创造了12%的进出口额。由于早期入驻自贸区的外资企业大部分系自由备案进入，随着自

工业学院学报（社会科学版）》2019年第Z1期）、吴骥等的《横琴自贸区道路交通现状分析及治理对策》（载《道路交通管理》2021年第2期）等。此外，本章分析运用到的自贸区警务探索实施的新举措均为公开报道或笔者调研收集的一手情况。

① 参见肖林：《国家试验：中国（上海）自由贸易试验区制度设计（增订版）》，格致出版社、上海人民出版社2015年版，第3页。

贸区吸引外资规模与范围的扩大，难免产生国家安全风险之隐忧。对此，尽管国务院办公厅已于2015年发布了《自由贸易试验区外商投资国家安全审查试行办法》，但其尚存在审查对象缺乏明确界定、有关控制权的规定有待提高、审查启动程序设计有待完善等情形。① 正是自贸区宽松便利的投资环境和国家安全审查制度供给之不足，容易为境外势力所利用从而威胁我国国家安全。同时，随着对外开放的进一步扩大，金融、电信、文化、采矿等敏感领域的开放将在自贸区进行测试，以考察其风险是否可控，为全国推广积累经验，而这个过程本身即涉及扩大开放与保障国家安全之间的平衡问题。

另外，随着自贸区建设步伐加快，大批工程建设项目上马，由土地征收、房屋拆迁、建设施工、交通安全等引发的矛盾纠纷可能日益凸显，这些也都成为影响自贸区安全稳定的重要因素。而自贸区入驻的易制毒、易制爆、放射性制品等重点单位，亦导致自贸区内企业安全稳定运营风险剧增。例如，国务院于2020年3月出台文件支持浙江自贸区油气全产业链开放发展，允许区内现有符合条件的炼化一体化企业开展副产的成品油非国营贸易出口先行先试，而成品油因其易燃爆、易渗漏、易挥发、易集聚静电荷等特性而属危险化学品，由此自然带来自贸区公共安全风险。

（二）社会治安形势发生新的变化

在自贸区建设发展过程中，入驻企业和流动人口（如外来

---

① 参见黄晋：《完善自贸试验区外商投资国家安全审查制度》，载《人民法治》2016年第12期。

务工人员、外籍来华人员等）逐渐增多，客观上为违法犯罪活动提供了便利的条件和空间。当前，自贸区内“两抢一盗”、诈骗等多发性侵财案件仍然占据较大比重，输入型、流窜型案件呈现出易发、多发态势。以2017年成立的四川自贸区为例，2018年6月，成都双流自贸区检察院发布《涉自贸刑事检察白皮书》（2017.4—2018.4）指出：总体来看，较之自贸区成立前同范围内的案件，双流检察院办理的涉自贸案件类型并未发生明显变化，仍以盗窃、诈骗、寻衅滋事等传统犯罪为主，但也呈现出传统型侵犯知识产权案件向高价值商品领域蔓延并产业链化、个别领域企业的不法分子利用企业管理漏洞泄露公民个人信息等新特点。又如，重庆自贸区西永片区自2017年设立以来，入区企业数量飞速增长，给片区带来大量优秀人才和外来人口红利，而辖区派出所日常依然承担着帮区内企业化解矛盾纠纷、针对涉企案件全力追赃挽损等“自贸区里的派出所实践”。[①] 由此不难看到，自贸区建设进程中传统的治安问题与新的治安隐患交织叠加，这无疑会对自贸区的整体发展环境造成负面影响。

还需指出的是，在自贸区“一线放开、二线管住、区内自由”“负面清单”等新的管理模式下，社会治安防控还将承受不少新的压力。如自贸区“一线放开”可能导致通过物流“自由”运送毒品、麻醉剂、武器、弹药等违禁品的风险急剧增加，从而给“二线”造成巨大的管控压力；又如，在自贸区

---

① 参见陈燕、任学意：《重庆：自贸区里的派出所实践》，载《现代世界警察》2018年第5期。

“负面清单”制度下，娱乐、游艺等领域放开外资准入限制，可能导致“黄赌毒”现象在区内滋生蔓延。此外，自贸区内高度聚集的人、财、物及其流动增量，加大了人口、场所管理、社会面管控等治安基础工作的难度。

（三）经济违法犯罪呈现出新态势

改革决策层提出自贸区核心任务是制度创新，[①] 然其在释放制度红利的同时，也明显影响潜在的经济违法犯罪领域。以金融领域开放创新为例，有学者指出：上海自贸区金融开放创新势必导致金融违法犯罪滋生，可能对外汇类、金融诈骗、洗钱、操纵证券期货市场等多种违法犯罪产生重要影响。[②] 具体来说，如跨境人民币业务创新可能涉及逃汇、洗钱、非法经营（外汇）等违法犯罪；又如，企业跨境融资创新可能导致高利转贷、票据诈骗等违法犯罪；再如，自贸区的税收优惠政策可能引发逃税、骗取出口退税等违法犯罪。当前，自贸区经济违法犯罪已呈现出并不完全同于区外的新态势，其主要体现在两个方面。

一方面，自贸区经济违法犯罪发案数及规模日益上升。成立于2013年的上海自贸区是我国第一个自贸区，其运行3年后，上海市检察院于2016年发布的《2015年度涉自贸刑事检察白皮书》指出，2015年上海自贸区经济犯罪案件较2014年

① 2016年3月5日，习近平总书记参加十二届全国人大四次会议上海代表团审议时指出“自由贸易试验区建设的核心任务是制度创新”；2018年4月13日，习近平总书记在庆祝海南建省办经济特区30周年大会上的重要讲话中强调“海南全岛建设自由贸易试验区，要以制度创新为核心，赋予更大改革自主权”。

② 参见陈辐宽主编：《上海自由贸易试验区检察实务研究》，法律出版社2016年版，第241页。

上升2.4%，经济犯罪案件占区内刑事案件的11.2%，同比上升0.1个百分点。而成立较晚的重庆自贸区，公开报道显示，其自2017年挂牌以来至2018年底，仅市检察院第五分院及辖区检察院批捕78人，起诉案件112件、188人，案件涉及互联网金融、集资诈骗、金融诈骗等领域经济犯罪。自贸区经济违法犯罪亦日趋复杂化，涉案金额动辄数千万甚至上亿元，如2018年广东公安机关“利剑24号”行动，打掉一个利用自贸区优惠政策虚开增值税专用发票的犯罪团伙，涉案金额超过20亿元。另一方面，自贸区经济违法犯罪对制度创新及监管缺失的依存度较强。2015年，最高人民检察院曾发布首例自贸区逃汇案，其在该案“典型意义”说明中指出，自贸区金融改革使跨境贸易更加便利，需高度关注不法分子利用这些“便利”借离岸账户、离岸公司虚构贸易背景，实施逃汇、信用证诈骗、骗取出口退税等经济犯罪。这也印证了学者十分形象的判断，“现代经济犯罪通常意味着常规、合法的商业组织与诡秘的非法活动这两者的结合”①。此外，在一些自贸区还出现了利用监管漏洞，通过境外交易平台非法经营外汇、利用融资租赁等新业态模式实施违法犯罪等新情况。

（四）网络犯罪等新型犯罪层出不穷

随着经济社会不断发展，科学技术深刻影响社会生活各个方面，日益革新着社会的基本形态。当然网络等科技也是一把“双刃剑”，在给民众生活带来便利化的同时，亦为犯罪滋生提

---

① ［瑞典］汉斯·舍格伦、［瑞典］约兰·斯科格编：《经济犯罪的新视角》，陈晓芳、廖志敏译，北京大学出版社2006年版，第150页。

供了土壤。自贸区往往还是一个地区的科技创新中心，这一功能定位促使自贸区形成科创企业集群。而科创企业面对犯罪的主要类型已经不再是传统的线下犯罪，而是呈现出高科技网络犯罪之形态。譬如，自贸区企业员工可能利用企业的商标，以企业名义在境外开设私人服务器，建立网站进而赚取利润，这就可能涉及侵犯企业商标权的知识产权犯罪问题。当前，自贸区内相当一部分企业是外贸企业，普遍开设了大数额的离岸账户，而诈骗犯罪分子可能使用冒充领导要求财务人员转账、假冒客户的名义骗取货款等方式实施电信网络诈骗犯罪。境内外恐怖组织可能会利用自贸区监管漏洞，传播宗教极端、暴力恐怖等不良思想，对自贸区内企业员工进行煽动、洗脑、招募，进而实施恐怖主义犯罪。鉴于自贸区管理较为宽松之特点，境外内洗钱犯罪分子倾向于在自贸区这类监管薄弱地带发展洗钱成员，利用互联网的快捷性、国家间网络信息技术的差异性、不同国家法律规定的特殊性迅速将钱款转移至境外，并将非法钱款转化为合法钱款。

这些网络犯罪等新型犯罪的实施者文化层次普遍较高，专业化程度较高，具有一定的反侦查意识，作案团队组织构架完整、团队成员分工明确，掌握外国法律以及与自贸区相关联的法规，善于利用法律法规的漏洞、空白或模糊化部分实施违法犯罪，由此给这类犯罪行为的预防、调查取证和打击带来相当大的挑战。由于网络犯罪等新型犯罪的利润较为丰厚，违法犯罪成本不高，有关部门打击难度较大，新型犯罪现阶段大量存在并呈现不断增加的趋势，其对自贸区的建设与管理形成了消极的影响，亟待公安等有关部门运用科技信息手段探索有效的应对之策。

二、中国自贸区建设对传统警务机制的新挑战

在长期的警务实践中，我国逐步形成了相对稳定的警务运行方式。正如学者所指出的，在中华人民共和国成立后，随着社会政治、经济发展变化，我国警务运行方式也不断变化发展，传统警务正向现代警务转型。① 中国自贸区自由开放之内核需要警务机制同步加以适应，而自贸区建设无疑会使转型进程加速推进，在此过程中上述警务活动面临的新形势，难免对传统警务机制产生不少新的挑战。归纳起来，这些新挑战至少表现在三个维度中。

（一）监管模式之维：行政事前审批向事中事后监管转变

自贸区制度创新之内核要求深入推进政府职能转变，而自贸区“负面清单”、商事登记制度改革等则进一步深化了行政审批制度改革和政府职能转变，这些改革创新对警务工作范围、警务机制运行产生了深远的影响。第一，在自贸区负面清单的“法无禁止即可为”法律理念支撑下，自贸区外资准入负面清单一直处于“只减不增”的过程中，有人梳理总结自贸区负面清单6年出现5次“瘦身”，其中《自由贸易试验区外商投资准入特别管理措施（负面清单）（2020年版）》中，自贸区负面清单由37条减至30条，较2019年压减比例达18.9%；2021年版自贸区负面清单进一步减至27条，较2020年压减比

① 参见罗锋、李健和主编：《中国警学理论》，中国人民公安大学出版社2017年版，第206－207页。

例为 10%。这些必然使得警务管理范畴发生显著变化，有的甚至突破了传统治安管理范畴。诸如文化、娱乐、资信调查、人才中介等一些传统治安领域外资准入限制的取消，会导致治安因素由少变多、由简至繁，这对更强调事前审批的传统警务机制造成较大冲击。而自贸区商事登记制度改革也存在同样的逻辑，如企业注册资本"认缴制"改革，其在助推创业的同时亦使经济违法犯罪风险增大，也加大了警方打防之难度。第二，事中事后监管意味着政府依据法律法规，"对市场及其经营主体正在进行或已结束的行为和活动进行整体性、全过程、多方位的监督和管理"，其目的是"规范市场行为，维护市场秩序，创造良好的市场环境"①。但从另一个角度看，这势必使公安机关前置审批把关的范围大为缩减，由是传统的行政监管主动权亦被弱化，传统的公安行政管理模式将随之发生根本性变化。由于与自贸区相契合的警务机制建立完善是个渐进过程，在此之前，"重事前、轻事中事后"的机制惯性则可能使公安职权范围内相关事务在管理上出现"监管真空"。

（二）专业化之维：对警务工作专业高效要求越来越高

专业化是社会分工的产物，亦是提升社会治理水平的必然要求。② 自贸区作为特殊的经济功能区域，自然离不开警务工

---

① 陈奇星主编：《自贸区建设中政府职能转变的突破与创新研究》，上海人民出版社 2017 年版，第 92 页。

② 早有学者针对刑侦专业化指出，其精神实质是通过刑侦警务资源优化组合，不断提高侦查破案效能，实现对犯罪的有效打击；外延是指刑侦工作专业化的主体、工作体制、工作机制、工作原则、工作措施（参见孙岳庆、李天波等：《现代警务机制下刑侦专业化建设》，载《公安研究》2005 年第 8 期）。这种认识对理解自贸区警务工作"专业化"也是适用的。

作之专业化，这首先应体现在警务部门及运行机制的专业化上，但是，目前警务工作及机制在这方面尚存在一些不足。例如，某自贸区划分为4个片区，而每一片区所辖警务部门少则两个公安机关，多则3—4个公安机关（有的还包括铁路、交通、民航等专业公安机关）按照区域或职能“各管一块”，而这种警务架构及其运行显然与自贸区管理服务的高效、便捷、透明等要求并不完全契合。一方面，同一自贸区域内警务部门的分散化，明显不利于警务工作的统筹协调和规范统一，由此可能带来警务工作的“各行其是”和非专业化。另一方面，自贸区建设追求的便利、高效、开放目标，对警务管理服务提出了“单一窗口”“一网通办”等行政效率上的要求，而“多头管理”“条块分割”则可能带来警务工作的高成本和低效率。如据公开报道，福建自贸区成立后，福建警方创新实施“简程序、提效率”的“台车入闽便利化”举措，改变以往车辆先到而出入境手续仍在办理的情形，实现车辆和人员同时快速通关的“一站式”服务，为两岸往来、车辆互通提供了更便利的条件。试想如若在传统的警务分散管理体制下，这种高效便利的通关模式无疑是难以想象的。

从笔者目前掌握情况看，我国已有省市在理顺自贸区公安管理体制基础上，建立了更具专业性的自贸区警务机构，如2014年挂牌成立的上海市公安局自贸区分局、2019年成立的广东自贸区南沙片区公安局等。这些专业化警务机构的设立，无论是在设立目标抑或实际运行上，均体现了自贸区建设对警务工作专业、高效的目标指向。如官方表达提出，南沙片区公安局成立是“南沙新警务改革”的重要内容，而上海自贸区公安分局也在服务自贸区建设中全力创建“探索型分局”“服务型分局”“专业型分局”。[①]

(三) 服务性之维：警察队伍管理服务能力水平不适应

自贸区国际化和市场化的营商环境无疑对警察队伍管理服务的质效提出了新的更高要求，警察队伍应与之同步在“自贸意识”下开展工作。有学者指出，自贸环境下的警务工作会受到多方面的制衡，如自贸区所主导的开放、透明化管理，使警察的日常执法行为受到更多约束和国际化标准的制约；涉外管辖空间的扩展，要求警察具备更高的专业水平和执法素质；在具体执法实践中，要从传统国家法律意识向国际法律意识转变等。[②] 但是，当前警察系统在思想、行动上还不完全适应自贸区建设带来的这些变化。首先，一些警察认为自贸区建设仅仅属于经贸领域的事，与警务机制的关联度不高，从而仍然在传统思维方式下“按部就班”地开展自贸区警务工作。较之于自贸区自由、开放、高效的政策环境，警务工作中的参与、合作、创新意识比较缺乏，致使行政公开性、工作效率不高，科技含量较低，不能适应自贸区建设对警务活动规范、高效等新要求。其次，自贸区吸引大量企业特别是外资企业的入驻、外籍来华人员的增多等因素，导致区内企业及人口结构、生活方式、就业等发生变化，对警务领域的人口、治安、消防、交通

---

① 详细情况可见广州公安微信公众号《广东自由贸易试验区南沙片区公安局今日正式挂牌成立》（2019 年 4 月 23 日发布）、上海市政府网站《市公安局自贸区分局以公安改革创新成效服务自贸区建设发展》（2017 年 6 月 28 日发布）等官方媒体的报道。

② 上海市公安局自由贸易试验区分局课题组：《自贸试验区公安行政管理工作探索》，载《上海公安高等专科学校学报》2015 年第 1 期。

等管理服务工作形成新挑战。如何对数量增大、身份复杂、经贸活动频繁的外籍人员进行有效管理（包括可能出现的“非法入境、非法居留、非法就业”的“三非人员”增多）、如何通过机制创新为外籍及我国港澳台人才出入境提供便利等，这些无不成为考验自贸区建设中警察队伍管理服务能力水平的新问题。最后，自贸区经济违法犯罪的敏感性及复杂化、专业化发展趋势，亦需专业性更强的经侦队伍防范打击应对，显然警察队伍中兼具较高侦查、涉外经贸等专业素质的人员还非常稀缺。

以上这些新形势、新挑战在不同自贸区可能呈现出一定程度的差异性。其中，在上海、广东、天津、福建等省市成立相对较早的自贸区比较突出，而在后批次设立的自贸区则可能尚存在潜在问题。这既同自贸区自身的战略定位、发展目标、产业布局等密切相关，也与自贸区当前的建设发展程度不一有关，但是随着自贸区建设不断推进，特别是一些创新制度在不同自贸区得到复制与推广，潜在的问题亦会逐步浮现出来，从而对传统警务机制形成新的挑战。

三、中国自贸区警务机制创新的路径选择

为有效应对这些新形势新挑战，推进自贸区警务机制改革创新的必要性也日渐凸显出来。正如有学者所总结的，自贸区警务应“循发展之律、创模式之新”“在为服务和适应自贸区经济发展寻求一种创新警务模式”①。当前，不少省市也在积极

---

① 刘宏斌：《自贸区警务：循发展之律 创模式之新》，载《现代世界警察》2018年第5期。

探索、实施和推广自贸区警务新机制。笔者认为，未来自贸区警务机制应在与自贸区特征相契合的合作、服务、专业、高效等原则理念指引下，从以下四个方面推进改革创新。

（一）在合作理念下构建“协作联动”的警务机制

自贸区政府监管方式向事中事后监管的转变，无疑有必要重新界定政府的角色和干预手段，转向“适度干预”，这就需要更加注重部门之间的高度协调。从警务机制的角度看，政府对自贸区市场行政干预的减少，形成“小政府、大社会”的区域治理格局，在监管上要有行政监管、行业自律、社会监督、公众参与的综合监督体系与之配套。相应地，这就需要公安机关建立健全跨部门执法“协作联动”机制，以适应自贸区治理格局的变化，为事中事后监管提供警务支撑。与此同时，自贸区的制度创新往往也难以“单打独斗”式地展开，各部门只有通过建立联合推进机制，才能促成制度机制创新落地见效。为此至少可以先从两大方面重点开展合作，推进“协作联动”警务机制的构建。

一方面，强化与行政执法部门的协同配合，形成管理服务新合力。有学者指出，公安机关有必要同自贸区管委会综合执法机构、工商、税务等执法部门探索建立“联动联勤”执法机制，共享监管执法信息，建立行政执法与刑事司法相衔接工作机制。[①] 在当前自贸区警务实践中，已有公安机关探索实施了一些“管用”的新机制，如有自贸区创立了“关警联动”监

---

① 参见金黎钢、张丹丹：《中国（上海）自由贸易试验区公安警务工作实践研究》，载《上海公安高等专科学校学报》2013年第6期。

管机制，通过逐步构建积分制量化数据管理模型和数据分析研判，对认定的自贸区失信企业开展部门间的信息共享、协同监管及联合惩戒。还有自贸区为防范交易风险，通过集合工商、税务、公安、法院、银行等单位的资源建立信用系统，供相关单位和个人查询。在促成制度创新落地上，如上海自贸区就通过人社、公安等部门信息资源共享和集约运用，大大提高了外籍人员入境办证效率，使其感受到中国的“自贸速度”。当然，在信息社会条件下，协同配合的一个必要条件就是要打破信息孤岛和数据壁垒，使数据流动起来，通过信息共享利用促进管理服务。①

另一方面是深入推进警企双向互动，形成更加紧密的警企关系。笔者认为，可以将自贸区视作国际化的自由开放社区，而社区警务则应体现依靠社会力量预防违法犯罪、预防为先、“以小治安累积大治安”等基本精神，要求“警察通过主动、创新的战略而非仅仅回应犯罪的态度对社区更加负责，努力解决犯罪的滋生问题”。② 自贸区自由宽松的营商环境及公安事前审批权的收缩，无疑需要通过进一步强化警企合作和提高企业对警务工作的参与度来补给，而自 21 世纪以来，警察现代化

① 当前，自贸区管理的地方性规范大都提出整合监管信息资源，促进监管信息归集、交换与共享，建设统一的“监管信息共享平台”等要求，如《中国（广东）自由贸易试验区条例》第 66 条、《中国（云南）自由贸易试验区管理办法》第 52 条等，这实际上也是对“协同配合”的一种制度表达。

② ［瑞士］多米尼克·维斯勒、［美］伊赫科沃巴·昂武迪韦主编：《各国社区警务模式及比较》，梁坤译，社会科学文献出版社 2017 年版，第 170 页。

进程确也“愈发显示出专业化与社区化相结合的发展趋势”。[①] 例如，广东珠海横琴警方创新推出“警民伙伴关系计划”“项目警务制”等密切警民关系，增强社会动员和民众参与，有效服务和策应了自贸区建设发展。[②] 又如，重庆两江自贸区警方通过建立党委班子成员、责任警种负责人、派出所所长和社区民警“四级”警企联系机制，为自贸区企业提供优质高效的服务，同时也得到企业在警务工作上更多的“有效反馈”。而这种机制运行所形成的“双赢”局面，显然可以更好地服务保障自贸区建设发展。

（二）着眼服务与高效原则提升警务效率及服务性

自贸区建设需要加快推进政府职能转变、深化“放管服”改革，要求“通过深化行政管理体制改革，改革创新政府管理模式”“从原先的投资型政府向服务型政府转型，由审批型政府向监管型政府转变”[③]。而在自贸区建设背景下政府职能的转变，势必需要通过警务活动效率与服务性之提升加以彰显，为此可以从服务理念、服务实体和服务载体等三方面着力，以服务促管理、以服务促发展，探索实施自贸区警务机制改革创新。

---

① 参见徐镇强：《警察专业化发展问题研究》，载《江苏警官学院学报》2009 年第 1 期。

② 对于珠海横琴警方的这两种自贸区警务新机制，已有较详细的公开报道，具体参见中国长安网的《广东珠海大力推进全国公安改革综合试点工作取得明显成效》（2016 年 10 月 13 日发布）、廖仔傲的《珠海横琴：“自贸新时代”警务》（载《现代世界警察》2018 年第 5 期）等报道。

③ 蒋硕亮：《中国（上海）自贸试验区制度创新与政府职能转变》，经济科学出版社 2015 年版，第 25 页。

首先是服务理念的创新，应以精简、高效、便民为原则，立足于自贸区建设发展特点规律，坚持以人为本，通过寓服务于管理促成“管理行政”向“服务行政”转变，形成主动、服务、高效型自贸区警务格局。同时，创新服务理念应同自贸区发展特色和功能定位相契合，如福建自贸区突出对台特色，推出融入我国台湾地区地域、自由贸易、公安警察元素的特色管理服务，得到群众广泛认可。

其次是服务实体的创新，对此警务运行应聚焦出入境、车驾管、户政等与自贸区建设密切相关的业务领域，在行政审批方面做“减法”，在提供服务上做“加法”和“乘法”，加快推进公共服务均等化，探索实施更多便捷的警务机制创新。目前这方面改革探索已取得良好效果，如重庆警方推出涉及签证、入境出境、停留居留、永久居留等多层面出入境优惠政策和便利性服务举措，以吸引聚集外籍人才，助推重庆自贸区建设；上海自贸区公安分局启用“车驾管”服务大厅，“零距离、精细化”服务区内企业及员工，使其直接享受交通服务管理“区内事、区内办”的极大便利。

最后是服务载体的创新，应主动适应信息社会发展新趋势，利用科技信息手段开展管理服务，统筹网上网下探索警务机制创新，实现科技赋能“让信息多跑路，让群众少跑腿”之目标。例如，广东自贸区、陕西自贸区创新“微警认证”机制，通过高效、安全的电子手段实现可信身份认证，推动了自贸区信用体系建设；武汉自贸片区“物联网+”智慧警务改革，实现流动人口精细化管理，推动了社会治理水平智能化、人性化，提升了公共服务的整体效能。

（三）运用科技信息手段强化警务活动大数据运用

在自由开放的营商环境下，自贸区人员、商品、资金、信息、技术等经济要素加速聚集、流动频繁，在警务工作中只有全面有效掌握相关数据信息，才能对区内行业、企业、人员提供便捷周到的服务和适时精准的预警预防。而大数据具有大体量（Volume）、多样性（Variety）、高速性（Velocity）、真实性（Veracity）、低价值密度（Value）的“5V”特点，这些特点无疑与自贸区警务工作的新形势新要求是高度契合的。有学者指出，大数据深刻影响着社会治理变革，其应用于警务模式主要分“存、管、用”三个关键步骤，相应的警务改革可围绕构建警务情报基础系统、警务指挥系统、警务行动系统进行。[①] 实际上，大数据运用背景下的自贸区警务机制创新也可以围绕这些方面展开。

第一，在自贸区警务工作中树立具有全样性、相关性等表征的“大数据理念”，强化“大数据思维”，充分发挥公安机关分析研判优势，以科技支撑引领机制创新，促使自贸区警务迈向智慧化、精细化、科学化，不断提升公安机关在自由开放环境下的区域治理能力。

第二，构建“警—企”“警—社”数据信息整合共享机制，这亦是“协作联动”警务机制和提高警务效率在大数据方面的逻辑延伸。按照大数据基本原理，数据量越大，对其进行挖掘可能得到的价值往往越高。遵循大数据建设发展规律，通

---

① 参见王琛、周彬：《大数据时代的警务模式改革》，载《中国人民公安大学学报（社会科学版）》2018 年第 4 期。

过最广泛地收集整合信息资源，形成汇聚自贸区人流、物流、资金流、信息流、技术流的大数据，推动公安信息、行业管理、机构企业数据库“三库融合”。[①] 对此上海自贸区公安分局的做法殊值借鉴，如有报道显示其通过互联网“警企在线”平台，将自贸区企业员工信息、贸易要素、治安消防类安全检查等数据纳进平台创新大数据监管，同时又利用在线平台主动向企业、金融机构、行业协会等经济主体发布预警信息开展风险管控。

第三，建立大数据分析应用机制，通过分类、聚类、回归、关联等大数据分析与挖掘技术，制定完善的自贸区各类风险指标、风险预警、违法犯罪风险模型，针对自贸区重点企业、重点人员，以及自贸区第三方支付平台、大宗商品融资、巨额资金流动、商品出口退税、投资咨询服务等重点领域，进行大数据分析预警，以动态防控经济风险。如国务院自贸区工作部际联席会议于 2019 年发布自贸区第三批“最佳实践案例”，重庆两江新区创建的市场综合监管大数据平台入选，其运用信息归集技术，将区内 8 万余户市场主体分散在各部门的 560 余万条数据整合至平台，通过大数据智能分析研判趋势、挖掘风险，实现“预警提前、快速介入、有效处置”的智能预警监管。对于此类大数据监管平台，自贸区警务部门既要成为监管大数据的分析使用者，亦应积极开展相关数据归集共享，成为平台建设的创新主体。

---

① 参见上海市公安局自由贸易试验区分局课题组：《创新“打防同轴打防并进”工作理念 构建自贸区金融风险防控新模式》，载《上海公安高等专科学校学报》2017 年第 4 期。

（四）立基综合治理加强违法犯罪预防和专业打击

对社会治安秩序整治、违法犯罪预防与打击，我国强调社会治安综合治理的理念与策略。而集中体现“治理理性”的社会治安综合治理，其基本特点在于“综合”二字，具体内容包括打击、防范、教育、管理、建设、改造等方面。[①] 自贸区制度创新和“清单制”下政府权力的收缩，无疑为社会治安综合治理理念提供了更大适用空间。在这种理念指引下，自贸区警务机制创新应权衡违法犯罪预防与打击间的关系，坚持“打防并举、预防为主”。实际上，违法犯罪亦是自贸区建设中的一类风险，而风险防范问题早已为改革决策层高度重视，如 2014 年，习近平总书记参加十二届全国人大二次会议上海代表团审议，在谈到自贸区建设时强调“切实防范系统性风险特别是金融风险”；2016 年，时任总理李克强对上海自贸区建设作出批示强调“把防范风险作为重要底线”。由是强化违法犯罪预防应当成为自贸区警务的一个重要方面。针对自贸区经济犯罪风险防控，笔者也主张应当尤为强调“防”的一面，即前移经济犯罪防控关口，把“防患于未然”作为最重要的目标。对于违法犯罪风险的预防，已有自贸区警方创新实施了“企业分级管理”“企业背景审查”等机制；还有的基于“防早、防小、防未然”的思路，强化风险源头管控，探索实施“靠前一步普法”“靠前一步防范”“靠前一步宣传”的“三靠前”机制。从中不难看到机制创新“预防为主”的一面。申言之，自贸区

---

① 参见陆永：《当代中国警政与现代国家成长》，江苏人民出版社 2015 年版，第 182 页。

警务机制创新中应更加注重对违法犯罪的超前预警、早期干预和危害中止，在此过程中，推进实施综合治理理念下教育（如风险防范宣传）、管理（如发挥好监管部门职能作用）、建设（如有利于控制违法犯罪相关机制建设）等方面的举措。前述加强调自贸区“协作联动”警务机制建设、强化大数据运用等，可以说都在相当程度上体现出强化违法犯罪预防的机制设计初衷。

在自贸区犯罪打击方面，应着眼自贸区犯罪新形势，强化警务机制创新的针对性和专业性，重点放到容易引发系统性风险及其次生风险的新型经济犯罪上。其一，加强侦查机构及人员专业化。为此可逐步理顺自贸区公安管理体制，还有实务部门建议自贸区设立“经侦专门机构”，形成系统化、专业化的侦查队伍，促成自贸区经侦由粗放向集约、由宽泛向专业转变，提升犯罪打击效能。其中必然涉及教育培训机制建设，以提升侦查人员实战能力和专业水平，加快培养和储备具有自贸意识的侦查专业人才。其二，以打促防，创新探索专业化打击机制，特别是在信息化条件下通过科技手段深度运用，使自贸区犯罪打击迈向精准化。如有自贸区警方创新“全息式”打击机制，一方面，通过滚动排查、定期比对、全息分析等方法，实现全面动态监控、高危行业领域分级分类预警管控；另一方面，深化全息导侦机制，通过类案数据分析、溯源技术、资金分析与查控技术等精准研判和打击犯罪活动。其三，专业化打击还需通过法律的统一适用来实现。当前自贸区违法犯罪打击尚面临案件管辖、区内外“同案不同罪”、证据规格不一等诸多法律难题，在短期内法律难以同步调整完善的情况下，公安司法机关应通过跨部门会商协作消除分歧、形成共识，合力提升自贸区犯罪打击效能。

作为中国新一轮改革开放的试验田，自贸区建设需要加快推进制度创新，形成一批可复制、可推广的制度创新成果。在2019年第一届“中国自由贸易试验区发展论坛”上，官方表达显示，中国自贸区5年多来形成了170余项可复制、可推广的制度创新成果，推动全国形成综合性改革的良好态势。自贸区可复制、可推广制度创新成果从更广阔的范围来说，理应包括成熟而完善的自贸区警务机制创新在内。而机制的功能地位处于“体制和秩序的中间地带”，属具有目标导向性的“活跃粒子”。[①] 从机制形成的历时性维度分析，任何特定时期的机制可以说都是反复试验与试错的结果。中国自贸区警务机制创新应随着自贸区建设进程的加快同步、积极向前推进，通过实验和试错逐步走向成熟、完善和稳定，以更好实现服务保障中国自贸区高标准高质量建设的时代期许。

---

① 参见金东日：《论机制》，载《广东社会科学》2014年第5期。

第四章

中国自贸区建设中的经济犯罪及其防控机制构建

中国自贸区建设作为新时代的一项重大国家战略，其在激发经济发展新活力的同时，亦对犯罪结构产生了深刻影响，集中表现为自贸区制度创新与经济犯罪之关联性。目前自贸区经济犯罪发展趋势主要体现在四个方面：金融犯罪案件数量和规模日益上升、经济犯罪国际化区域化倾向较明显、利用互联网实施经济犯罪凸显及建设伴生出其他经济犯罪。通过增强经济犯罪风险防控“合作”之理念、推进大数据背景下信息资源整合共享、建立经济犯罪“动态”“联动”打防机制和构建区内外相协调的刑事法律适用机制，是提升自贸区经济犯罪防控效能的可行路径。

自贸区在金融、贸易、税收等领域改革创新，在激发开放经济活力的同时亦带来经济犯罪风险。当前经济改革创新对经济犯罪之影响渐显，如据有关部门调查，上海自贸区自成立以来，区内刑事案件数量持续增长，其中金融犯罪案件数量大幅攀升，且涉案金额巨大。[①] 目前有关自贸区经济犯罪之专门研究尚不多见，已有成果也较为零碎。本章结合当前自贸区执法司法实践，分析其经济犯罪之发展趋势，进而提出防控机制构建之策。

一、中国自贸区制度创新与经济犯罪的关联

从 2013 年开始，我国分批成立了 21 个自贸区，这些自贸区是我国在改革开放新形势下，主动适应经济全球化新趋势，构建开放型经济新体制的一项重大战略举措。自贸区不同于两个以上主权国家或者单独关税区通过签署协定所建立的“自由贸易区”（Free Trade Area，FTA），其是中国境内设立的在对外经贸活动中对货物监管、金融税收、企业设立等领域实施特殊管理体制和政策的经济区域。从概念上来讲，自贸区的基本内涵与“自由贸易园区”（Free Trade Zone，FTZ）大体相一致。2008 年 5 月，商务部和海关总署在《关于规范“自由贸易区”表述的函》（商国际函〔2008〕15 号）中将自由贸易园区

① 参见朱毅敏、严忠华等：《上海自贸试验区刑事检察工作情况调查》，载《人民检察》2016 年第 7 期。

界定为，在某一国家或地区境内设立的实行优惠税收和特殊监管政策的小块特定区域，类似于海关合作理事会（世界海关组织的前身）解释的“自由区”（Free Zone）。而于1973年制定的《关于简化和协调海关业务制度的国际公约》（亦称《京都公约》）将“自由区”解释为：“系指缔约方境内的一部分，进入这一部分的任何货物，就进口税费而言，通常视为在关境之外，并免于实施通常的海关监管措施。有的国家还使用其他一些称谓，例如自由港、自由仓等。”从中不难看到自贸区“境内关外”之显著特点，也有国外学者将自贸区称为“离岸飞地”“自由贸易飞地”。[①] 自贸区作为一个特殊的经济区域，本质上是自由与开放的，有学者归纳其基本特征包括“自由”的政策、聚焦经济活动、高于全国平均水平的基础设施与服务、更加宽松的商务环境、有利的（离岸）地理位置、出口导向、有吸引力的激励计划等方面。[②] 习近平总书记曾深刻指出，自贸区建设以制度创新为核心。2018年10月，习近平总书记对自贸区建设作出重要指示强调，面向未来，要加强统筹谋划和改革创新，不断提高自贸区发展水平，形成更多可复制可推广的制度创新成果，把自贸区建设成为新时代改革开放新高地。

然而，自贸区在贸易、投资、金融等领域的制度创新在激发开放经济新活力的同时，也加大了经济犯罪的风险。以上海自贸区为例，金融服务领域的开放是自贸区开放创新之核心，

---

① Takayoshi Kusago & Zafiris Tzannatos, Export processing zones: A review in need of update. Social Protection & Labor Policy & Technical Notes, from the World Bank, 1998 (9802).

② 林雄主编：《中国自贸区建设与国际经验》，中山大学出版社2016年版，第8页。

其具体政策直接影响到其他领域。[①] 国务院印发的2013年《中国（上海）自由贸易试验区总体方案》、2015年《进一步深化中国（上海）自由贸易试验区改革开放方案》、2017年《全面深化中国（上海）自由贸易试验区改革开放方案》等政策文件中，均对金融领域制度创新作出措施安排，但是这些制度创新在快速释放改革红利的同时，却也引发了经济犯罪风险。有官方统计数据显示，较之2014年，2015年上海自贸实验区经济犯罪案件上升了2.4%，占区域内刑事案件的11.2%，同比上升了0.1个百分点，其中包括假借贵金属、黄金期货及外汇保证金交易实施欺诈，利用境外注册公司、离岸账户犯罪，利用异地监管衔接缝隙实施非法经营等刑事案件。[②] 结合收集的案例、趋势性问题及我国刑法相关规定，对自贸区制度创新与可能导致的主要经济犯罪之间的关系，笔者选取整理如表1所示。

表1　自贸区制度创新与可能导致的经济犯罪间的关系

制度创新	经济犯罪风险点	涉及罪名	刑法条文
人民币跨境使用	金融开放下企业跨境融资、跨境人民币支付结算便利化等	逃汇罪；非法经营罪（外汇）；洗钱罪等	第190、191、225条；《全国人大常委会关于惩治骗购外汇、逃汇和非法买卖外汇犯罪的决定》（以下简称《外汇犯罪决定》）

① 乐美龙编著：《中国（上海）自由贸易试验区变革与机遇》，上海交通大学出版社2015年版，第122页。

② 吴心远：《上海检方：沪自贸区刑事案发平稳，金融犯罪罪名集中》，载环球网2016年5月25日，https：//m. huanqiu. com/article/qCaKrnJVECO。

续表

制度创新	经济犯罪风险点	涉及罪名	刑法条文
存款利率市场化创新	金融开放下区内外利率出现差异等	非法吸收公众存款罪；集资诈骗罪；非法经营罪（外汇）等	第 176、192、225 条；《外汇犯罪决定》
外汇管理改革	区内外汇管理行政审批减少、资本项目开放等	操纵证券、期货市场罪；逃汇罪；非法买卖外汇罪；骗购外汇罪；洗钱罪；信用证诈骗罪；非法经营罪（外汇、证券、期货等业务）等	第 182、190、191、195、225 条；《外汇犯罪决定》
企业融资创新	企业跨境融资便利化	高利转贷罪；票据诈骗罪等	第 175、194 条
进出口监管制度创新	海关监管相对宽松	走私类犯罪；侵犯知识产权类犯罪；逃避商检罪等	第 151—156、213—220、230 条
税收政策调整	进口环节税收、出口退税等方面优惠	逃税罪；骗取出口退税罪；虚开增值税专用发票罪等	第 201、204、205 条

通过表 1，可以更直观地看到自贸区制度创新带来的经济犯罪风险，以及可能触犯的刑法罪名。在犯罪学意义上，这直接体现了经济发展对犯罪结构的影响。这些经济犯罪在设立较早的自贸区中已日益呈现出来，而在新近成立的自贸试验区中尚属潜在性问题。笔者调研了解到，在某自贸区（2017 年挂牌成立），其涉自贸刑事案件同自贸试验区成立前同范围内刑事案件相比并无明显变化。如若放在经济全球化视角下，自贸区

经济犯罪风险也可说是全球化时代我国面临的一种多元风险，而跨国流动性的增强、信息和知识的流动、更多地参与国际事务，无不使当代中国承接了全球化风险的诸多要素。[①] 自贸区自由开放内核下“一线放开、二线管住、区内不干预”监管模式、外资准入“负面清单”制度（本质为“法无禁止即可为”）等无疑加剧了此种全球化风险。[②] 白皮书是司法公开的重要载体和渠道，2016 年 4 月，《上海市第一中级人民法院自贸区司法保障白皮书》显示，该院截至 2016 年 3 月 31 日共受理了 765 起涉自贸区案件，案由涵盖刑事、民事、商事、知识产权等领域，案件数量总体呈上升趋势，其中，经济犯罪类案件显露出因区域而产生聚集效应、国际化犯罪趋势明显等特征。2018 年底，广州南沙自贸片区检察院发布《2018 年自贸检察工作白皮书》指出，该片区刑事案件呈现涉众型经济犯罪更趋复杂化、跨境跨区域案件明显增多、自贸区新政易被利用成犯罪新手段、民生领域案件特点新等显著特点。以上白皮书中的分析说明，亦充分显现出自贸区建设带来的经济犯罪风险。

---

① 参见余湘青：《多元风险社会与警察法治》，中国政法大学出版社 2016 年版，第 9－10 页。

② “一线”指自贸区与国境外的通道口；“二线”指自贸区与海关境内的通道口，普遍被视同进出口线；“区内不干预”指自贸区内的货物可以自由流动和买卖，无须经过海关批准，只需备案；“负面清单”即通过否定性列表方式表明外商投资者禁止进入的领域，在清单之外各类市场主体均可依法平等进入，其典型特征为“非禁即入”。参见福建师范大学福建自贸区综合研究院编：《自贸区大时代：从福建自贸试验区到 21 世纪海上丝绸之路核心区》，北京大学出版社 2015 年版，第 7 页；张红显：《负面清单管理模式的法治之维》，载《法学评论》2015 年第 2 期。

二、中国自贸区经济犯罪的发展趋势

通过以上关联性分析，不难看到自贸区高度开放创新环境可能带来的经济犯罪风险。这些风险有些已经显现出来，有的则会随着制度创新应运而生。早在上海自贸区成立之初，就有人在分析浦东新区经济犯罪特点时指出，其具有犯罪种类较齐全、涉众型经济犯罪危害严重、新型案件时有发生、案件类别和发案区域层次分明等特点。① 还有人提出，从全球各类自贸区运行情况看，制度风险和监管漏洞可能诱发经济犯罪，同理，经济犯罪也将成为自贸区的主流犯罪。② 从媒体报道和笔者掌握的相关情况看，当前自贸区经济犯罪至少具有如下几点发展趋势。

（一）金融犯罪案件数量和规模呈上升趋势

金融开放创新是自贸区制度创新的重要内容，其不可避免地带来了金融犯罪。从当前呈现出的案件来看，自贸区金融犯罪已经涉及银行、保险、证券、基金、信托等金融领域相关金融业务，并日渐向新市场、新业务发展蔓延。凤凰网财经频道报道，近年来上海自贸区所在的浦东新区（为上海市的金融中心），其金融犯罪的发案数远远高于上海市其他区，仅 2015 年，浦东检察院受理审查起诉的金融犯罪案件就达近 900 件，超过上海其余 16 个区的总和。2014 年，上海市检察机关共受理审查起诉金融犯罪案件 2063 件、2378 人，2015 年为 2140

---

① 参见石毅君：《浦东经济犯罪形势分析与应对策略——以上海自贸区建立为背景》，载《公安研究》2013 年第 12 期。

② 参见程一平、黄敬敏等：《浅析中国（上海）自由贸易试验区建设潜在犯罪风险及防范对策》，载《上海公安高等专科学校学报》2014 年第 1 期。

件、2684人，虽然受理案件的数量仅增长了3%，但涉案人数增幅较大，达到12%。而2015年浦东检察院受理审查起诉金融犯罪案件为882件、916人，对比全市检察机关受理审查起诉的金融犯罪案件，其件数占比为41%、人数占比34%；金融犯罪主要涉及金融诈骗、破坏金融管理秩序两类犯罪8个罪名；受理信用卡诈骗案件数达842件，受理的4起钢贸行业骗贷类案件涉案金额超1.5亿元。中国新闻网报道了2018年广东十大经济犯罪案件（由广东省公安厅发布）、广州南沙自贸片区跨境刑事案件有关情况，其中就涉及自贸区经济犯罪案件的信息，具体如表2所示。

表2　中国新闻网报道的广东自贸区经济犯罪相关情况

案名	案件来源	犯罪嫌疑人	犯罪行为	涉案金额	后续处理
珠海“8.09”特大虚开增值税专用发票案	2018年10月，广东警方开展“利剑24号”集中收网行动	打掉虚开增值税专用发票犯罪职业团伙4个，抓获犯罪嫌疑人22名	恶意利用自贸区优惠政策，成立多家化工类空壳公司，大肆虚开增值税专用发票	超过20亿元人民币	公安机关联合有关部门对化工行业空壳公司开展集中整治，规范企业经营秩序，挽回大量税款损失
—	南沙自贸片区检察院办理的案件（2017.12—2018.12）	南沙自贸片区检察院办理审查逮捕案件59件95人、审查起诉案件76件121人	审查起诉的案件涉及扰乱市场秩序、侵犯知识产权、危害税收征管、破坏金融管理秩序等22项罪名	动辄上千万甚至上亿元人民币（主要为组织、领导传销活动罪）	—

还有数据显示，广东省经侦部门2001年破获经济犯罪案件2921宗，2016年上升到12732宗，增幅达4倍；2015—2016年，根据公安部经侦局部署，开展了为期两年"打击利用离岸公司和地下钱庄转移赃款"专项行动，共破获案件293宗（2011—2016年广东省经济犯罪案件年均破案数1.2万多宗），扣押、冻结涉案资金折合人民币约12.8亿元，涉案金额4000余亿元，取得了近年来的最佳战绩。[①] 在这些经济犯罪案件中也有涉及广东自贸区的。通过对上海、广东两个设立较早自贸区相关数据和案件之分析，不难看出自贸区金融犯罪案件数量呈现的上升趋势，以及经济犯罪中涉案人员、涉案资金等方面之巨大规模。

（二）经济犯罪国际化区域化倾向较明显

自贸区营商环境的国际化、市场化，势必使得涉外和跨境因素增多，反映到经济犯罪活动中就是犯罪突破国（边）境之限制。当前自贸区已经出现既含涉外因素同时又兼具互联网特点（具有无国界、超领土性）的案件，以及涉及境外离岸进口公司因素的案件。中国新闻网报道，自广东自贸区南沙片区成立以来，跨境跨区域案件上升趋势明显，其犯罪主体主要来自泰国、越南、中国香港等地，而且跨境金融法律关系复杂、监管难度很大，极易引发集资类犯罪，这将成为自贸片区防范化解重大风险的重点对象。在沿海城市的自贸区，境内外不法分子往往相互勾结，利用跨境执法与监管之漏洞，在商贸、金

---

① 参见黄守应、戴蓬主编：《广东打击防范经济犯罪实践与探索》，群众出版社2017年版，第22－23页。

融、财税、知识产权等领域实施跨境经济犯罪活动。即便是在其他省份的自贸区，同样存在此种潜在性问题，如2018年四川成都双流检察院发布《涉自贸刑事检察白皮书》（2017.4—2018.4）提出，自贸区内利用离岸公司、离岸账户等涉外因素实施逃汇、洗钱、骗税等犯罪风险不断上升。早在2015年，最高人民检察院曾发布6起金融犯罪典型案例，其中就有一起为首例涉自贸区逃汇案件，[①] 该案系采用虚构“转口贸易”背景的方式实施犯罪，而最高人民检察院在案件的典型意义分析中指出，自贸区的金融改革使跨境贸易更为便利，需高度关注和重点打击部分犯罪分子利用境内外经贸管理制度之差异，借助离岸公司、离岸账户虚构贸易背景实施逃汇、信用证诈骗、骗取出口退税等犯罪。

（三）利用互联网实施经济犯罪问题凸显

2018年国家统计局发布的2015年至2017年我国经济发展数据显示，网络经济指数达362.1，其对经济发展新动能指数贡献为34.5%，发展最快，贡献最大。在网络经济发达的背后同样蕴含着风险，如有学者指出，互联网金融的本质特征之一就是剥离传统金融中介，实现资本和项目直接对接，减少融资成本，但其带来的风险也不容小觑。[②] 互联网在促进经济发展之同时，也可能在客观上刺激和诱发新型经济犯罪，进而增加犯罪数量、改变犯罪形态或丰富犯罪手段。上海市检察院于

① 参见最高人民检察院：《最高检发布6起依法查处金融犯罪典型案例》，载最高人民检察院网，http://www.spp.gov.cn/zdgz/201509/t20150923_105024.shtml。

② 参见万志尧：《互联网金融犯罪问题研究》，黑龙江人民出版社2016年版，第217页。

2016年发布的《2015年度涉自贸刑事检察白皮书》指出，利用互联网实施犯罪呈上升趋势，在经济犯罪方面出现了利用第三方支付平台犯罪、使用“互联网+”非法买卖个人信息、假借或者异化P2P网贷实施犯罪等新情况。在司法实践中也出现了一些典型案例，如在单位犯罪嫌疑人广州放飞旅游有限公司、犯罪嫌疑人林某等人组织、领导传销活动案中，林某等人于2015年在广东自贸区注册运营公司，后以“股权众筹”为名，在互联网上设立公司股权众筹平台销售股权，以每日高额利息、介绍会员层层收息返点等方式，吸引网民注资，并用新加入成员的资金维持运转，后资金链断裂；该案全国会员有1.7万余人，涉案金额高达7亿多元。在此案中，犯罪嫌疑人正是利用了自贸区金融创新环境和互联网实施涉众型经济犯罪，对金融秩序和社会稳定造成严重危害。

（四）自贸区建设伴生其他经济犯罪

一方面，宽松便利的营商环境可能衍生出自贸区内外勾结实施共同犯罪、上下游犯罪等情形。① 作为世界上最具影响力和权威性的反洗钱、反恐怖融资领域政府间的国际组织，反洗钱金融行动特别工作组（Financial Action Task Force on Money Laundering，FATF）早在2008年的一项调查显示，自贸区洗

① 从调研收集材料看，这些情形主要涉及区内外共同实施走私犯罪、洗钱罪上游犯罪等。近年来，学界也有一些研究成果，例如，刘宪权、卢勤忠等的《自贸区走私犯罪问题研究》（载《海关与经贸研究》2015年第1期）；乐昀的《自贸试验区海关防范走私监管——以福建省为例》（载《辽宁工业大学学报（社会科学版）》2017年第1期）；任红的《我国自贸实验区洗钱风险审视与监管思路》（载《学术探索》2018年第1期）；薛妮的《海南自贸区（港）建设中的反洗钱机制》（载《人民法治》2018年第20期）等。

钱活动所涉的上游犯罪包括欺诈、销赃、制造假币、走私、内部交易以及操纵市场等。自贸区制度创新大大减弱了贸易结算和资金融通之管控力度，这无疑为洗钱或者其他金融犯罪提供了一条新渠道。在我国现行刑事法律框架下，在自贸区外实施破坏金融管理秩序犯罪、金融诈骗犯罪的违法所得及其收益，利用区内金融开放、监管宽松的环境更容易实现“合法化”。另一方面，“伴生”表现为借用“自贸”要素可能带来的利好实施经济犯罪。在媒体报道的一起信用证诈骗案件中，犯罪嫌疑人李某谎称自己在上海自贸区保税仓库存储了一批化工原料，后以委托进口名义办理有关单证手续后，让被害公司通过银行为其开具远期信用证，骗取项下资金4000余万元人民币。[①] 在广东，近年来经济犯罪形势的变化亦同经济领域改革的创新密切相关，笔者收集到公安机关侦办的一个非法吸收公众存款案例显示，广东某公司借准备在某自贸区设立子公司之名，以资金周转困难为由，面向群众高息筹款，在支付部分本金和利息后关门跑路。该案中犯罪分子亦是以“自贸”的发展前景和高收益为诱饵，假借自贸区政策致使多名被害人上当受骗。

三、中国自贸区经济犯罪防控机制构建的路径

自贸区建设的一项重要目标是通过改革试点，形成一些可

① 参见孟伟阳、蔡顺国：《自贸区犯罪呈粘附“自贸”特质》，载《法制日报》2015年7月20日，第5版。

复制、可推广的经验。① 而改革试点的一个优点就是，“它允许政府以相对较小的规模尝试以新的方法做事情，并在将其在整个系统中推广之前调整改革模式”②。笔者认为，这项目标及其理解对自贸区经济犯罪防控机制之构建也是适用的。当前已有不少省市为提升服务保障自贸区发展质效，在经济犯罪防控机制方面创新实践探索，取得了良好效果，如上海自贸区公安“打防并举、打防同轴”工作机制、珠海横琴自贸警务“服务经济主体为抓手、与相关部门联动”防范打击机制等。结合这些自贸警务机制创新举措，构建经济犯罪防控机制至少可从以下四方面统筹考虑设计。

（一）增强经济犯罪风险防控中的“合作”理念

面对自贸区经济犯罪发展新趋势，单凭公安机关一方的力量难以对经济犯罪风险进行有效防控。加之在自贸区金融开放与创新背景下，专业化的经贸活动本身就犹如一把“双刃剑”，其在释放市场活力的同时，亦不可避免地带来经济风险。如有学者指出：“自贸区金融创新与资本账户开放可能引发较大规模的投机性资本流动套利，也可能使洗钱、资本外逃的风险加剧，增加宏观经济政策制定与执行的难度，容易出现政策两难

---

① 国务院自2013年以来陆续印发的“中国（××）自由贸易试验区总体方案”、“进一步深化中国（××）自由贸易试验区改革开放方案”、《全面深化中国（上海）自由贸易试验区改革开放方案》等一系列政策文件中，均有“可复制可推广”之说。

② 郭志媛：《中国经验：以刑事司法改革试点项目为蓝本的考察》，北京大学出版社2011年版，第106页。

和冲突现象。”[①] 显然，这些经济风险及其背后的影响因素不是公安机关能够独自应对的，一旦风险发生则可能造成严重社会危害，“事后”的经济犯罪打击往往难以挽回全部损失，甚至根本无法弥补损失。调研中，有经侦民警直接告诉笔者，经济犯罪打击只是办案的一个方面，更困难的是打击后的“追赃挽损”和“善后维稳”工作。基于此，在自贸区经济犯罪风险防控中当尤为强调“防”的一面，即前移经济犯罪防控关口，把“防患于未然”作为最重要的目标。国外也有研究指出，犯罪预防在减少犯罪方面是“高效、可行而且划算的”。[②] 当前已经有公安机关注意及此，如为支持和服务横琴自贸片区建设发展，珠海市公安局于2016年推出了12项举措，其中就有“完善经济风险预警和防控机制”，具体包括“加强对重点领域企业服务管理，推动区内监管部门系统性风险预警、防范和化解体系建设，提升对经济领域风险联合防范和处置能力，共同防控金融风险”[③]。笔者调研了解到，重庆市某公安机关为服务自贸区建设，探索实施街道、行业协会、派出所“三位一体”的服务发展协作机制，于2017年4月在相关部门协作配合下，快速破获一起合同诈骗案，并将涉案价值上千万元的房产追回返还受害企业，后得到企业高度赞誉。从中不难看到，在经济犯罪风险防控中“合作”之重要性，这也与经济犯罪案件侦查

---

① 刘正：《中国自贸区金融创新与法律支持研究》，北京交通大学出版社2016年版，第49页。

② 参见［美］布兰登·C. 韦尔什、［英］戴维·P. 法林顿编：《牛津犯罪预防指南》，秦英等译，中国人民公安大学出版社2015年版，第536页。

③ 于长利、熊裕武主编：《自贸时代的警务变革：珠海横琴自贸区警务新模式的探索与实践》，群众出版社2017年版，第158页。

“通常不是由勘查犯罪现场开始，而是起始于对犯罪线索的研判和经营”的特点密切相关。[①] 如果将自贸区看作一种经济关系粘连起来的“经济社区”，那么，“合作”理念之功能非常类似于“社区警务”所强调的警民合作（形成警民伙伴关系）、民众的社区参与及违法犯罪控制。两者间的联系大致可如表3所示。

表3 社区警务理论对自贸区经济犯罪风险防控的启示②

社区警务理论内容	对自贸区经济犯罪风险防控的启示
抑制犯罪的关键在社区而不在警察，警力的增长与减少犯罪、提高破案率几乎无关	自贸区经济犯罪风险防控的关键不在警察，防控的成功主要有赖于民众的信息
建立平等的警民伙伴关系（警民互动合作）	警察应与自贸区的企业和民众建立平等、亲密的合作伙伴关系
依靠社区公众力量参与预防违法犯罪（防范在先，预防为主）	依靠自贸区企业和民众参与预防经济违法犯罪，调动其参与管理的积极主动性
警察可以从社区获得丰富的信息资源（建立社区反馈机制）	警察可从自贸区企业和民众处获得丰富的经济违法犯罪线索、经济运行风险隐患等信息（得到反馈）

通过表3可以清楚看到，“警察/公安机关”与“社区/自贸区”的“合作”之于违法犯罪防控的正面作用。国外有学者

① 戴蓬、高爽主编：《经济犯罪案件侦查》，中国人民公安大学出版社2014年版，第1页。

② 本表中社区警务理论的内容由杨瑞清、王淑荣主编的《社区警务》（中国人民公安大学出版社2015年版）和王大伟的《英美警察科学》（中国人民公安大学出版社、群众出版社2018年版）两书相关章节整理而成。

指出，社区警务作为一种新的理念，建立在这样的观念基础之上：警察与普通民众一起以创造性的方式工作，将有助于解决对犯罪的恐惧、社会失范、行为无序、邻里关系淡漠等与社区相关的问题。[①] 此种理解亦反映出警民合作对于违法犯罪防控之重要功能。实际上，随着自贸区经济犯罪风险的出现与释放，无论是纯粹的政府管制还是经济体系的自我运行，皆会存在一定的“失灵”状况，此时便需要通过“合作治理”来调适矛盾冲突和降低犯罪风险。美国学者朱迪·弗里曼指出，在公私合作治理模式下，“合作会鼓励发展新的机构关系、联系与网络，有助于解决管制问题，亦有助于改善关系，促进参与”，而“参与”则可促使规则得到成功实施并就其实践效果提供重要的反馈。[②] 笔者收集的一份公安改革工作“简报”显示，上海自贸区公安机关基于“打防并举打防同轴”之基本理念，深化警银（银行）、警企（企业）、警社（社会）合作机制，通过强化金融形势定期研判、风险预警信息共享及培训宣传业务合作，促进源头治理、前端管理和联动处置，在经济违法犯罪风险防控领域取得了实质性效果。至此，可归纳出经济犯罪风险防控“合作”理念之增强对自贸区而言，至少在两个方面具有正面效应：一方面是强化经济违法犯罪之预防以减少发案率；另一方面是为破案打击提供有效线索，以提高经济犯罪侦查工作效率。

---

① See Trojanowicz Robert & Bucqueroux Bonnie, Community Policing: A contemporary perspective. Cincinnati, Ohio: Anderson Publishing Company, 1990, p. 5.

② 参见［美］朱迪·弗里曼：《合作治理与新行政法》，毕洪海、陈标冲译，商务印书馆2010年版，第41、45页。

（二）推进大数据背景下信息资源整合与共享

这是前述“合作”理念在数据信息意义上的逻辑延伸。在现代信息社会，大数据日渐成为一种基础性战略资源，并深刻影响着社会治理方式变革，而在大数据驱动下的信息化本质即为信息共享。这在当下一些自贸区管理地方性制度规范（一般为地方性法规或地方政府规章）中也得到制度设计层面的回应，其表达核心为“监管信息共享”。例如，《中国（福建）自由贸易试验区条例》第47条规定：“自贸试验区建设统一的监管信息共享平台，整合监管信息资源，推动全程动态监管，提高联合监管和协同服务的效能。片区管理机构和有关部门应当及时主动提供信息，参与信息交换和共享。”而《中国（辽宁）自由贸易试验区条例》第50条规定与之几近雷同。自贸区自由开放的营商环境，要求政府管理重心从事前审核审批转向事中事后监管。信息共享显然有助于打破监管部门间的“数据壁垒”“信息孤岛”，进而深化大数据运用，为其进行事中事后监管、预警经济犯罪风险等创造有利条件。

当然，信息共享应该体现为相应的平台与机制建设，为此可以先从两方面考虑。一方面是建立监管部门间的信息共享平台和机制。调研发现，有自贸区为防范经济活动风险，在政府自贸办的统筹推动下，搭建了整合法院、工商、税务、金融、房管、公安等部门信息的系统平台，其中，信息主要为企业涉自贸经营活动信用情况，有关单位和个人可按规定自由查询。[①]

---

① 此外，当前一些自贸区建立完善商事登记电子平台，并就相关信息实行部门共享和信息公示，同样有保护商事主体合法权益和防范交易风险方面的考虑，这也得到制度层面的支持，如2017年发布《中国（浙江）自由贸易试验区内商事登记管理办法》、2018年发布《中国（海南）自由贸易试验区商事登记管理条例》等。

调研收集的一件公安工作“简报”也显示，某自贸区公安机关围绕“建立企业诚信体系、实现企业源头管理”工作目标，探索建立“关警（海关与警方）联动”监管机制，通过构建积分制量化管理模型，运用大数据分析研判，开展关警信息共享、协同监管和联合惩戒，有力提升了违法犯罪的区域防控合力。此类信息共享共用也得到一些自贸区管理制度的支持，如依2019年施行的《中国（重庆）自由贸易试验区管理条例》第51条之规定，自贸试验区要完善市场主体信用信息归集、披露、运用和分类管理制度，实施公平竞争审查，营造诚信公平市场环境。另一方面，要推动监管部门与企业间的信息共享。这是政企合力防控经济犯罪风险的必然要求。调研了解到，某自贸区为预警防控经济犯罪，运用科技信息手段，整合相关信息资源，大力推进警企在线平台建设，已汇聚上千万条区域经济运行数据，通过信息实时交流，实现警企数据库自动比对和差别监管，向企业及时发布风险预警提示。

需指出的是，尽管大数据发展原动力是“对信息共享之需求”、核心在于“整理、分析、预测、控制”，[①] 但是当前受制于部门行业壁垒以及信息平台建设、运行、维护的高额成本，其共建主体、共享内容、共享程度等可以渐进扩展深化，其中还会伴随多类平台的逐步整合优化，最终实现行政管理、公安信息、企业数据库“三库融合”。[②] 实际上，这也是信息平台

① 参见赵伟：《大数据在中国》，江苏文艺出版社2014年版，第6、98页。

② 参见上海市公安局自由贸易试验区分局课题组：《自由贸易试验区建设背景下公安部门面临的机遇、挑战及应对工作路径》，载《上海公安高等专科学校学报》2017年第4期。

顶层设计意义上的一种理想状态，构建一个整合了自贸区企业经营情况、资金流向、征信状况等信息资源的“大数据”空间，将经济犯罪防控基础性、要素性数据采集纳入平台建设需求，由相关主体共建共享空间中的信息资源（必要时也可与境外部门进行经济领域数据交换），并运用大数据分析技术，增强信息应用能力，面向自贸区行业、企业及人员实现服务、监管、预警一体化效能。

（三）建立经济犯罪“动态”“联动”打防机制

自贸区经济犯罪前述发展趋势不但有损市场经济秩序，甚至会形成区域性、系统性的经济风险，影响社会安全稳定。而且由于自贸区经济犯罪与制度创新有着密切关联，其更具隐蔽性和复杂性，难以及时甄别发现，这就导致破案打击往往滞后，从而使违法犯罪风险逐步加剧。因此，有必要构建动态打防机制，及时防控自贸区经济犯罪风险，防止风险累积扩大。此种“动态”具体可以从两个方面考虑。

一方面是立足于“合作”理念的跨部门信息资源共享，除了前述公共部门间的信息资源整合共享外，还要特别加强与银行等金融机构的信息资源共享。调研了解到，某公安经侦部门基于数据融合、智能分析、集约应用理念，以智能化查控为手段，与商业银行进行专线对接，探索建设警银信息查控系统，实现了经济犯罪案件涉案账户信息实时在线查询和账户冻结、解冻（有经侦民警称“一点请求、全网反馈”），极大提升了破案打击效能。[①] 围绕自贸区建设中第三方支付、大宗商品融资、出口退税、巨额资金流动、企业虚注资金（注册资本认缴制）等经济领域主要风险点，亦可通过构建类似信息平台及配套机制，自动预警经济犯罪风险，加强对违法犯罪的提前介入和早期干预，及时查控违法犯罪嫌疑人。发掘“相关性”系大数据的核心思维，大数据技术可以改变传统事后侦查的时空滞后性缺陷。[②] 因此，可以通过运用数据挖掘技术动态比对分析高发案件、领域，构建类罪模型实时监控异常经济行为、监测可疑企业等方式，“主动进攻”“精准打击”自贸区经济违法犯罪活动。另一方面，经侦基础工作是经济犯罪打防有效开展的基础和保障，应针对自贸区经济犯罪之新特点，推动经侦基础建设转型升级。至少又可从以下两方面进行：一是公安、工商、税务、金融等监管部门形成合力，全面采集自贸区内企业基础信息，以摸清底数和掌握动态；二是拓宽经侦基础工作领域，如某自贸区按照企业信用积分进行排名，划分为“合格放心”“一般关注”“重点关注”三类企业实施分级监管，通过“信用—风险—监管”相互关联无疑增强了经济犯罪防控之针对性，有利于从整体上提升重点行业、领域经济犯罪风险防控水平。

所谓“联动”主要是指公共部门在自贸区经济犯罪打击中

---

① 早些年有人在论及公安机关和银行联合打防金融犯罪时，提出设立联合办案机构、在可疑信贷资金处理流程中增设金融犯罪甄别环节、建立公安机关巡回驻点和警银联席会议制度等意见。参见中国刑事警察学院、辽宁省合同法研究会组编：《金融犯罪防控对策研究》，法律出版社 2013 年版，第 7 页。

② 王燃：《大数据侦查》，清华大学出版社 2017 年版，第 37、48 页。

“跨部门”的协同配合。首先，在公安系统内部应突破警种壁垒，克服“侦查有壁垒、犯罪无边界”之困局，对自贸区经济犯罪实施多警种合成打击，以提升整体打击效能。笔者收集的一份公安改革工作“简报”显示，上海自贸区公安机关通过深化“四侦合一”（刑侦、技侦、网侦、图侦）侦查模式，强化运用情报导侦、网络监控、资金查控、溯源技术等专门手段，实现了对犯罪的有效打击。其次，侦查机关之间及其与行政执法机关应深度协作。对于侦查机关之间，以自贸区走私案为例，其一旦同骗取出口退税、逃汇、洗钱等犯罪相关涉，便可能出现海关缉私部门和公安机关在办案上的“交叉管辖”[①]，此时就需要各机关相互间协调配合；对于侦查机关与行政执法机关间，自贸区经济违法犯罪与工商、税务、金融、质监等行政执法部门关系密切，这些部门在执法活动中往往已掌握了大量违法证据，有的已经涉嫌经济犯罪，在打击犯罪过程中，其可以为侦查机关拓宽犯罪线索之来源，经侦部门办案亦离不开行政执法机关发挥职能优势支持与协助。这类协作也可以扩张到整个司法系统及其与行政执法机关之间，如上海自贸区司法协同监管机制，通过加强司法与行政部门的良性互动，实现了自贸区法治环境建设的“共治”格局。[②] 而且协作也有助于实现行政执法与刑事司法间更好的衔接。当然，这种深度协作应

---

① 走私犯罪的下游可能涉及骗取出口退税、逃汇、洗钱、侵犯知识产权等多种犯罪，在我国现行法律框架内，海关缉私部门对走私外的刑事案件没有管辖权，应移送有管辖权的公安机关侦办，但公安机关并非案件的“首办”部门，其案侦工作需要“从头做起”，这无疑会影响办案效率及成本。

② 参见周奇、张湧主编：《中国（上海）自贸试验区制度创新与案例研究》，上海社会科学院出版社 2016 年版，第 433 – 435 页。

落脚到相关制度机制建设上，如信息通报、线索协查、联席会议（会商协调）、案件（证据）移送等方面的制度机制，而这显然更有助于公共部门在执法上减少分歧、形成共识。最后，基于自贸区经济犯罪跨境跨国因素日渐凸显，与境（国）外执法机构协助互助，合力打击自贸区经济犯罪变得十分紧迫。但是，目前我国公安机关对跨境（国）经济犯罪大都沿用“个案协商”模式，如有调研指出，受制于粤、澳两地刑事司法制度差异及区际刑事司法协议的缺位，在两地司法发生冲突而无法协商解决时，跨境犯罪打击效果和警务协作效率，均受到不同程度的影响和制约。① 因此，应密切强化与境（国）外执法机构的执法合作，以提升自贸区跨境（国）经济犯罪打击效能。

（四）构建区内外相协调的刑事法律适用机制

自贸区作为一种特殊经济区域，其制度创新之内核及经济上的相对独立性影响经济犯罪的刑事法律适用。最典型的就是在新的经济运行模式和行政监管体制下，自贸区内外法律法规适用不一致，导致区内外经济犯罪的刑法适用不同（“同类不同罪”）问题，正如有学者所指出的“部分犯罪可能因自贸区制度的创新而在区内产生刑法适用的困难，甚至失去刑法适用的空间，部分犯罪会因自贸区的便利条件而呈现出新的态势”②。笔者同意自贸区“不具有独立的法治意义”之观点，③

---

① 参见于长利、熊裕武主编：《自贸时代的警务变革：珠海横琴自贸区警务新模式的探索与实践》，群众出版社 2017 年版，第 9、20 页。

② 刘宪权：《中国（上海）自由贸易试验区成立对刑法适用之影响》，载《法学》2013 年第 12 期。

③ 参见刘松山：《论自贸区不具有独立的法治意义及几个相关法律问题》，载《政治与法律》2014 年第 2 期。

其并非一个"法外特区"，要想以法治方式推进自贸区建设，就必须承认在办理经济犯罪案件中刑法的适用具有普遍性。但不可否认的是，自贸区的制度创新确实对经济犯罪的刑事法律适用带来不小影响。以自贸区"负面清单"制度为例，国家发展改革委、商务部发布《自由贸易试验区外商投资准入特别管理措施（负面清单）（2021年版）》后，外商投资准入特别管理措施由2020年版负面清单的30条缩减至27条，这意味着外商在自贸区的投资领域进一步放宽，经营范围日益扩大，据此在我国《刑法》中非法经营罪在自贸区内的适用范围无疑将会缩小。又如，随着与自贸区贸易、金融、监管等配套的法律规范不断更新，其会对经济犯罪"法定犯"之认定产生影响，[①]针对同一行为在区内外刑法之不同评价，有学者指出可通过正确认识法定犯的"二次违法性"特征加以解决。[②] 再如，在上海自贸区成立后的首例涉外刑事案件"波驷贸易（上海）有限公司、尼某、陈某逃汇案"中，由于被告人使用了不同于传统逃汇罪的行为方式，其行为究竟是否属逃汇行为，以及行为到底构成行政违法抑或刑事犯罪在认定上出现争议。[③]

对于这些问题，顶层设计层面应予考虑出台规范性法律文

---

① "法定犯"或称"行政犯"，指不违反社会伦理，由于行政取缔目的，根据法律的禁止规定才被认为是犯罪者；这类犯罪以违反经济行政法规为前提，原来未被认为是犯罪，由于社会情况的变化，在一些经济行政法规中首先作为被禁止的行为或犯罪加以规定，随后在修订的刑法中加以吸收而规定为犯罪。参见马克昌主编：《刑法》（第4版），高等教育出版社2017年版，第27页。

② 参见陈辐宽主编：《上海自由贸易试验区检察实务研究》，法律出版社2016年版，第137－138页。

③ 本案的基本案情、争议焦点及法院认定与判决可参见张斌主编：《浦东法院服务保障上海自贸试验区的探索与实践》，法律出版社2016年版，第192－198页。

件（如司法解释），但在规范性法律文件出台以前，为保证刑法适用的准确性和统一性，司法系统内部应本着开放、向前和合作的原则，共同研究自贸区法律法规调整可能带来的刑事法律适用问题，并就经济犯罪重点罪名开展专题调研，先期出台具有针对性、可操作性的意见指导案件办理。例如，为确保刑事法律和政策在自贸区正确实施，上海市检察院于2014年出台首部自贸区刑事法律适用指导意见，其针对自贸区常见十余种经济犯罪（尤其是金融犯罪）提出办案指导意见，对案件办理统一法律适用作出规定“并将在今后系列化适时发布”。[①]这即是一种在自贸区统一刑事法律适用方面的有益制度性尝试。

此外，自贸区的开放与创新存在达不到预期效果甚至失败的可能，这就需要有支持改革、鼓励创新、宽容失误的司法环境。学者苏力曾指出，之所以关心司法的制度与过程，是因为从法治建设看“司法是一个最有可能有所作为并产生实际影响的途径，其影响力可能远远超过立法”[②]。因此，在自贸区刑事司法过程中，应注意平衡打击犯罪保护法益与自由驱动制度创新之间的价值张力。有学者提出，在自贸区建设中要建立必要的“容错机制”，以减轻或免除对相关人员制度创新及复制推广失败结果的责任追究，并且要将容错机制制度化、法定化，

---

① 参见林中明：《自贸区刑事法律适用指导意见发布》，载《检察日报》2014年11月9日，第1版。

② 苏力：《法治及其本土资源》，北京大学出版社2015年版，第7页。

为创新容错提供相应法治保障。[①] 此种宽容失败之管理理念也逐步为自贸区相关制度设计所吸收，如《中国（重庆）自由贸易试验区条例》第5条之规定，自贸试验区应当大胆探索、先行先试，深化各领域改革开放试点，加大压力测试，加强监管，防范风险；《中国（河南）自由贸易试验区条例》第5条也规定，自贸试验区应当建立以改革创新为导向的制度创新体系和改革创新容错机制。这种“允许试错宽容失败”的理念，在自贸区经济犯罪案件办理中亦应加以融贯，更加注重刑事司法之审慎与谦抑，既坚持统一适用刑事法律打击违法犯罪，也要贯彻宽严相济的刑事政策以支持保护改革创新。笔者调研收集的一份某检察机关服务保障自贸区建设的“指导意见”就作出了非常有益的容错性规定，[②] 其规定“要准确把握法律政策界限”“注意区分经济纠纷与经济犯罪、改革探索发生偏差与钻改革空子实施犯罪、失职渎职与改革创新失败的界限”“对法律界限不明、罪与非罪不清的，严格遵循罪刑法定原则，不以犯罪处理”。

有学者指出，自贸区发展过程中存在的风险大多与其功利性、开放性、自由性的基本特征有关。[③] 自贸区建设中经济犯

---

① 参见李猛：《中国自贸区法律制度建立与完善研究》，人民出版社2017年版，第248页。

② 笔者通过互联网检索发现，2015年天津市高级人民法院发布《天津法院服务保障中国（天津）自由贸易试验区建设的意见》、2015年福建省高级人民法院发布《福建法院服务保障中国（福建）自由贸易试验区建设的意见》、2017年浙江省人民检察院出台《关于服务保障“中国（浙江）自由贸易试验区”建设的意见》等地方司法机关制定的文件中也有类似“审慎谦抑”规定。

③ 参见钱震杰、胡岩：《比较视野下自由贸易区的运行机制与法律规范》，清华大学出版社2015年版，第90页。

罪正是开放型经济发展所致风险的集中体现。从媒体以“利用自贸区金融政策 搞传销犯罪涉案7亿”“上海一中院：累计受理涉自贸区案件765件 金融创新案件有所增多”等为题的报道，足见犯罪形势日趋严峻。面对此种情况，“打防并举、标本兼治”的综合治理举措无疑是理性的选择。公安部也提出，要按照中央经济工作会议要求，聚焦服务发展、防控风险，深入开展打击涉众型经济犯罪专项行动，严防经济金融风险向社会稳定领域传导。唯有以问题为导向，深刻把握自贸区经济犯罪发展趋势，科学构建犯罪防控机制，方能为自贸区建设提供有力的法治保障。

第五章
开放型经济新体制背景下的犯罪新风险与治理路径

进入新时代，开放型经济新体制加快构建，其在激发高质量发展活力的同时，亦带来不少犯罪新风险。开放型经济新体制背景下的犯罪呈现出新特点新趋势，集中表现为“四个结合”，即体制的创新性与犯罪的多样性、经济的开放性与犯罪的扩张性、金融的虚拟性与犯罪的隐蔽性、网络的无界性与犯罪的跨域性相结合。对此可从合作治理、预防治理、专业治理、精准治理等方面着力，构建开放型经济新体制背景下犯罪风险治理的新路径。

开放型经济新体制从2013年党中央提出构建至今，实现了从较为基础的开放型经济新体制到高水平高质量的开放型经济新体制的过渡，对内带来社会各行业的巨大革新，对外巩固了我国在国际经济格局中的地位。同时，开放型经济新体制的建成与发展亦带来新的犯罪风险，而传统犯罪同开放型经济新体制带来的社会变化相结合则使犯罪呈现出新特点新趋势。面对这些犯罪新风险，应未雨绸缪采取有效的治理措施，构建相应的治理路径，方能为开放型经济新体制发展保驾护航，使人民群众更好地享受经济发展带来的获得感。为此，本章在分析开放型经济新体制背景下犯罪新风险特点趋势的基础上，提出相应的治理路径。

一、开放型经济新体制背景下犯罪新风险的生成

（一）开放型经济新体制释义

开放型经济新体制是近些年党中央提出的一个新名词，其含义可分三方面理解，即“开放”、“开放型经济”与“新体制”。“开放”一词对我们并不陌生，具有鲜明中国特色内在精神的“开放”，是在1978年党的十一届三中全会上决定“对内改革，对外开放”后正式确立的。较之具有鲜明中国特色内在精神的“开放”，“开放型经济”则更具西方色彩。开放型经济的概念诞生于西方古典经济学中，是与“封闭式经济”相对应的概念，本意指存在对外贸易的经济。现代开放型经济指，一国实行的经济制度与外部联系的倾向并且含有逐步减少政府

对于对外经济联系的行政干预，或逐步推动生产要素在国际间自由流动政策的意义。有学者对现代意义的开放型经济作了解释，即“进口、出口或资本、劳务等生产要素越过边境的活动都没有限制”的经济。①

“新体制”不但意味着社会关系的变革，而且有着“与旧不同”的含义。从中华人民共和国成立初期的开放理论到改革开放时期的对外开放，从正式提出构建开放型经济新体制到更高水平建设，开放型经济体制始终与时俱进。直至当下，高质量的开放型经济新体制不单指生产要素的国际流动，更是指从对外开放到对内开放，从重视国际经济大循环到打通国际国内经济双循环，以新机制应对国际经济新局势，构建国际经济贸易新格局。最终，通过开放型经济新体制实现互利共赢、多元平衡、安全高效的开放型经济体系新战略。② 综上，开放型经济新体制是指生产要素基本由市场决定配置，并且实现快速流动带动资本流通助力经济发展，最终实现建成高效经济体系的一系列国家战略方针的总和。

（二）开放型经济新体制背景下犯罪新风险的突出表现

1. 促进外贸发展及优化开放布局背景下特定地区走私、涉税犯罪增加

走私犯罪作为地缘特征明显的犯罪，较易发生在设有出入境港口的沿海开放城市。偷漏税犯罪则有明显的政策导向性，

---

① 参见全毅：《中国高水平开放型经济新体制框架与构建路径》，载《世界经济研究》2022 年第 10 期。

② 参见张二震、戴翔：《关于构建开放型经济新体制的探讨》，载《南京社会科学》2014 年第 7 期。

较易发生在设有特别税收政策的城市。在建立开放型经济新体制下设立相应的对外开放港口及自贸区，是实现优化对外开放区域布局的重要一环。走私、涉税犯罪通过利用优化对外开放区域布局政策的便利条件来实施犯罪。首先，自贸区建设容易滋生走私犯罪，在自贸区内允许外国商品免税，可以说在此地区经济意义上已不存在国境国界概念。但经济意义上的“无边境”与现实意义的“边境管理”产生割裂必然导致矛盾：自贸区港口每天的货物吞吐量数以百万计，管理稍有不慎就可能出现禁止出入我国境内物品混杂普通货物的情况，在自贸区设立前这种情况并不集中，但自贸区设立后，商品货物的集中性带来此类犯罪的集中性。其次，人员流动的便利性及旅游政策的照顾性也会频繁出现名为“代购”实为走私的案件发生，加之当前法律法规对跨国代购行为尚没有明确的界限，这也加大了实务中侦查处理的难度。最后，拥有自贸区的城市多已形成完善的工业产业集群，这些地区的工业产业结构以轻工业为主，产业构成则是个体商户、独资公司占据了主要地位。[①] 数量庞大的商户集中于一些市、县又吸引带动了大量劳务人员，加大了人口基数，大量人口、商户无疑大大增加了维护当地治安、税务管理压力，同时也给走私、涉税犯罪提供了沃土。

2022 年福建厦门警方破获一起特大骗税案件，涉案金额达 2 亿多元，厦门某实业公司勾结上游重庆某鞋业公司等 2 家企业虚开增值税专用发票 4334 份，采取“买单配票”等手段假

---

① 参见李晶晶、张卿：《中国城市群产业发展比较研究——基于长三角、珠三角、京津冀与成渝城市群的比较》，载《经济视角》2021 年第 3 期。

报出口骗取出口退税。[①] 该案即是在开放型经济新体制下的对外开放产业集中地区发生的利用政策漏洞的典型涉税案件。走私、涉税案件严重冲击我国主权及税收制度，同时此类案件借助优化开放布局政策的便利条件呈现集中性、扩张性等特点，在国际贸易冲突日趋严重的今天此类犯罪会给我国本土产业发展带来剧烈影响，进而影响新发展格局的构建。

2. 加大外商投资及大力发展走出去战略背景下涉外涉侨犯罪增加

构建开放型经济新体制有着促进国内国际生产要素流动的内在要求，生产要素的流通必然伴随着国内与国际之间的交流。这种交流带来社会关系变化，最后都指向了作为社会个体的“人”，外国人与华侨正是在开放型经济新体制中出现的“新因素”和“新变量”。

首先，能在开放型经济新体制下与我国经济进行交互的外国人与华侨大都具有雄厚的资本或关键生产要素，无论是国内招商引资还是对外资本注入，这就为犯罪的滋生提供了基础条件。2021 年，我国一年就办理了 5691 件涉外刑事案件[②]，从 21 世纪以来涉外案件就一直呈增长态势，这些涉外刑事案件中不乏涉案金额巨大的要案。2020 年广西防城港警方侦破一起特

---

① 参见厦门市税务局：《厦门查处一起骗取出口退税团伙案 追缴 24626.98 万元》，载新浪网 2022 年 11 月 15 日，http://k.sina.cn/article_5993531560_1653e08a8020018z0h.html。

② 最高人民检察院：《2021 年检察机关积极参与涉外法治建设，办理涉外刑事案件 5691 件》，载最高人民检察院网，https://www.spp.gov.cn/spp/ttzgjgzbg/202203/t20220308548032.shtml。

大跨国非法经营外汇案件，涉案金额达397亿元。[①]其次，涉外案件大多涉及跨境电子取证，由于涉及领土主权与国际警务协作等政治问题，跨境取证的难度不言而喻，目前各国间未形成一套被普遍认可的电子取证通用规制或标准，同时电子证据固定、提取与鉴定往往受制于各国电子取证技术与能力，所以必须遵循被请求国的法律规定和证据规则。[②]这些因素往往会制约侦查开展且加大犯罪风险。最后，涉外涉侨案件追赃困境多、追捕难度大，且涉外刑事诉讼程序繁杂难以实现快速审判进而恢复被犯罪破坏的社会秩序。总的来说，涉外涉侨案件在开放型经济新体制下具有犯罪风险大、危害重、成本低、形态多样等特点，需要特殊对待加以防范，在侦查实践中不断摸索，在刑事诉讼中不断完善，以建立完备的涉外涉侨犯罪治理机制。

3. 开放主体多样化与国有资本对外开放背景下国有资本流失风险加大

国有资本在开放型经济新体制建设中主要担负着壮大国有经济与扩展开放主体的两个重要目的，国有资本在这一过程中的两个目的对立统一。一方面，壮大国有经济必须扩展开放主体，扩展开放主体又促进国有经济发展。国有资本通过注资进入在开放型经济新体制下成立的新企业，实现生产要素的流通与资本的扩张，而企业发展带动国有资本扩张实现反哺国有企

① 张冠年：《防城港侦破一起特大跨国非法经营外汇案》，载国际在线网，https：//gx. cri. cn/n/20201224/5d56eaa8 - f494 - 2568 - ad81 - b5c9ad1e2a01. html。

② 尹俊翔、陶杨：《打击跨境电信网络诈骗犯罪的困境与对策》，载《人民论坛·学术前沿》2022年第16期。

业发展，最终壮大国有经济，在这个层面两个目的是一体两面的统一关系。另一方面，扩展开放主体会加大国有资本分散、流失风险，过于广泛的国有资本又会影响企业经营的市场化。扩展开放主体第一步就是将国有资本分散注入新企业，如果缺少监督则可能造成国有资本流失；国有资本的注入会形成国家对企业的控制，如果调控不当就会背离市场规律影响经济发展，此时两个目的是互为矛盾的对立关系。正是基于国有资本双重目的的矛盾关系，相应会产生犯罪风险，其中最值得关注的就是在缺乏完善监督机制以及动态监督标准的情况下，在对外交流频繁的“走出去”大背景下分散出去的国有资产有被转移海外的风险。若有的国有企业中存在国有资产管理内控不严、管控混乱等问题，将大大加深国有资本因侵、贪而流失的风险。[①] 国有资本是国民经济的重要组成部分，发挥国有资本的优势对促进经济发展、打通国内国际双循环有着重要意义，因此严守国家财产、用好国有资本是建成高质量的开放型经济新格局的重要环节。

4. 商会行会在开放型经济中作用凸显背景下破坏商业自由竞争风险增大

我国现代意义上的商会建立时间不长，尚未形成成熟的运行机制，且在历史中基于传统商会自发性、地缘性、血缘性等特点缺乏“政商合作”经验，以粤、闽地区为代表的传统商会思想及管理模式仍然存在。这些不足与建设开放型经济新体制

---

① 参见范永恒：《国有企业资产管理存在的问题及其完善措施探讨》，载《企业改革与管理》2022 年第 15 期。

对商会的新要求、新职能产生矛盾，进而孕育出相关犯罪风险。首先，商会行会的权力扩大，缺少相应监督，商会行会在开放型经济新体制建设中承担着多重职能，但由于其“封闭性”“地缘性”等特点及缺少对应监督主体，政府难以对其实施有效监督，容易造成权力滥用，危害商业良性发展。其次，商会行会与基层群众自治组织有着相同特点，即在缺乏一般政府组织国家强制力后盾的条件下承担了一定的政府管理职能，这就导致基层地区的商会行会容易被当地黑恶势力控制或利用，危害基层政权建设与商营环境。最后，商会行会传统思想仍然存在，血缘和地缘仍是其履行职能的重要影响因素，地缘关系容易形成排外思想，血缘纽带容易形成垄断经营，最终影响市场自由交易，妨害市场管理秩序。可以说，在开放型经济新体制背景下，商会行会被赋予了更多的职能与更大的责任。尤其是东南沿海地区作为重要的开放门户，在优化开放布局战略中有着举足轻重的地位，关注该地区的商会行会的发展对引导当地商业正向发展，促进高质量发展有着重要意义。

二、开放型经济新体制背景下犯罪呈现的新特点新趋势

开放型经济新体制作为发展社会主义市场经济的利器，同样是一把“双刃剑”，其中存在隐藏在政策漏洞中、潜伏在经济发展中、隐匿在监督缺失中的犯罪风险。而种种风险叠加重合产生了拥有诸多新特点的新犯罪，很大程度上改变了传统犯罪的形态与特点。把握开放型经济新体制背景下犯罪的新特点新趋势是完善政策漏洞、保持经济良性发展、形成成熟治理机制的重要前提与基础。

（一）体制的创新性与犯罪的多样性相结合

开放型经济新体制的关键点在于“新”，新体制之“新”主要是与我国改革开放以来的开放经济发展战略相对比。开放型经济新体制有着以下创新：一是性质新，开放质量要求高、涉及范围广。改革开放以来我国的对外开放政策大多有着区域性特点并且一般围绕沿海地区几个城市展开，对于开放的内涵也更多表现为经济贸易层面的交流，而开放型经济新体制下的开放则是全国一盘棋式的开放。在涉及范围上，是全国一体化的深层次开放，不同城市都承担着一定的开放职能，享受着开放红利；在开放质量上，是生产要素便捷流动的开放，以经济交流为主、文化交流为辅，引进来与走出去战略并存的多方位、深层次的开放。二是措施新，开放战略中探索了许多经济发展新模式，诞生了包括但是不限于国有资本投资、创新对外投资方式、完善贸易摩擦应对机制等措施。三是使命新，开放型经济新体制作为我国发展社会主义市场经济的重要战略诞生于世界多极化、经济全球化进一步发展的历史背景下，并且肩负着增强我国国际竞争优势建设开放型经济强国的重要时代使命。

开放型经济新体制建设必然促进社会物质生活条件的改变，植根于社会物质生活条件的犯罪也会发生相应变化，结合犯罪的多样性产生新的犯罪特点与趋势。首先是犯罪表现形式的多元化，物质生活条件的发展促进社会生活方式的变化，社会生活方式变化促成犯罪表现形式的革新，例如，出现了假借对外投资之名转移国有资本的新型侵吞国有资产的犯罪方式。其次是犯罪危害结果的多重化，在开放型经济新体制中全国各地间的联系、国内与国际的联系愈发紧密，单一犯罪产生的危害结果可能随着关系链条不断传播产生“蝴蝶效应”，最终造成新的危害结果，如贸易港口城市的犯罪可能对该开放线路上的原材料城市与中转物流城市产生影响。体制创新性与犯罪多样性相结合会降低犯罪成本、增加侦查破案难度、加重社会治理压力，最终可能会出现新一轮犯罪高峰的变化趋势。

（二）经济的开放性与犯罪的扩张性相结合

经济的开放性既是经济全球化时代下经济运行的本质特点，又是建设开放型经济新体制的应有之义。开放型经济新体制背景下经济的开放性主要包括三个方面。第一，开放经济准入主体的多元。改革开放之初，只有少数企业与个人可以参与对外开放与投资，开放型经济新体制下通过及时完善我国资本对外开放机制，积极发展混合所有制经济以大力培育开放主体，广泛享受开放红利，刺激开放活力。第二，开放经济涉及产业的升级。改革开放之初，凭借着人口红利对外开放的产业多为人口密集型轻工业，新体制下基于综合国力特别是科技实力的提升使得当前对外开放产业以服务业和技术密集型产业为主，高效利用开放红利，提高开放效益。第三，开放经济流动的双向。改革开放之初，我国在国际贸易格局中处于弱势地位，开放更多是以吸收外来投资的“引进来”，经济的流动以单向为主。新体制下基于经济全球化、政治多极化的时代背景及长久开放以来的积累，我国的开放正朝着技术输出与投资输出的“走出去”转变，与世界分享开放红利，实现开放双赢。正是以上这些经济的开放性可能引发犯罪，使犯罪表现出明显的扩张性：首先，经济主体的扩大另一重意义上也是犯罪对象范围的扩大；其次，开放产业的升级变化会带来犯罪外在表现形态的增加；最后，开放的双向也会扩大犯罪危害结果的波及面。经济的开放性与犯罪的扩张性相结合所带来犯罪数量上升、犯罪性质复杂、犯罪影响扩大等问题，既阻碍了开放型经济新体制的建设与发展又损害了我国的国际形象。

（三）金融的虚拟性与犯罪的隐蔽性相结合

金融的虚拟性是进入数字经济时代金融的显著新特点，具体而言金融的虚拟性包含静态与动态两方面内容。静态上主要包括：货币、基础证券、衍生金融资产的虚拟性；动态上主要包括：价值行为上不以实体经济交易为基础、价值表现上为实体经济价值“虚拟膨胀”、在相关性上金融日益独立于实体经济的运行。在开放型经济新体制建设过程中，金融的虚拟性特性发挥了降低交易成本、促进交易便利的重要作用。在静态意义上，首先是虚拟货币、电子支付、第三方支付平台的介入免去了现金交易的烦琐性；其次是基础证券价值的虚拟性可以在前期吸引投资，获得资本的原始积累，从而为后续经济发展打下基础；最后是衍生金融资产的虚拟性又可以保障投资的高受益性，带动经济运行。在动态意义上，首先是期货合同、期权合同的存在大大加快了经济发展与货物流动；其次是虚拟财产作为一种可交易商品，扩展了商品交易的对象；最后是与实体经济运行的相关性减弱，帮助经济发展规避因不可抗力因素造成的打击，保障经济平稳运行。

犯罪的隐蔽性则是从侦查破案视角得出的结论，主要包括：犯罪手段工具、犯罪案件、赃款赃物的隐蔽性。正是金融的虚拟性促进了犯罪的隐蔽性。首先，货币与交易方式的虚拟性降低了犯罪嫌疑人隐匿赃款赃物的难度，增加了侦查破案的成本；其次，实体经济价值的虚拟膨胀使得犯罪人在作案后容易营造实体经济价值零损失的表象，被害人难以在第一时间发觉虚拟经济损失，增强了犯罪案件的隐蔽性；最后，衍生金融资产的虚拟性带来衍生金融资产常用工具的革新，期权合约、期货合约、远期合同成为新的犯罪工具载体，犯罪手段隐藏在合法手段中增强了隐蔽性。金融的虚拟性与犯罪隐蔽性相结合无疑会冲击传统侦查、预防机制，构成对当前我国经济犯罪治理机制的重大挑战。

（四）网络的无界性与犯罪的跨域性相结合

互联网是数字经济时代经济贸易的重要载体，通过互联网进行贸易信息获取、贸易合约签订、贸易货款支付已经在生活中屡见不鲜，从中诞生的包括电子商务、互联网金融在内的互联网经济更是近年来保持强大生命力的新型经济现象之一。要想建成高质量的开放型经济新体制必须重视互联网经济的发展。一方面，我国已经建成了一套成熟的互联网经济基础建设，包括第三方支付平台、交通物流、法律体系等；另一方面，互联网是连接世界各国最大的“桥梁”，通过发展互联网经济可以更好促进开放型经济新体制的发展，实现既有深度又有广度的开放格局。互联网的无界性主要表现在：一是主体无限，任何主体只要通过服务器接入互联网，即可使用互联网功能，享受互联网红利，在这个过程中对使用主体几乎没有条件要求；二是内容无尽，互联网可以看作对照现实世界的一个虚拟世界，现实世界中一切物质思想都会在互联网上有对应的表现；三是影响无量，互联网与现实世界的相关性随着科技发展不断增强，其影响也不仅局限于虚拟世界，互联网的能量会传递到现实世界造成影响，现实世界的影响又会增加互联网的影响。

网络无界性为犯罪的跨域性提供了变量，其造成犯罪跨域性的原因在于：一是犯罪时空间的割裂，传统犯罪的时空是紧密联系的，通过对二者的交叉定位一般就可追查犯罪线索、还原案发情况。随着网络技术发展尤其是信息传递技术与人工智能技术的发展使得二者的相关性减弱，如犯罪分子 A 在 B 地区制作了诈骗软件通过网络发送给在 C 地区的犯罪同伙，并由犯罪同伙利用人工智能程序不间断发布诈骗信息，此时单纯的犯罪时空概念对侦查意义不大。二是犯罪主体与对象分离，传统犯罪主体与对象往往处于同一时空且常常伴随着现实交互。以电信网络诈骗为代表的新型互联网犯罪中的犯罪主体与对象却处于分离状态，两者既没有同处同一时空更没有任何现实交互，如在 M 国的犯罪分子诈骗 D 国公民，D 国公民通过互联网支付将钱款打入犯罪分子海外账户。三是犯罪原因与危害结果杂乱，传统犯罪中因果关系较为明确、单一，采取由因及果或由果溯因的侦查思路即可揭发犯罪、揭露犯罪嫌疑人。互联网的出现使这一情况发生改变：了解了犯罪主体的犯罪动机与目的难以判断犯罪手段，因不确定的传播网难以明确指向一个犯罪结果；得知了犯罪危害结果因不可测的影响链，也难以明确犯罪主体的犯罪动机与目的。

三、开放型经济新体制背景下犯罪风险治理的路径构建

面对开放型经济新体制背景下犯罪呈现出的新特点新趋势，当前我国在相应的犯罪风险治理路基上尚存在一定的不

足。对此，应当在结合犯罪特点与趋势的思维模式下，通过填补治理短板和利用特有优势，从合作治理、预防治理、专业治理、精准治理等方面着力，构建针对开放型经济新体制背景下犯罪风险治理的新路径。

（一）合作治理：强化犯罪治理相关部门的协作联动

犯罪治理防控并非公安机关的专属责任，公安机关不能完全负责，也无力完全负责。一方面是在开放型经济新体制下的犯罪往往具有影响面广、涉及面宽的特点，仅依靠公安机关的力量进行治理难以起到良好治理效果；另一方面是开放型经济新体制下犯罪的智能化程度前所未有，缺乏对应专业人才与行业特有技术的公安机关难以履行治理责任。构建以政府部门协作为主导、政商协作为辅助的犯罪治理协作机制是开放型经济新体制下犯罪治理困境的有效应对之法。

“政府部门协作”强调各级政府部门在党委统一领导下跨地区、跨部门合作，如江西宜春的警税合作即是很好的示范，在宜春党委牵头下该地区于 2016 年成立警税共建的涉税犯罪侦查支队，制定了案件管理、联席会议等系列规范，建立“公安 + 税务”合成作战工作机制，实现警税协作机制的实体化运作。2019 年，江西省税务、公安、海关、人民银行等 4 部门联合开展“闪电一号”专项行动，警税合成作战指挥平台精准分析，精准筛选出江西省涉嫌虚开团伙 20 个、企业 580 余户，涉及金额 83 亿元。[①] 宜春模式挖掘了政府部门协作治理的宝贵经

---

① 参见雷鑫洪：《智慧税警协作下的涉税犯罪治理研究》，载《税务与经济》2021 年第 1 期。

验，也展现了优越的协作治理成果。

“政商协作”则主要强调政府与商会行会的合作。商会行会在建设开放型经济新体制中被赋予了新的职能与作用：首先是在应对贸易摩擦事件中，商会行会作为综合应对处理体系中的重要一级，在处理贸易摩擦事件及保护国内企业利益上有着重要使命；其次是在培育多元化开放主体过程中，商会行会负担着营造良好商营环境的作用；最后是商会行会在新体制中的职能指向市场与企业，“市场化”将成为商会行会在开放型经济中的要点，商会行会不仅在制定行业标准、规范企业经营秩序上发挥作用，还在国际贸易交流中担任着“地区代言人”的角色。在开放型经济新体制建设过程中，依靠商会行会对涉案企业进行介入对相关人员进行劝导，可以缓和因侦查等强制行为造成的警企矛盾，通过商企专业人才与技术帮助公安机关补充犯罪线索，最终实现最大化降低企业涉案造成的当地经济损失。建立警商沟通渠道，发挥商会行会在处理特定地区行业涉企案件的“润滑作用”，是实现政商协作目标及形成完善犯罪治理机制的有效补充。2022 年，江苏南通公安机关出台商会警务服务站运行“十项机制”，明确各商会警务服务站通过建立法治宣讲、集中服务、诉求收集、立项专办、季度例会、激励评比、诉求转办、协同共治、警务协作、宣传推介等系列机制。① 这显然是在开放型经济新体制下政商协作的一种新形式。

（二）预防治理：推动犯罪治理模式向事前预防转型

以事前预防为主的犯罪治理模式具有犯罪治理成本低、效

---

① 参见赵家新：《南通：商会警务服务站护航民营经济发展》，载《人民公安报》2022 年 11 月 19 日，第 2 版。

果好的优点。与事后预防相比，事前预防可以防患于未然，进一步降低犯罪对社会秩序的破坏，能够有效保护开放型经济新体制下的经济成果。

长期以来，我国犯罪治理都是以事后预防为主，强调案发后的侦查与抓捕犯罪嫌疑人。这种犯罪治理模式有着固有的劣势：一是事后预防的犯罪治理难以完全恢复为犯罪所破坏的社会秩序，而且在追赃与惩治犯罪分子上有不足，尤其是在开放型经济新体制下犯罪本身就具有犯罪人较难追捕、赃款转移迅速且隐蔽等特点，[①] 传统侦查与缉捕手段难以发挥作用。二是事后预防的犯罪治理模式难以应对复杂多样化的犯罪风险，其多表现为对某一单一犯罪的针对性预防，不同类型犯罪之间的事后预防手段、思路是不一样的，开放型经济新体制下犯罪风险复杂化，不仅传统犯罪表现出新的形式而且出现了不同于以往的全新犯罪，在此情形下事后预防的犯罪治理模式就会出现冗杂化的特点，不利于实现治理犯罪目标。三是事后预防的犯罪治理模式不适应开放型经济新体制下对经济发展环境的要求。开放型经济新体制对经济发展环境有着自由化、平稳化、和谐化的追求，在这种环境下经济才能平稳发展，开放格局才能实现优化。只要有犯罪发生就会对经济发展环境造成一定的影响，这需要将犯罪扼杀在萌芽中，事后预防的犯罪治理模式显然不能胜任。

在开放型经济新体制下推动我国犯罪治理模式向事前预防

---

① 参见马兵主编：《经济犯罪案件侦查概论》，中国人民公安大学出版社 2019 年版，第 7 页。

转变需注意以下几个方面：其一，对当前法律法规体系进行革新与增补，使法律适应基于开放型经济新体制建设带来的变化，填补法律漏洞，规范治理模式，使事前预防有法可依。例如，针对开放型经济新体制下犯罪的新形式、新特点对《刑法》所涉罪名的犯罪构成、量刑标准作出修订。其二，秉承全国一体、分工负责的原则，在加强事前预防顶层设计的同时，以不同地区在开放格局中的不同定位制定符合当地犯罪特点趋势的联动性事前预防机制。例如，骗取出口退税案件要在港口城市加强进出口货物审查制度，在货物生产地则要建立物流追踪制度。其三，加强宣传力度，增加宣传方式提高社会公民的犯罪防范意识及道德法律意识。

（三）专业治理：加强犯罪治理的专业化专门化建设

在开放型经济新体制建设过程中的一个显著表现就是以科学技术、专业技能为代表的专业型的生产要素，日趋替代传统的劳动力生产要素，且处于各行业的重要地位。各行业的专业化程度得到了相应的提升，与之对应的是犯罪的专业化程度也随之攀升，包括犯罪手段与犯罪方式的专业化，由此必须确保犯罪治理专业化与犯罪专业化达到相匹配的程度，方能实现有效的犯罪治理。

犯罪治理专业化建设单纯依靠公安机关提升侦查人员专业素质、吸引专业化人才难以满足开放型经济新体制下犯罪治理要求，加强犯罪治理的专业化需注意以下三点：第一，增强公安机关内部机构的专业化。在宏观上加强各机构间的联系，从行政管理机构到侦查破案机构甚至是后勤保障机构都要提升专业技能，优化机构衔接。微观上要加强对应侦查部门的专业化程度，各专业警种要根据本部门日常作业内容进行对应的专业化提升。第二，寻求社会面的专业技术支持。当前，新兴互联网高端技术与平台大部分被民营企业掌握，如微信、抖音等一些大型互联网信息交流平台都独立于政府部门之外，公安机关难以进行第一时间的深度介入，容易错失侦查时机。建立沟通通道是得到社会面专业技术支持的有效手段，通过加强公安机关与对应企业的联系，在企业确立固定联络人，在公安内部聘请技术顾问，一方面，可使企业高端技术为公安机关所用，如阿里巴巴平台已同广东、浙江、河南等多地警方开展共同预防打击网络违法犯罪的合作；① 另一方面，公安机关可第一时间帮助企业解决一定的生产经营问题，防范犯罪风险，最终为开放型经济新体制建设创造良好的商营环境。第三，成立新的犯罪侦查专业部门。虽然开放型经济新体制下的犯罪类型多样，但这些犯罪都有鲜明的共性特点，应当以这些共性特点为要点，破除传统侦查组织中各自为战的传统思路，成立应对开放型经济新体制犯罪的侦查破案部门，集中原部门的人才、技术、特定优势形成侦查合力应对新体制下日益严峻的挑战。

（四）精准治理：利用网络信息技术为犯罪治理赋能

当前，既具有代表性又具有可应用性的网络信息技术主要包括以天眼系统为代表的监控技术、以微信为代表的网络通讯平台技术、以人工智能算法为代表的大数据技术等。这些技术自进入信息时代就被公安机关赋予打击犯罪的功能。但打击犯

---

① 参见曹泽康、殷丁轫：《电子商务平台犯罪事前预防研究》，载《福建警察学院学报》2019 年第 1 期。

罪是犯罪治理的主要方面而非全部，在开放型经济新体制下的犯罪治理过程中存在网络信息技术功能发挥不完全的问题。

第一，网络信息情报共享存在延时。网络信息情报有非同一般情报的时效性特点，若不能及时针对网络信息情报作出处理，该情报效益价值会急剧降低。在犯罪跨域性愈发明显的情况下，网络信息情报的及时传递却存在一些问题：一方面，从公安系统内部看，因为政策标准不统一及公安机关内部各系统相对独立的组织模式，导致各警种部门间仍然存在信息壁垒；另一方面，从外部环境看，各地区公安机关和其他犯罪治理部门也未能构建有效的信息资源共享平台。第二，未能有效控制网络尖端技术。互联网领域的尖端技术多数被西方发达国家掌握，我国拥有的少数先进技术也常见于民营企业中，政府机关尤其是公安机关未能掌握。在缺少对应技术支持的情况下很难对其进行监管与利用。第三，网络信息技术应用层面浅薄。当前在治理犯罪中的网络技术应用多集中于传感与通信技术的应用，而网络技术中最能应对新型犯罪的计算机技术却未能得到深度应用。当前，公安机关对计算机技术的应用主要体现在数据情报的提取、储存、分类与检索处理中，该层次的应用较为浅薄，属于计算机技术优化助力大脑计算功能，把人脑能计算之事完成得更快捷，并力争做到人脑不能计算之事，如通过大数据分析与人工智能算法预测犯罪与填补犯罪治理模式漏洞。

解决犯罪治理模式中网络信息技术应用问题应重点把握三个方面：首先，建立网络信息技术共享平台，统一政策标准，加强公安系统内部组织结构优化，破除各地各部门间的信息壁垒。开放型经济新体制下犯罪跨域性的特点，决定了地区间犯罪治理信息共享的重要性。其次，保证公安机关掌握先进的网络信息技术。信息技术的先进与否直接决定了该技术对时代的适应性，落后于时代发展的技术难以发挥预期作用，应当通过立法或出台相关政策保障先进网络信息技术在公安机关优先应用，确保其用以侦查案件的技术领先或至少持平于犯罪分子所利用的技术。最后，大胆合理运用大数据技术和人工智能算法。通过智能算法预测犯罪治理漏洞，降低犯罪发生风险，同时要严守法律底线，注意保护数据隐私，尊重公民权益。

第六章

比较借鉴视野下成渝地区双城经济圈警务合作机制构建

成渝地区双城经济圈（以下简称成渝经济圈）建设是新时代重大区域发展战略，需要通过“一体化”目标下高效的警务合作为其提供服务保障。成渝区域一体化发展对警务合作提出新要求，成渝经济圈建设使违法犯罪呈现“双城化”特征，也给社会治安形势带来新风险，这些构成两地警务合作的背景与基础。京津冀、长江三角洲、粤港澳大湾区三个一体化发展区域的警务合作经验，为成渝两地警务合作提供了借鉴样本。在成渝经济圈警务合作机制的构建路径上，可以从完善警务合作组织运行体系、建立日常警务合作长效机制、构建公安实战行动动态合作机制、建立警务合作下的纠纷化解机制等四个方面着力推进。

成渝经济圈建设是习近平总书记亲自谋划、亲自部署、亲自推动的重大区域发展战略。[①] 当前，国家对成渝经济圈建设明确了其未来发展方向，高标准要求意味着要有高质量的治理来支撑，警务合作作为社会治理和保障经济社会高质量发展的题中之义，必然面临适应成渝经济圈建设发展的新要求。有学者指出警务合作的条件包括目标的一致性、协调的互助性、信赖的相互性和利益的互惠性，[②] 成渝两地一体化发展目标显然与之高度契合。实际上早在2010年，重庆、四川、贵州、云南、西藏、青海六省（市、区）公安机关就共同签署中国·泛西南地区警务合作协议，明确以情报信息互享、重大行动互援、执法办案互助、治安管控互动、警务保障互补等五大机制为合作的主要内容。这些机制无疑为成渝经济圈警务合作奠定了良好的基础，但由于当时在国家战略层面尚未提出成渝经济圈建设，这些合作机制具有“泛西南”的普遍性，没有完全融入新时代重大区域发展战略的特殊要求。而区域一体化发展战略下的警务合作，不同于传统的单方请求协助、个案协作、单

① 从顶层设计上讲，这一国家战略在国家和地方层面具有相应的政策制度保障，国家层面为2021年10月中共中央、国务院印发《成渝地区双城经济圈建设规划纲要》，并发出通知要求各地区各部门结合实际贯彻落实；地方层面为2021年12月中共重庆市委、中共四川省委、重庆市人民政府、四川省人民政府联合印发《重庆四川两省市贯彻落实〈成渝地区双城经济圈建设规划纲要〉联合实施方案》。

② 参见魏永忠主编：《警务合作理论与范式：兼论处置社会安全突发事件区域合作机制》，中国法制出版社2017年版，第12－13页。

警种单业务协作、应急警务合作等区域警务合作模式，属于学者所言“区域间互动多领域合作”[①]，服务于特定区域一体化发展的国家战略需求。在成渝两地携手迈进共建经济圈道路之后，为使警务合作治理体系与治理能力更好适应成渝两地一体化发展之需，成为唱好“双城记”的有力保障，探索构建与成渝经济圈建设发展相契合的警务合作机制势在必行。

从已有研究看，学界对于成渝经济圈警务问题的研究成果“稀缺”，[②] 这与当前两地警务合作在实践上的“跃跃欲试”形成了鲜明对比，而对宏观意义或其他区域警务合作以及成渝区域法治、区域治理等方面的研究，又并未就成渝经济圈警务问题进行专门探讨。为此，本章聚焦成渝经济圈警务命题，分析成渝区域一体化发展下开展警务合作的背景基础，梳理借鉴京津冀、长三角、粤港澳大湾区三个国内一体化发展区域警务合作的经验，进而提出成渝经济圈警务合作机制构建之路径。

一、成渝经济圈警务合作的背景与基础分析

（一）成渝区域一体化发展对警务合作提出新要求

自 1997 年重庆“直辖”以来，成渝两地就在国家支持下探索合作之路。2011 年 4 月，国务院批复《成渝经济区区域规

---

① 汪勇：《中国区域警务合作研究》，载《中国人民公安大学学报（社会科学版）》2013 年第 5 期。

② 2022 年 3 月 10 日，笔者以“成渝（或川渝）”和“警务（或公安）”为主题词，在中国知网、维普期刊网、国家图书馆网站进行检索，仅能检索到 2 篇论文，分别是：徐承的《成渝经济区警务合作的战略构想与路径设计》（载《中共四川省委省级机关党校学报》2012 年第 1 期）；叶寒冰的《关于服务成渝地区双城经济圈建设深化警务合作研究》（载《公安研究》2020 年第 7 期）。

划》，两地开始作为一个区域整体探索开展合作。2018 年，党中央又提出成渝城市群建设，2019 年在政策层面把成渝城市群（唯一位处西部的城市群）与京津冀、长三角、粤港澳大湾区城市群并列。2020 年 1 月，中央财经委员会第六次会议提出推动成渝经济圈建设，这是国家层面首次使用“成渝经济圈”的提法。2020 年 10 月，中央政治局召开会议审议《成渝地区双城经济圈建设规划纲要》（以下简称《成渝经济圈规划纲要》），《成渝经济圈规划纲要》于 2021 年 10 月正式印发，至此《成渝经济圈规划纲要》成为对成渝经济圈建设具有引领性、指导性、规范性作用的纲领性文件，成为两地制定相关政策文件和发展规划必须遵循的重要依据。可见，成渝经济圈的形成得力于国家政策的推动和以“成都、重庆”为双核的城市密集群的迅速发展。[①] 成渝经济圈正是一个以地方积极作为为根本动力、部门高效联动为制度保障、区域一体化发展为前进道路的经济圈，从“成渝经济区”到“成渝城市群”再到“成渝经济圈”重大区域发展战略，两地日趋成为紧密相连的“区域命运共同体”。

根据《成渝经济圈规划纲要》要求，成渝经济圈建设包括“构建双城经济圈发展新格局”“合力建设现代基础设施网络”“联手打造内陆改革开放高地”“共筑长江上游生态屏障”“强化公共服务共建共享”等多项任务。而落实这些任务离不开公安机关有力的服务保障，也对两地公安机关工作提出了新的更

① 参见黄佳祯、许强等：《成渝经济圈：经济效率评价与治理研究》，中国经济出版社 2019 年版，第 53 页。

高要求，其中“合力”“联手”“共筑”“共建共享”等表述清楚说明两地需加强警务合作。实际上在现行行政体制下，正如学者所指出的“可以通过合作来解决多中心政府体制下集体面临的问题”。[①] 从结构递进角度看，两地合作是一个向上的阶梯式递进过程，每上一步台阶，所呈现出的合作范围就不断扩大，合作力量就不断增强，合作理念也不断深化，这推进了两地间的合作日益走深、走细、走实，无疑对成渝经济圈警务合作提出了新的目标任务，申言之，要满足成渝经济圈发展的共同追求，无论是在区域经济发展还是在民生保障等各层面，要有更安全、更高效、更便捷的警务合作机制加以支撑。

（二）成渝经济圈建设使违法犯罪呈现“双城化”特征

长期以来，成渝两地山水相依、历史同脉、文化同源，正如郭沫若所言“关起巫山峡，巴蜀是一家”。一方面，形成跨区域警务合作一般是地域接近，历史、经济、社会、人文等特征相似，正是由于地缘特征的趋同，为建立跨区域警务合作提供了联系的纽带。[②] 另一方面，随着成渝经济圈建设深入推进，两地经济同体化程度日益加强，交通网络日趋便利完善，这既增强了人员流动，促进两地经济共同发展，也使得近年来跨两地区域违法犯罪活动逐渐增多，呈现出明显的“双城化”特征。例如，2021 年，成渝两地警方联合成功破获一起特大销售假冒品牌汽车配件案件。该案的起因是，重庆警方接群众报

---

① See Richard C. Feiock, Rational Choice and Regional Governance. Journal of Urban Affairs, 2007, 29 (1).

② 参见魏永忠：《跨区域警务合作论：环首都地区社会安全防控警务合作体系研究》，中国人民公安大学出版社 2009 年版，第 33 页。

警，称其购买的某品牌汽车配件系假冒伪劣产品。经重庆公安机关先期侦查，两个长期在成都专门销售知名汽车配件的售假团伙浮出水面。专案组及时向四川公安机关通报案情，得到全力支持与配合。后成渝两地警方密切配合，成功打掉两个在成都的售假犯罪团伙，涉案金额高达上千万元。又如，在公安部部署的“昆仑 2022”专项行动中，成渝两地警方相互配合，于2022 年4 月成功侦破一起涉嘉陵江特大跨区域非法倾倒固体废物污染环境案。这起案件系一跨川渝两地非法倾倒固体废物的犯罪团伙所为，由犯罪分子多次驾驶货车从四川某电池材料企业将工业固体废物秘密转运至重庆非法倾倒，严重危害嘉陵江、长江水域生态环境。

总的来看，这些跨区域违法犯罪案件利用了成渝经济圈建设过程中两地交流的日益强化，具有明显的产业化、集团化、高端化等特点，如果仅凭某一个地方公安机关的力量，往往难以进行“全链条全方位”打击。正是违法犯罪呈现出的跨区域特征，加之案件本身的复杂性，对两地公安机关侦破流窜作案案件、查缉违法犯罪分子、赃款赃物“查扣冻”等提出了诸多新挑战，同时也需要两地加强警务合作唱好“双城记”，来应对违法犯罪的“双城化”。

（三）成渝经济圈建设给社会治安形势带来新风险

进入新发展阶段，党中央对成渝经济圈的战略定位是建设具有全国影响力的“两中心两地”（重要经济中心、科技创新中心、改革开放新高地、高品质生活宜居地），《成渝经济圈规划纲要》从经济发展、民生保障、社会治理、生态保护等方面对成渝经济圈建设提出了新任务，这些势必使经济圈能级、产业结构、生产消费等领域发生新变化。而城市建设的不断扩展、经济结构的转型发展又必然会影响社会治安形势。机遇总是与风险并存，且机遇越多，社会面临的风险往往越大，这就要求两地不断创新警务合作机制，开创护航成渝经济圈建设发展的新局。对此，可从以下三个方面举例说明。

第一，《成渝经济圈规划纲要》提出要大力发展数字经济，打造数字产业新高地，积极扩展数字化应用，全面提升成渝经济圈数字安全水平。这需要提升两地警务信息化合作治理能力与网络信息安全维护能力，在未来全民畅享数字生活模式下及时遏制网络违法犯罪，守住网络安全防线，也成为成渝经济圈警务合作适应数字化生活方式的推动力。

第二，《成渝经济圈规划纲要》提出支持成渝经济圈共建西部金融中心，创新跨境人民币业务，探索开展人民币跨境资金池等试点业务，在自贸区设立人民币海外投贷资金。这些可能成为一种诱发力，在与抑制力相互作用下，影响经济犯罪案件发案的消长。[①] 如开展跨境人民币资金池、人民币海外投贷资金等跨境人民币业务的政策基础，可能为犯罪分子利用作为实施洗钱、非法买卖外汇等违法犯罪行为的合法包装平台，这就需要两地警方开创警务合作治理新型犯罪的新局面。

第三，《成渝经济圈规划纲要》提出要塑造安全友好的消费环境，打造富有巴蜀特色的国际消费目的地，允许符合条件的地区建设市内免税店、口岸免税店和离境提货点。两地跨域

---

① 参见程小白等主编：《经济犯罪侦查学》，中国人民公安大学出版社 2016 年版，第 47 页。

河流构成域内发达的水运基础，成为助力成渝经济圈水运大通道和长江上游航运中心建设的自然条件；成渝中线高铁极大缩短了两地时空距离，域内机场数量逐渐增多、规模不断扩大等。这些都使“地域空间”转变为包括人、货物、服务、资金、信息等要素高速流动的“流的空间”。[①] 如果两地没有高效的警务合作，势必造成对交易运输过程中偷税、逃税等涉税及走私类违法犯罪行为缺乏监管，不利于法治化营商环境构建。

二、国内三个一体化发展区域警务合作经验的梳理与借鉴

从当前我国区域一体化发展的战略横向看，成渝经济圈可以视作继京津冀协同发展、长三角区域一体化发展、粤港澳大湾区建设后的区域一体化发展“第四级”。马克思主义认识论指出，认识始于经验，因此对国内其他一体化发展区域的警务合作经验进行梳理，汲取其优点，可以为成渝经济圈警务合作机制的构建积累有益的经验，进而提供科学的认识根源。

（一）京津冀协同发展中警务合作的经验

作为较其他一体化发展区域最早提出的国家战略，京津冀经过 7 年协同发展，已经形成一些较成熟的区域警务合作治理实践经验。[②] 自 2016 年京津冀三省市公安厅（局）长联合签订《京津冀警务协同发展框架协议》，明确京津冀警务协同发展的

---

① See Shaun Best, Zygmunt Bauman on Education in Liquid Modernity. New York and London: Routledge, 2021: 25.

② 2015 年，中央政治局召开会议审议通过《京津冀协同发展规划纲要》，至今并未公布全文，但从公开的解读来看应包括对跨区域治理的相关要求，需要通过三地强化警务合作加以落实。参见王红茹：《专家解读〈京津冀协同发展规划纲要〉看点》，载《中国经济周刊》2015 年第 18 期。

整体思路、工作原则以来，三地警方积极推动共建以“八个一体化”为主体的警务合作格局，[①] 取得了一定成绩，无论是在区域警务合作下加强顶层设计、制定警务协议等宏观政策层面，还是在警务合作指挥、交通管治合作、信息情报共享、应急管理合作等实践层面，都为成渝经济圈警务合作提供了宝贵的经验。

在警务合作指挥上，三地确立区别于传统指挥系统的合成作战机制，设立京津冀指挥联络平台，平台之下设指挥中心。指挥中心由专人负责管理包括警情通报在内的日常工作，如遇暴力突发事件、恶性群体性事件和重大节日安保工作等特殊情况，津冀两地指挥联络人员将进京，同北京的指挥联络人员统一负责指挥或设立专家研判席，通过“云会议”对实施方案进行评估研判，确保迅速及时、有条不紊地处置突发事件，创制区域警务指挥平台常态与临时相结合的“京津冀”新模式。在交通管治合作上，三地结合区域警务航空现状，构建包括跨警种演练机制、机场临时起降点勘查和变化情况通报机制在内的“五大合作机制”，[②] 建立常态警航联动巡逻队伍，对三地边界和重要区域开展重点巡查预警工作，以便出现紧急情况时能够迅速上报，第一时间赶赴现场处置并控制事态发展，这也为成渝经济圈提供了航空领域警务合作方面的经验。在信息情报共享上，三地间的共享机制更加突出政治化特点，北京警方在情

---

① 参见宫轩：《京津冀签订框架协议 加强警务协同发展》，载《现代世界警察》2016 年第 3 期。

② 参见曲宁、徐樟丹等：《京津冀协同发展现在进行时》，载《天津经济》2014 年第 5 期。

报信息获取上具备独特优势，其管理、储存的警务数据较之全国其他省市更为丰富多样，涵盖各地人、事、物、轨迹、组织等方面数据信息，且津冀两地公安机关建设完善的信息情报系统都服务于首都政治中心，形成三地共建共享、共同保障首都安全的格局。在应急管理合作上，三地建立应急管理联席会议，重点分析研判三地公共安全形势并对应急管理合作事项交换意见，形成较成熟的应急管理合作机制。同时，以属地管辖为原则，在突发事件发生地建立现场指挥部，更好地协调跨区域救济力量分配及具体工作，以更加高效有序地解决突发事件。

（二）长三角区域一体化发展中警务合作的经验

自2019年中共中央、国务院出台《长江三角洲区域一体化发展规划纲要》以来，[①]上海、江苏、浙江、安徽四省市积极融入长三角区域发展全局，在跨区域警务合作方面实施了一系列新举措，如为提高苏、皖两省交界地方警务治理效率，构建省际交界地警务合作一体化新格局，马鞍山博望分局和南京江宁分局合作共建“两省一街”警务室，由当地派出所抽调精干力量入驻，通过建立完善联席会议制度，明确警务室分管领导与联络员，对具体合作内容提出工作措施，在治安联防、案件侦办、纠纷调解、信息共享等方面提供了省际交界地警务合作如何开展的经验。例如，由于苏、皖两省各自警务平台系统查询同一项信息呈现的结果差别较大，且双方无法在短期内打

---

① 《长江三角洲区域一体化发展规划纲要》提出“推进社会治理共建共治共享”“加强和创新社会治理，提高社会化、法治化、智能化、专业化水平，共同建设平安长三角”，其中包含了对长三角区域警务合作的要求。

通各自警务信息平台相关功能，因信息保密因素也无法统一两省警务信息平台，故在“两省一街”警务室开通可以连接两省公安内网系统，使警察可在警务室查询所需数据信息，由此缓解省际信息及时畅通之压力。虽然这只是针对省际交界地信息交流实施的举措，但给成渝两地毗邻地区警务信息便捷交流提供了经验借鉴。

在长三角区域警务一体化方面，苏、浙、皖三省警方联合出台《长三角区域警务一体化三年行动计划（2018—2020年）》，确定重点任务并配套实施多个领域一体化协议，力求构建系统、综合、科学的警务一体化发展格局。建立互为“护城河”安保合作模式，圆满完成中华人民共和国成立70周年、世界互联网大会等重大活动安保任务，上海市公安局牵头召开“一市三省”安保合作会议与治安部门警务合作会议，这将使长三角区域治安力量联系更为紧密。便民举措实施下的警务合作也开创了新局面，长三角区域实现就地办理跨区域户口迁移，区域内身份证、驾驶证等证件实现在路面检查、违法处理、宾馆入住等场景下相互准确识别与应用，这为在《成渝地区双城经济圈便捷生活行动方案》推动下开展成渝经济圈建设提供了区域警务执法合作方面的经验。①

另外，在长江生态保护上的警务合作举措可为地处长江上

① 2021年，成渝两地联合制定《成渝地区双城经济圈便捷生活行动方案》，实施交通通信、户口迁移、就业社保、教育文化、医疗卫生、住房保障等六方面便捷行动，其中不少与两地警务合作密切相关。参见陈瑜：《〈成渝地区双城经济圈便捷生活行动方案〉出炉》，载《重庆商报》2021年10月29日，第2版。

游的成渝经济圈开展相关工作提供经验借鉴。[①] 以江苏为例，自2020年以来省公安厅在全省范围牵头成立“禁捕退捕”执法整治专项组，推动省内水域违法犯罪打击惩治、治安防控、联合执法管理三大体系建设，抓实国家对长江的“禁捕退捕”政策。在水域治安防控方面，省公安厅积极协调全省相关部门通过建设水上检查站、治安卡口等防控站点，并开展水域治安防控信息采集和资源整合等专项行动，推动省内水域治安治理信息化建设；一些地方在此基础上考虑当地交通独特条件和长三角区域相邻省市治安需求，把位于多地的水陆检查站整合为水陆一体化卡口，强化长三角查控一体化发展，使部门与地区间的合作更加畅通高效。在部门联合执法方面，江苏警方联同生态环境保护、交通管理、农业农村、海事等部门，建立水域联勤指挥中心，通过信息共享、综合比较研判、统一指挥下的多部门联合执法，构建水域执法共建共治共享新格局。同时，省公安厅注重与中央派驻机关和长三角区域兄弟省市紧密合作，通过组织江苏省沿江地市公安局与海关缉私局、长江航运公安局等驻苏分局签订警务合作协议，完善跨区域警务合作圈，增强联打联防长江下游水域违法犯罪合力。

（三）粤港澳大湾区建设中警务合作的经验

粤港澳大湾区作为我国改革开放程度最高、发展速度最快、金融最密集、对外交流最频繁、综合影响力最大的区域，涵盖着香港、澳门特别行政区和广东省的广州、深圳、东莞等

---

① 这实际上是从警务合作角度对《长江三角洲区域一体化发展规划纲要》“强化生态环境共保联治”要求的落实。

在内的九个城市，其经济规模和总量已达到世界级湾区条件，独特的制度环境、历史条件、法律文化使大湾区呈现出“一国两制三法域”现象。基于此，粤港澳大湾区在三种不同法律制度下展开警务合作，在区际警务合作治理、相互交流等方面，较国内其他一体化发展区域具有更为丰富的实践基础，也可提供多样化的经验借鉴。

香港、澳门回归祖国后，三地在原有合作基础上，将合作范围扩大至区际案件协查、域内情报互动分享、联合执法行动、常态警务执法培训等方面。中共中央、国务院于 2019 年发布《粤港澳大湾区发展规划纲要》后，三地警务合作加快发展。① 建立了边境联络会晤机制、刑侦主管定期会晤机制、特别临时性会晤机制等面向多领域的警务执法合作机制，同时注重通过参观学习等方式提高三地警员的综合素质，重视其实战能力的培养提升，以便适应不同法律体系下警察执法要求。由于三地法律文化不同，加之三地并未形成有效的区际司法协议，给涉外案件处理带来新挑战。在当前跨区域违法犯罪中，三地警务合作还不能完全满足彼此意愿，这主要体现在三个方面：一是在实体法规定层面，因法律法规不同导致同一犯罪行为在三地呈现出不同的司法结果，如罪名定性差异、同一罪名量刑结果差异等；二是在程序法的立案期限与追诉时效上，三

---

① 《粤港澳大湾区发展规划纲要》提出“创新完善各领域开放合作体制机制，深化内地与港澳互利合作”“在尊重各自管辖权的基础上，加强粤港澳司法协助”“建立社会治安治理联动机制，强化矛盾纠纷排查预警和案件应急处置合作，联合打击偷渡行为，更大力度打击跨境犯罪活动”等，必然要求加强粤港澳三地警务合作。

地相关规范性文件亦不相同，导致是否追究刑事责任的不同，而港澳地区在内地请求侦查合作时配合却不积极，致使不能及时追究刑事责任情形发生；三是在个案侦查合作上，粤港澳大湾区虽然已走在全国前列，通过警务合作指挥平台的情报信息及时提请搜寻与追踪分享，可为三地警方及时提供重要线索和证明依据，但个案合作仍不能满足解决日益复杂的跨境经济犯罪问题需要。因此，2018 年粤港澳大湾区警务合作座谈会成立了由三地共同探讨、推进和落实服务大湾区建设发展各项工作的警务合作联席会议制度。[①] 每年举行一次会晤，三地轮流召集举办，在高层警务指挥层面加强了顶层设计，以协调法律制度不同情况下警务合作需求之矛盾，以大湾区建设利益最大化为遵循。这些是成渝经济圈警务合作在面对无论是涉外还是跨区域犯罪案件时应当考虑到的。

三、成渝经济圈警务合作机制构建的路径选择

2020 年 4 月，四川省公安厅和重庆市公安局联合签署《服务成渝地区双城经济圈建设 22 条》和《服务成渝地区双城经济圈建设警务合作运行机制》，表明了两地警务合作的具体工作目标与运行基础。2021 年 1 月，四川省人民政府办公厅与重庆市人民政府办公厅共同印发《成渝地区双城经济圈便捷生活行动方案》，2022 年 1 月又发布《成渝地区双城经济圈便捷生活行动事项（第二批）》，都对两地公安工作提出明确要求。成

---

① 参见《粤港澳大湾区警务合作座谈会在粤举行 服务湾区建设携手共建平安》，载广东省人民政府网 2018 年 9 月 9 日，http：//www. gd. gov. cn/gdywdt/gdyw/content/post_ 128784. html。

渝经济圈警务合作必须树牢“一体化”理念，强化“一盘棋”思维，[①] 以此为基础推进建设，同时也需展望未来满足成渝经济圈建设发展对警务合作提出的更高要求。笔者认为，吸收借鉴国内三个一体化发展区域警务合作经验，成渝经济圈警务合作机制之构建，可从以下几个方面着力。

（一）完善成渝经济圈警务合作组织运行体系

有效的警务合作只有通过机制化、统一的权威组织进行统筹协调，才能避免权力与责任“碎片化”的集体行动之困境。[②] 一方面，要构建完善组织体系。而要形成常态化、秩序化、规范化的警务合作机制，首先需要在成渝两地公安厅（局）领导层面先行形成合作机制，对此可借鉴粤港澳大湾区警务合作中的联席会议制度经验，成立由两地公安厅（局）长担任组长、常务副厅（局）长任副组长、厅（局）其他领导为成员的领导小组。该领导小组职能定位为服务成渝经济圈建设的警务合作领导小组，主要负责解决两地警务合作的临时组织指挥、整体统筹规划、工作协调指导等问题。由于领导小组大多进行宏观的战略决策，为将领导小组的决策部署具体落实在两地日常警务合作中，还需建立在日常工作中贯彻落实领导小组决策的执行机构。因此在领导小组下，设置负责贯彻落实领导小组决策并负责日常事务的合作办公室，可由两地公安厅（局）常务副厅（局）长兼任办公室主任，由具体负责主持日

---

① 参见叶寒冰：《关于服务成渝地区双城经济圈建设深化警务合作研究》，载《公安研究》2020 年第 7 期。

② See Richard C. Feiock. The Institutional Collective Action Framework. Policy Studies Journal, 2013, 41 (3).

常工作的办公室主要负责人任副主任，合作办公室主要负责两地警务合作工作的组织实施、协调推动和监督检查，并结合实际情况制定警务合作发展规划、工作计划、实施方案等。借鉴江苏省公安厅与本省及长三角其他省市不同部门间的合作经验，成渝两地毗邻区或非毗邻区的公安机关之间、不同警种之间，亦可依据实际情况建立形式多样的警务合作机制，如签订警务合作协议，增强彼此间的日常合作，特殊情况下也可以依照协议开展协同作战，以扩大组织力量，提升警务合作效能。

另一方面，要运行专门的领导小组会议和协调会议。有了完善的组织体系，还要让组织体系“活”起来，而最能有效贯穿其中的是成立运行专门会议。警务合作领导小组成立后，进一步成立运行两地领导小组成员会议，可每季度召开一次，由四川省公安厅、重庆市公安局轮值主持承办，会议成员包括两地公安厅（局）长、常务副厅（局）长和承办方领导班子其他成员，也可根据实际情况扩大会议成员范围，如包括不同警种部门和有关市、区、县公安机关负责人。会议主要研究内容包括：两地党委政府对公安机关要求任务的落实，对合作办公室制定的两地警务合作发展规划、工作计划、实施方案等内容，以及一定时期内两地警务合作重大任务、重大改革、重大事项等进行讨论审议等。如果会议如此构想，合作办公室也应相应成立服务领导小组会议的协调会议。由于合作办公室日常交流较领导小组更频繁，可考虑每月召开一次协调会议，由合作办公室负责人视情况决定是否召开，召开的同时也要保证协调有重点，问题导向明确，从而使协调会议更加规范化、高效化、灵活化。协调会议参会人员可根据研究的问题而定，一般包括合作办公室副主任，如要研究重要问题，则两地公安厅（局）常务副厅（局）长应参加，成员范围同样可以扩大至不同警种部门和有关市、区、县公安机关负责人。协调会议主要职能包括：审议会议议题与方案，进行相关准备工作；研究落实会议要求的具体措施等会议精神；研究讨论成渝经济圈警务合作发展规划、工作计划、实施方案、改革任务等相关问题及其他重要事项；研究起草警务合作规划、方案、计划、相关政策、重点任务等文件；督导检查警务合作落实情况，并对收集到的情况进行分析研究等。

（二）建立成渝经济圈日常警务合作长效机制

长期以来，我国以行政区划进行资源分配，而不是按照提供区域公共产品的原则来分配资源，导致“各地警务系统被各地行政单位分割开来”“各种警务要素无法在整个区域内进行整合”。[①] 而成渝经济圈警务合作机制构建的一个重要基础，即是要变“资源分割”为“资源整合”。同时，传统意义的警务合作较为注重合作机制自身的稳定性，往往忽略合作过程的“动态性联合”。所谓动态性联合，是指警务合作过程中合作机构（人员）彼此间的有效沟通交流，如实时情报信息畅通分享、应急处突措施配合实施、不同警种间合作配合等。为此，在涉及两地跨区域警务活动时，必须强化警务合作的动态性联合，具体可以从构建两地日常警务合作和实战行动合作机制两大方面推进建设。其中，强化日常警务合作的动态性联合又可通过三种途径展开。

---

① 参见赵玉丽：《省际交界地区警务合作研究》，团结出版社2021年版，第83页。

第一，构建成渝经济圈公安日常管理服务平台。当前，成渝两地公安机关在开展日常警务活动中存在不能有效联动信息的问题，如“双城生活”常涉及的户口迁移、居住地新生儿入户、有无犯罪记录证明、户籍类证明，以及临时车牌、居住证、电子身份凭证等证件互认，办理人往往只能到居住地公安机关办理，而不能跨区域办理，在办理其他一些事宜时也会遇到类似情形。在两地日常生产经营活动中，二手车行业交易、开锁业等特殊行业资质登记、废旧金属回收企业的备案及保安行业业务的运行也较为烦琐，究其原因即与两地没有统一的公安日常管理服务平台有关，不能给办理人选择其他地区公安机关的机会。长三角跨区域证件办理与证件信息互通识别警务合作经验，为成渝经济圈公安日常管理服务平台的建设提供了基本业务范围，该平台建设完毕后，可使警务合作一定程度“跳出管理区划分割”，[①] 对发生在两地范围内的群众向公安机关提交便民措施的申请时，不必再从此地到彼地办理，而直接由第一次受理申请的公安机关通过系统平台办理，所有申请文件及随附资质证明文件都以云上信息传输的形式办理，这将极大提升公安管理服务效率。

第二，建设成渝经济圈公安机关共享数据信息查询系统。以往各省市都有以本地为主体建设的警务信息查询平台，通过平台可查询到诸如交通轨迹、宾馆入住、出入境记录、社会关系、机动车登记等公民在本地的活动轨迹信息。这类平台的运

---

① 参见魏永忠：《跨区域警务合作论：环首都地区社会安全防控警务合作体系研究》，中国人民公安大学出版社 2009 年版，第 127 页。

行，给本地公安机关执法办案带来了极大便利。而在成渝经济圈建设中数字产业向两地加速聚集，如坐落于重庆两江云计算产业园的中国移动数据中心，服务了上千家企业、百万余人次。[①] 可见这种便利完全有条件扩展至两地警务合作中。京津冀警方合作构建服务于首都政治中心的独特信息共享机制，成渝经济圈警方亦可结合“双城”发展之特点，按照依法依规、对等互利、保密安全原则，相互授权开放执法办案信息和社会信息资源，在两地公安机关推动建设特色更鲜明、识别更准确、功能更强大的共享数据信息查询系统，推动警务合作成果共建共治共享。

第三，完善成渝经济圈公安机关常态化交流学习机制。粤港澳大湾区针对三地法域背景不同的情形，探索实施不同地区警员跨区域执法能力提升培训机制，注重警务合作中的学习交流。成渝经济圈警务合作可借鉴这一警务合作经验，通过集中培训、专题授课、教学研讨、跟班学习等多种形式，促使两地警务工作经验及时得到分享，交流学习的经验不仅是日常接处警工作经验，还应包括公安机关独自办理或与其他机关（包括区域内其他公安机关）在合作执法办案过程中采取的措施办法，如用什么样的措施得到何种结果、各方怎样进行沟通交流、具体如何开展合作等经验，从而使效能大、效果好、效率高的经验通过交流学习方式“引进来”，通过各地结合实际“走出去”，并逐步把好的经验吸纳进合作机制中，指引提高两

① 参见蔡操、吴江：《成渝地区双城经济圈建设下市域社会治理联动机制构建》，载《重庆行政》2020 年第 5 期。

地警务合作能力。

（三）构建成渝经济圈公安实战行动动态合作机制

对于成渝经济圈公安机关开展实战行动时的合作，可以从三个方面强化实战行动上的动态性联合。

其一，建设成渝经济圈警务情报信息共享平台。警务情报信息系统在公安机关开展案件侦查、确定和抓捕犯罪嫌疑人、赃款赃物查扣冻、防范控制犯罪等方面的重要性不言而喻。只有当组织，不管是政府还是其他部门，具有处理问题的资源与能力的时候，社会问题才能够被解决。[①] 如果两地公安机关没有统一的情报信息共享平台，即便建立警务合作领导小组、合作办公室及与之运行配套的专门会议机制，也难以开展高效的警务活动，因为缺少警务合作的情报信息"资源"，就很难在实战行动中获得主动权，这会极大拉低协同作战效能。因此，建设成渝经济圈公安机关统一的情报信息共享平台是十分必要的。两地公安机关在日常警务工作中应充实信息，落实入驻酒店、网吧上网等应出示身份证件进行登记的场所依法登记信息的规定，对两地范围内人群活动进行监测登记。两地侦查人员对物建的刑事特情所获情报应及时录入系统，确保信息内容的多样化。对某一时段或地区出现具有相似作案手段或作案主体具有明显特征的案件，应把案件信息及时录入系统，确保情报信息的时效性，以便其他地区侦查人员通过数据信息检索碰撞，及时确定是否需开展侦查协同作战。

---

① 参见［美］约翰·弗雷尔等：《跨部门合作治理》，甄杰译，化学工业出版社 2018 年版，第 127 页。

其二，增强成渝经济圈同一警种或不同警种间的合作能力。以生态环境保护为例，两地对保护三峡库区生态环境、筑牢长江上游生态屏障负有共同责任，但目前仍然缺乏生态文明共建长效机制。[①] 实际上，保护生态环境也需要通过同一警种或不同警种部门间的密切合作来实现，通过增强合作能力以迅速形成打击合力，及时侦办案件。正如学者所指出的："高效的警务合作需要协调跨部门间的竞争和调查重叠问题。"[②] 如在长江"十年禁渔"生态保护特殊时期，两地水上警察应加强同其他警种或其他地域水上警察的合作，探索建立跨区域、跨流域、跨部门的信息共享和警务信息预警研判机制，不同警种间的合作还要注重信息的交流与畅通，寻求联合行动时的配合与支援，制订详细的工作计划，以便工作畅通无阻与衔接完恰。而与不同地域水上警察的合作更是要注重联防联控，以便及时截击追捕违法犯罪嫌疑人。

其三，健全成渝经济圈重大事件警务协同指挥机制。无论是成渝经济圈警务合作领导小组，还是专门会议，皆属顶层设计范畴，难以满足临时重大事件协同指挥的实践运行要求。京津冀三地警方面临突发事件时，以属地管辖为原则在事件现场成立临时指挥部，成渝两地公安机关在面临重大事件警务协同指挥问题时可借鉴吸收该经验。两地公安机关应建立健全需跨区域合作的重大活动安保、重大自然灾害与公共安全事故救

① 参见马燕坤、王喆：《成渝地区双城经济圈科学高效治理：现实透视与体制机制创新》，载《经济体制改革》2021 年第 4 期。

② ［加］弗里德里克·勒米厄编著：《国际警务合作的理论与实践》，曾范敬译，中国人民公安大学出版社 2016 年版，第 1 页。

援、重大突发事件应急处置等警务协同指挥机制。以重大事件发生地所在公安机关为责任主体，建设临时警务合作指挥小组，由该地公安机关负责人为小组组长，地域外其他公安机关负责人为小组成员，指挥小组内部在对重大事件应急预案进行学习、彼此交换看法形成整体意见后，由小组组长负责统筹重大事件的指挥领导，小组成员负责协调不同地域警力、警种之间的协调、配置和指挥，派遣富有实战工作经验的警察担任指挥小组参谋人员，对指挥小组负责，确保临时警务合作指挥小组作出的行动与决策具备可行性、合理性和合法性。

（四）建立成渝经济圈警务合作下的纠纷化解机制

从广义上讲，警务合作并不局限于日常警务合作、刑事案件协同侦查、重大事件协同指挥等狭义解释，而是包括与公安工作相关的社会治理，体现为警务全方位治理、全过程参与的合作机制，其中就包含基层社会纠纷化解。进入新时代，有半个多世纪生命力并不断传承革新的“枫桥经验”无疑给基层纠纷化解指明了方向。而随着成渝经济圈生产要素加速流动，高铁公交化、公交便利化、通信一体化加速推进，户口迁移、就业社保、住房保障便捷化实施，两地基层社会必然面临更多纠纷，作为联系群众最频繁的公安派出所，大多数时候会成为群众产生纠纷后的第一寻求地。[①] 基层派出所在面对涉及跨成渝区域的问题时，应建立多地联合多元纠纷化解机制，将“枫桥

---

① 2020 年 5 月，重庆永川公安局、四川合江公安局治安联调室挂牌成立，这是重庆首个成渝两地治安联调室，其主要承载两地边界纠纷化解、安全防范、治安联勤等职责，相关负责人告诉笔者，自治安联调室成立以来已调解矛盾纠纷上百件，对跨区域纠纷化解发挥了积极作用。

经验”落实于成渝经济圈基层社会，形成多地“云上+”联合多元纠纷化解机制。

一方面，发挥人民调解员在成渝经济圈坚持和发展“枫桥经验”中的作用。如作为全国基层街道调解模范单位，位于重庆江北观音桥街道人民调解委员会的“老马工作室”在基层纠纷化解过程中发挥了重要作用，这即是群众工作路线生命力的鲜明体现，而随着成渝经济圈加快建设，这些纠纷中有不少系跨成渝区域的。近年来，一些人民调解委员会的调解员入驻街道所在地公安派出所，力求与派出所形成“警调衔接”调解模式，在派出所建立一站式多元纠纷化解机制。派出所在接受报案后，展开初步分析以确定案事件性质，如果属于可由公安机关调解的民事纠纷，则依法进行行政调解。在确定为超越公安机关管辖权限的经济纠纷后，即排除了违法犯罪的可能性，但是公安机关不得插手经济纠纷，此时入驻派出所的人民调解员则可以发挥作用，努力促进双方在平等协商基础上解决纠纷。但无论是行政调解还是人民调解，调解模式大多只适用于纠纷双方属于同一地域或彼此地域相隔不远的纠纷调解，具有一定的局限性、封闭性。成渝经济圈加快建设的同时加之区域一体化发展本身带来的资源开放性、流动性等特点，不可避免会形成越来越多的跨区域纠纷，之前单一的所在地的纠纷化解机制难以适应发展需求，亟须构建多地云上联合多元纠纷化解机制，而多地“云上+”联合多元纠纷化解机制建立在多地区派出所皆具有独立完善的一站式纠纷化解机制的基础之上，这是开展构建联合纠纷化解机制的前提。

另一方面，充分利用科技手段在构建多地“云上+”联合多元纠纷化解机制中发挥优势。涉及跨区域的纠纷如果仅凭线下“面对面”调解，往往会耗费大量人力财力，得不偿失。之所以称为“云上+”联合，是因为纠纷化解的方式是多样的，包括但不限于远程视频对话、公安系统独立平台、互联网专门平台发布实时信息等形式，不仅减少了不必要的线下会面，也可以节省中途开支，在时间安排上也更灵活。因此，可考虑在成渝两地公安派出所内建设专门的多媒体纠纷化解室，纠纷化解室应具有完善的基本配置和功能布局。事件定性后，如果可以行政调解，则由当地派出所负责民警联系另一地或多地的派出所负责民警，联系途径可通过公安系统独立平台的信息发布或电话通知，方便其他地方的公安机关在第一时间知晓纠纷内容并整理化解思路。在纠纷化解室内，由警方主持进行视频电话交流，入驻人民调解员也可在场参与，如果最终达成共识，签署治安调解协议书后纠纷化解；若不能达成共识，纠纷当事人可以提起诉讼。如果属于人民调解员进行调解的，则由派出所接案民警与入驻人民调解员沟通交代情况，报案人与人民调解员进行联系，并在互联网专门平台上创建关于此纠纷的信息。派出所接案民警也应一并以上述方式通知另一地或多地的派出所负责民警，由他们再传达到当地的入驻人民调解员关注此纠纷，并在互联网专门平台获取实时信息。最初，由报案人与入驻人民调解员共同形成初步的纠纷解决方案，并发送至互联网专门平台进行意见交换，对方调解员与纠纷当事人也可以看到相关信息并提出意见。如果最终达成共识，则应在警察、人民调解员在场情况下签署人民调解协议书化解纠纷；若不能形成共识，则纠纷当事人可提起诉讼。

在一体化发展理想状态下，距离不再是约束因素，边界时常被看作从过去沿袭下来的任意划界而已，因而国家和区域分割在经济生活中不会起多大作用。[①] 毫无疑问，成渝两地唱好“双城记”共建经济圈也应朝这个目标迈进，而创新构建两地警务合作机制，则是使“一体化”充满活力的重要基础。同时必须看到，健全完善的成渝经济圈警务合作机制不是朝夕能成的，其本身亦是一项系统工程，除本章所探讨的机制外，还有赖于相配套的保障、评价、激励等一系列机制的健全完善及深入研究，而“合作的无偿性和无条件性”“欠缺包括责任机制在内的完善的配套机制”等同样会对警务合作效能形成制约。[②] 成渝两地公安机关只有不断增强警务合作意识，打破警务管理区划壁垒，在区域一体化发展战略的引领下开展更深层次、更广领域、更高水平的警务合作，方能开创新时代两地警务合作新局面，更好地服务保障成渝经济圈建设。

---

① 参见［法］皮埃尔－菲利普·库姆斯等：《经济地理学：区域和国家一体化》，安虎森、颜银根等译，中国人民大学出版社 2011 年版，第 285 页。

② 参见刘为军：《博弈论视野下的区域警务合作研究》，时事出版社 2015 年版，第 90、97 页。

第七章

侦查博弈论视域下“杀猪盘”犯罪侦查问题探讨

作为电信网络诈骗犯罪的一种重要亚类型，“杀猪盘”在独特的犯罪行为模式下呈现出犯罪过程非接触性、犯罪手段精准性、犯罪主体组织化、犯罪危害双重性等特点。以侦查博弈论为理论工具展开分析，“杀猪盘”犯罪侦查尚存在精准诈骗下侦查中信息不对称、犯罪跨国跨境对侦查合作产生冲击、诈骗话术充分利用人性弱点、犯罪侦查中心理博弈策略运用缺失等典型问题。在侦查博弈非合作（对抗）与合作有效利用理念下，通过提升获取侦查信息的水平、健全侦查博弈合作机制、加强诈骗话术预警反制、合理运用心理博弈策略，有助于积极回应问题，提升“杀猪盘”犯罪侦查打击效能。

“杀猪盘”犯罪是电信网络诈骗犯罪的一种重要亚类型，2019年“杀猪盘”曾入选当年中国媒体十大新词之列。尽管理论和实务界对“杀猪盘”犯罪的概念和起源尚未形成统一认识，但大多同意这种可能源自东南亚地区的诈骗犯罪对民众财产安全、社会关系皆产生了巨大危害。[①] 其危害性通过媒体报道标题清晰可见，如“1200人被‘男友’骗走3亿：起底东南亚‘杀猪盘’，单身男女血泪屠宰场”“海口一女子被‘杀猪盘’团伙骗20多万后烧炭自杀”等。[②] 当前，“杀猪盘”犯罪在我国呈高发多发态势，2019年12月，公安部通报全国公安机关开展“云剑”行动情况时指出，“杀猪盘”已成为群众损失最大、危害最突出的电信网络诈骗类案件，且已大量向中缅边境的缅北、东南亚等地转移。2021年4月，公安部召开新闻发布会又指出，当前“杀猪盘”诈骗案件高发多发，并提醒民众做到“三不一多”守好“钱袋子”。[③] 正如学者所论断，网络社会中以电子速度实施的交易指令执行的快速性、数字化数据编码所提供的私密性、交易的非物质性肯定会刺激有组织犯罪，[④] “杀猪盘”犯罪无疑是受其深刻影响之结果。面对

---

① 例如，有报道指出，海南海口一女子被“杀猪盘”团伙骗20多万元后烧炭自杀。参见《海口一女子被“杀猪盘”团伙骗20多万后烧炭自杀，涉案9名被告人受审》，载光明网，https：//m. gmw. cn/2020－06/18/content_ 1301299450. htm。

② 可参见光明网、搜狐网等媒体相关报道。

③ “三不一多”系公安机关针对电信网络诈骗群众如何防范提出的原则，具体指未知链接不点击、陌生来电不轻信、个人信息不透露、转账汇款多核实。

④ 参见［法］达尼埃尔·马丁、［法］弗雷德里克－保罗·马丁：《网络犯罪：威胁、风险与反击》，卢建平译，中国大百科全书出版社2002年版，第2页。

“杀猪盘”犯罪新形势新挑战，势必需以问题为导向，通过针对性侦查路径构建来应对。

梳理既有研究，近年来随着电信网络诈骗犯罪成为社会关注的热点问题，相关研究日渐增多，但专门针对“杀猪盘”犯罪侦查较为系统的研究尚不多见，已有成果多为对“杀猪盘”个案的报道或犯罪手法、犯罪危害的介绍。[①] 因本章试图以侦查博弈论为理论工具展开分析，2023 年 2 月 5 日笔者在中国知网检索“侦查博弈”相关论文只有 50 余篇，且大多涉及侦查讯问领域，[②] 说明运用侦查博弈论对新型网络犯罪侦查的分析也还不足。为此，本章结合相关案例剖析“杀猪盘”犯罪的行为模式及特点，并以侦查博弈论作为理论工具，对“杀猪盘”犯罪侦查中的典型问题展开分析，在此基础上构建“杀猪盘”犯罪侦查新路径。

---

① 2023 年 2 月 5 日，以“电信网络诈骗”为篇名词在中国知网可以检索到 1000 多篇文章，但以“杀猪盘”为篇名词进行检索，仅能检索到 70 余篇文章，且这些文章大都为有关“杀猪盘”介绍性质的报道，针对“杀猪盘”犯罪手法、犯罪危害进行探讨的论文仅 10 余篇，如姜艾汝：《“杀猪盘”网络诈骗犯罪的实证分析及打防对策研究》，载《网络安全技术与应用》2022 年第 3 期；向静、刘亚岚：《“杀猪盘”电信诈骗犯罪的心理控制机制剖析》，载《中国人民公安大学学报（社会科学版）》2021 年第 4 期；周孟辞：《“杀猪盘”电信网络诈骗犯罪人与被害人的互动关系研究》，载《江西警察学院学报》2021 年第 2 期；王枫梧：《“杀猪盘”式网络诈骗行为的脚本分析》，载《山东警察学院学报》2021 年第 1 期。

② 代表性论文，如崔方军：《博弈论视角下的侦查讯问研究》，中国人民公安大学 2018 年硕士学位论文；李双其：《审讯中侦查人员与犯罪嫌疑人的合作——基于合作博弈的认识》，载《山东警察学院学报》2016 年第 3 期；毕惜茜：《侦查讯问中博弈原理探析》，载《铁道警官高等专科学校学报》2008 年第 4 期；肖文奇：《侦查讯问的博弈性探究》，载《福建公安高等专科学校学报》2006 年第 1 期。

一、“杀猪盘”犯罪的行为模式及其特点

对“杀猪盘”犯罪行为模式之分析，应建立在对其先行概念界定的基础上。当前对“杀猪盘”诈骗大多人接受的定义是，诈骗犯罪人以恋爱交友为名与被害人培养感情、骗取其信任，将被害人拉入投资、博彩骗局，诈骗其钱财的一种骗术。[①]当然从实际案例来看，也存在对“杀猪盘”不同的解读，如最高人民检察院于2021年1月发布网络空间治理典型案例，其在剖析“陈某、宋某琦等5人诈骗案”时对“杀猪盘”的界定为“以网络婚恋交友为诱饵实施的虚假投资诈骗”[②]，此外还有人提出炒股中的“杀猪盘”，[③]但是多样化的犯罪手法并不妨碍我们对“杀猪盘”诈骗本质的认识。在此，笔者结合“杀猪盘”的诈骗本质分析其犯罪行为模式及主要特点。

（一）“杀猪盘”犯罪的行为模式

“杀猪盘”本为诈骗犯罪领域的黑话，“猪”是犯罪分子对被害人的污名化称谓，此外犯罪分子把婚恋交友网站、社交App等称为“猪圈”，交友聊天工具称为“猪食槽”，聊天剧本称为“猪饲料”。正是在这套话语体系下逐步形成“杀猪

---

① 参见谢玲：《电信网络诈骗犯罪研究》，中国人民公安大学出版社2021年版，第47页。

② 最高人民检察院：《充分发挥检察职能 推进网络空间治理典型案例》，载最高人民检察院网，https://www.spp.gov.cn/spp/xwfbh/wsfbh/202101/t20210125_507452.shtml。

③ 如有人指出股市“杀猪盘”就是，个别大资金对股票进行股价操纵，在拉升或出货阶段，让“老师们”忽悠股民进场接盘，而操纵资金则顺利落袋为安。参见周科竞：《股民如何规避“杀猪盘”》，载《北京商报》2020年9月23日，第6版。

盘”犯罪的基本行为模式。不同于其他诈骗类型所追求的“短平快”，“杀猪盘”犯罪往往历时数周至数月不等，在犯罪实施过程中历经“寻猪”“养猪”“杀猪”等关键环节。

首先是“寻猪”，亦称“找猪”“选猪”，指犯罪分子通过网络社交平台（“猪圈”）寻找诈骗对象。由于“杀猪盘”犯罪要利用网络交友形式来实施，因此婚恋交友网站、网络社交平台等自然成为犯罪分子寻找诈骗对象的重要渠道，而单身女性、离异女性、夫妻关系不和谐女性等有一定情感需求的群体，则成为“杀猪盘”犯罪的主要对象。其次是“养猪”，就是添加好友后，犯罪分子主动与被害人培养感情、建立恋爱关系并骗取信任的过程。这个过程伴随着犯罪分子在网上按照设计的剧本与被害人聊天，同时犯罪分子会找准人性的弱点，利用准备的好人设、交友套路等“猪饲料”，通过诈骗话术套路逐步取得被害人信任。从已破获案件来看，犯罪分子往往运用详细的“杀猪攻略”，其中包括“包装”“聊天”“钓大”等诈骗实施相关内容。这个过程相对较长，体现出“杀猪盘”犯罪放长线之特点，即“养得越久、杀得越狠”。最后是“杀猪”，通过“养猪”获得信任后，犯罪分子会诱导被害人进入虚假网络赌博平台，先使被害人小额盈利并提现，引诱其加大赌注后以各种理由不予提现，再以充值可提现为由继续引诱注资，如此反复，直至被害人被骗更多资金。“杀猪”完成后犯罪分子便将被害人拉黑或者失联。

当然，这些环节中的犯罪手法在具体案件中可能存在差别。如山西太原警方在侦办一起“杀猪盘”案件时发现，犯罪分子与被害人并没有明显的交友过程，而是采用了更加迅捷的作案手法，这一点有别于通过“养猪”获得信任后实施的“杀猪盘”。[①] 又如，在某些“杀猪盘”案件中，除了网诱被害人参与虚假平台赌博外，还有引诱被害人陷入投资骗局、直接索取被害人钱财等诈骗手法。[②]

（二）“杀猪盘”犯罪的主要特点

第一，犯罪过程的非接触性。“杀猪盘”属于非接触型诈骗案件，突破了传统刑事犯罪的时空范畴。在整个犯罪实施过程中，一方面，网络和移动支付的远程性，使犯罪分子可以利用这种特点不直接接触被害人，从而实施持续性犯罪行为；另一方面，犯罪分子会想方设法拒绝与被害人视频交流，为达到目的，犯罪分子会使用诸如“我不方便和你视频，等以后见面……”一类的诈骗话术。在有的“杀猪盘”案件中，犯罪分子使用的话术就非常典型，如“对不起/我真的没有办法和你视频/你可能不知道，我前女友是出车祸死的/也怪我，非得在她开车时和她视频，结果就出事了/心好痛”[③]。在这一话术套路中，犯罪分子明显利用了被害人“盲目怜悯他人”“轻信他人”等心理。[④] 而犯罪分子之所以要避免与被害人面对面，其

---

① 参见《太原警方公布婚恋“杀猪盘”案例分析诈骗新手法》，载《中国防伪报道》2020 年第 11 期。

② 在笔者调研收集的某公安机关内部印发的《电信网络诈骗刑事案件侦查工作指引》所附案例中，即有这类“杀猪盘”诈骗手法。

③ 笔者调研看到，“杀猪盘”团伙内部的“杀猪攻略”材料往往详细记载了作案方法技巧，如针对“避开视频见面”，有材料写道：“由于严厉的家教早期患上自闭等症状不过都是××年前的事，客户（指被害人）利用感情逼你见面视频，就透露出自己早期的一面，客户天生母爱泛滥自然不会再逼你。”

④ 参见卜卓、卢歌主编：《电信互联网诈骗防范一本通》，北京邮电大学出版社 2020 年版，第 3 页。

原因在于照片、年龄、职业等人设包装都是虚假的，一旦视频容易暴露，此外“非接触”亦可减少证据留存，从而更好地规避执法打击。

第二，犯罪手段的精准性。在“杀猪盘”案件中，犯罪分子对被害人往往能轻易实现“精准诈骗”，其重要原因即在于双方信息掌握的不对称性。犯罪分子可利用“网络爬虫”等高科技手段“爬取”到诈骗所需数据信息，[①] 也就是说犯罪分子在被害人毫不知情的情况下，事先已经筛选出犯罪对象并掌握了其基本情况。另外，通过“黑灰产”买卖公民个人信息也是“杀猪盘”犯罪的重要信息来源。有学者指出，当前信息倒卖已经产业化，2011 年至今已有 11.27 亿用户隐私信息遭到泄露。[②]“黑灰产”和“杀猪盘”因犯罪利益链条结成上下游犯罪关系，诈骗犯罪分子可以通过“黑灰产”购买被害人信息。“杀猪盘”犯罪分子还可与“买卖社交账号”行业合作，以获得经“养号包装”的账号，从而更容易取得被害人信任。[③] 正是在“杀猪盘”犯罪已形成黑灰产业链情况下，犯罪分子可以通过对被害人信息的把控，精准寻找诈骗对象，为其定制“养猪计划”和话术剧本进而实施精准诈骗。而诈骗的精准性无疑又增强了“杀猪盘”犯罪的隐蔽性与欺骗性。

---

① “网络爬虫”亦称“网络机器人”，是一种按照一定的规则自动抓取万维网信息的程序或脚本；该技术一旦被滥用会导致非法收集个人信息、窃取商业秘密、窃取数据等违法犯罪现象发生。

② 参见邵彦铭等：《网络犯罪识别与防控》，中国民主法制出版社 2019 年版，第 158 页。

③ 参见柏傲婷：《大数据背景下“杀猪盘”电信网络诈骗侦查对策研究》，载《网络空间安全》2020 年第 10 期。

第三，犯罪主体的组织化。当前“杀猪盘”犯罪呈现出明显的组织化、集团化特点，究其原因在于，实施电信网络诈骗需要多人以不同身份在不同场合出现，同时犯罪分子需掌握电信、银行、网络等方面技能，少数人难以实现。[①] 例如，2020年8月浙江金华警方侦破一起特大“杀猪盘”案件，其犯罪团伙组织性强、成员复杂、规模庞大，具体包括团伙头目、骨干、底层钓手等涉案人员，落网犯罪分子就达66人。[②] 梳理相关案例可发现，一个相对完整的“杀猪盘”团伙分工明确，大多分供料、话务、技术、洗钱等四组类别，[③] 在犯罪实施过程中各组犯罪分子会根据角色不同分工协作。此外，“杀猪盘”犯罪分子为逃避打击，出现向东南亚转移之趋势，这使犯罪跨国组织化越来越强，如内蒙古包头警方侦办一起“杀猪盘”案件，该犯罪团伙于2019年2月开始在柬埔寨金边经营多个理财平台，其下包括若干小组，各小组设组长，每小组内又下设数名业务员，还有人负责后勤并兼做部分业务员业务。[④]

---

① 参见廖斌主编：《电信与网络犯罪防控研究》，中国政法大学出版社2017年版，第318页。

② 该案参见《涉案2000余万元，落网66人！金华金东公安打掉特大“杀猪盘”犯罪团伙》，载搜狐网2020年8月27日，https：//www. sohu. com/a/415360205_99962083。

③ 供料组负责寻找犯罪对象，提供被害人的身份、照片、兴趣爱好等个人信息；话务组运用话术剧本与被害人打交道，与之建立亲密关系并具体实施“杀猪”；技术组提供人设包装、搭建赌博网站、控制博彩中彩概率等方面技术支持；洗钱组一般由团伙头目（“金主”）自己控制或联系渠道，负责把骗取的钱“漂白”后据为己有。

④ 该案参见《辗转多国，包头警方成功抓获“东南亚杀猪盘”诈骗团伙全部成员!》，载内蒙古长安网，http：//www. nmgzf. gov. cn/xwjj/2020 - 01 - 20/31530. html。

第四，犯罪危害的双重性。就诈骗罪本身而言，其属于侵犯财产罪范畴，构成要件的内容为“使用欺骗方法骗取数额较大的公私财物”。[①]“杀猪盘”犯罪亦不例外，不少案件被害人众多，涉案金额巨大，如在2020年11月，广西警方破获的一起“杀猪盘”案件中，犯罪团伙专门针对离异单身女性、单亲妈妈群体，在多地流窜作案，警方勘查取证发现，犯罪分子每部手机社交软件上都有30—100名的联系人，该案涉案金额高达数百万元。[②] 值得注意的是，“杀猪盘”犯罪除了会侵害公民财产权利外，对被害人所衍生的人身、心理等方面的危害性不容小觑，所谓“骗感情又骗钱”。由于不少“杀猪盘”案件以虚假婚恋为切入点实施诈骗，在此过程中被害人不仅要蒙受财产损失，且情感的欺骗易致被害人事后备受煎熬，从而产生悲伤、自责、抑郁、信任危机等消极心理，甚至产生自杀倾向。有分析显示，“杀猪盘”被害人自杀、死亡几率较之其他案件更高。[③]

二、侦查博弈论视域下“杀猪盘”犯罪侦查的问题检视

近年来，随着“杀猪盘”犯罪侦查经验的累积，侦查机关对其犯罪特点、常用手法等已逐步形成较为清晰的认识，并通过多种渠道公之于众，以起到防范犯罪的作用，如公安部刑侦

---

① 参见张明楷：《刑法学》（第5版），法律出版社2016年版，第1000页。

② 该案参见《专门针对离异单身女性下手，广西打掉一“杀猪盘”诈骗团伙》，载腾讯网，https：//new. qq. com/rain/a/20201117A02CHX00。

③ 相关分析参见《揭秘“杀猪盘”：“屠夫”深藏东南亚，被害人自杀几率高》，载新华报业网，http：//news. xhby. net/fz/daya/201909/t20190923 _ 6343097. shtml。

局曾通过网络媒体解析“杀猪盘”的六大套路。但至今“杀猪盘”仍属高发多发的电信网络诈骗犯罪类型。例如，重庆市公安局例行新闻发布会报告，2022 年第一季度“杀猪盘”在全市电信网络诈骗案件中占比相对较高，达 10.81%。[①] 在侦查博弈论视域下，侦查活动“始终都处在侦查主体与作案人或其他行为主体的互动之中”。[②] 相关数据说明，当前“杀猪盘”犯罪同侦查仍处在激烈的博弈对抗之中，犯罪侦查亦可置于两者的博弈关系中进行系统分析。在此，通过“杀猪盘”犯罪侦查博弈要素表（见表 1），对其中的参与者、策略、信息等要素内容进行呈现，以期运用这些要素检视“杀猪盘”犯罪侦查的问题和构建侦查路径。

表 1　“杀猪盘”犯罪侦查博弈的主要要素[③]

博弈要素	博弈参与者		
	侦查机关	作案人	被害人
策略	针对“杀猪盘”实施“侦防并举”的战略性侦查策略；主动出击，将“杀猪盘”消	利用被害人的人性弱点、情感需求，编撰剧本，实施“杀猪盘”犯罪	积极配合侦查机关对“杀猪盘”犯罪的侦查

① 参见重庆市人民政府新闻办公室：《重庆举行公安局 2022 年一季度例行新闻发布会》，载 http：//www. scio. gov. cn/XWfbh/gssxwfbh/xwfbh/chongqing/Document/1723094/1723094. htm，2022 年 4 月 12 日。

② 参见李双其：《侦查博弈论》，中国人民公安大学出版社 2013 年版，第 16 页。

③ 侦查博弈的主要要素是侦查博弈论理论研究的共识，在刘为军的《侦查中的博弈——侦查对抗与合作》（中国检察出版社 2011 年版）、李双其的《侦查博弈论》（中国人民公安大学出版社 2013 年版）等著述中均有体现。侦查博弈的参与者不仅有侦查机关、作案人、被害人，还包括犯罪嫌疑人、证人、知情人、律师、媒体、其他机关等，出于论文研究的核心命题，本表只展示上述三类主要侦查博弈参与者。

续表

博弈要素	博弈参与者		
	侦查机关	作案人	被害人
	灭在萌芽阶段，积极开展追赃挽损等时效性强的侦查措施，践行先发性侦查策略；利用“杀猪盘”犯罪组织中老板、总监、组长、代理、组员的矛盾，实施攻心与分化瓦解策略		
信息（来源）	电诈窝点；被害人、作案人、证人等群体；公安等政府信息系统与数据库；侦查人员自身办案经验	自身对“杀猪盘”犯罪的了解；主动搜寻“杀猪盘”相关信息	自身对“杀猪盘”犯罪案件的了解；侦查机关告知案件侦办进展
行动	获取“杀猪盘”犯罪侦查信息与资源；完善侦查博弈合作机制；加强诈骗话术预警反制；合理运用心理博弈策略	选择跨境作案；采取包装虚假身份、将网络宽带安装在境外话务窝点之外、频繁利用软件工具更换 IP 地址、通过“水房”与地下钱庄洗钱、研究国家反诈中心 App 漏洞等反侦查措施	主动报案讲述自己被骗经过；提供社交软件、婚恋交友网站、虚假金融平台等与“杀猪盘”犯罪案件相关的信息
收益	查明“杀猪盘”犯罪事实；抓获犯罪嫌疑人；收集物证、书证、电子数据等证据；预防“杀猪盘”犯罪案件发生	逃避法律惩处；获得从轻、减轻处罚	依法惩处“杀猪盘”犯罪案件作案人；挽回被骗经济损失

续表

博弈要素	博弈参与者		
	侦查机关	作案人	被害人
结果	“杀猪盘”犯罪案件成功侦破、抓获犯罪嫌疑人；案件未能侦破、没有抓获犯罪嫌疑人		
均衡	能够促使侦查机关预测到博弈可能会发生的现实结局		

（一）精准诈骗下“杀猪盘”犯罪侦查中的信息不对称

近年来，网络黑灰产业不断迭代升级，居民身份证号、工作职业、兴趣爱好、家庭构成、收入情况等个人基本信息被不法公司收集、盗窃、贩卖，为了提升诈骗成功率，“杀猪盘”犯罪作案人在寻找作案对象时也从传统的广撒网式转变为精准化地搜寻工资收入较高且较为年轻的单身女性。

实践中，各类博弈参与者的信息获取能力呈现出明显的不对称性。由于侦查机关掌握着丰富的数据资料及侦查技术手段，较之其他侦查博弈参与者，具有较强的信息收集能力，但这并不意味着侦查机关在信息收集方面具有绝对优势。随着信息技术革新、侦查阶段变化、资源力量投入，各侦查博弈参与者收集信息的能力会发生变化。在“杀猪盘”案件中，被害人的报案是侦查机关获取信息的主要来源之一，被害人对自身情况、被骗经历、犯罪手法等信息的陈述，有助于侦查机关掌握此类案件的话术剧本、虚假赌博与投资网站、黑灰产业链条等信息。而侦查机关主动发现犯罪，亦是收集信息的重要渠道。譬如，侦查机关在办案过程中，可根据通信号码、作案手法特征及资金账户的同一性串并案件，进而获取作案人遗留的更多案件信息。同时，侦查机关掌握的信息系统与数据资源库，为

“杀猪盘”犯罪侦查提供了充分的数据支持。此外，侦查机关在履行相应法律手续后还可向金融机构、电信业务经营者、互联网服务提供者调取银行卡记录、通讯记录、上网记录等。侦查人员多次侦办“杀猪盘”案件后，对此类案件的组织架构、行骗套路、作案流程及作案周期等信息已经有了相当程度的了解，这对迅速确定案件性质，划定侦查方向，锁定犯罪嫌疑人具有重要作用。

同侦查机关相比，“杀猪盘”案件作案人掌握信息则处于劣势地位。但各侦查博弈参与者收集信息能力的强弱并非一成不变，而是呈现出动态性、相对性特征。一方面，侦查机关从掌握的信息系统与数据资源库中难以获得与“杀猪盘”案件相关且具有价值的信息；而作案人却对案件来龙去脉有着全面了解，掌握着案件的各类有效信息。另一方面，由于案件整体数量较多，侦查机关不可能将资源均匀投放至每个案件侦破过程中，其侦办案件难以保持高水平稳定状态；而作案人为逃避法律惩处，愿意将其绝大多数的力量投入反侦查活动中，由此占有更多的案件信息。[①] 至此不难看到，各侦查博弈参与者在“杀猪盘”案件中获取信息的能力呈现出不对称的特点，其能力强弱在一定条件下可能发生转化。

值得注意的是，在跨国跨境“杀猪盘”案件中，犯罪团伙虽然给被害人带来巨大财产损失，但由于其往往会租用办公大楼，还会产生食宿等日常开销费用，极大推动了所在地经济发

① 参见刘为军：《侦查中的博弈——侦查对抗与合作》，中国检察出版社 2011 年版，第 48－49 页。

展，一些国家或地区对掌握的“杀猪盘”犯罪涉案人员藏身场所、活动范围、作案手法、资金链条等犯罪情报信息没有分享给我国。鉴于我国和一些国家并未签署刑事司法互助协议，这些国家在办案过程中并未及时通报关涉我国的“杀猪盘”案件信息，并提供案件线索。由此可见，各国各地区间的犯罪信息共享制度也亟待建立。①

(二)“杀猪盘”犯罪跨国跨境对侦查合作产生冲击

在“杀猪盘”案件侦办过程中，由于受地方保护主义、部门自身利益、办案经费紧张、警力资源有限等因素影响，不同地域侦查机关、侦查机关与其他机关之间容易产生一定分歧，进而阻碍它们构建良好的合作关系，在“杀猪盘”犯罪侦查取证、追赃挽损过程中也就无法形成合力。部分侦查机关没有为异地侦查机关提供办案便利，从而导致“杀猪盘”案件办案成本随之提高。在以外贸行业为支柱产业的地区，维护地方经济利益与打击防范“杀猪盘”犯罪之间存在明显张力，各政府部门的力量尚待优化整合，急需创设跨部门的反诈协调机构。

“杀猪盘”案件在传统上主要借助于银行卡支付、第三方支付、聚合支付实现资金的流转，由于受到我国开展“断卡行动”、传统资金流难以隐藏资金流向、传统资金流容易核实人员身份等因素影响，“杀猪盘”等电信网络诈骗案件多采用第四方支付、跑分平台、“水房”、地下钱庄等新型洗钱方式。在该模式推动下，“杀猪盘”案件赃款的资金流链条得到了充分

① 参见李永涛主编：《电信网络新型诈骗犯罪侦查与治理研究》，中国人民公安大学出版社2017年版，第181页。

的延伸，赃款流动效率也获得了显著的提升。当前，资金监控管理系统与紧急止付协同机制仍然不够完善。银行业金融机构、非银行支付机构与侦查机关没有形成全方位的长效合作机制，金融机构对侦查机关相关业务的专业指导较少，而侦查机关单纯借助于自身资源与力量，无法把握复杂多变的新型洗钱形式，难以实现追赃挽损的行动目标。除此之外，侦查机关赴银行业金融机构进行侦查取证的程序较为烦琐，不同类型银行之间也广泛存在金融信息数据壁垒。同时，由于"杀猪盘"案件中的话术剧本与真实恋爱、投资的交流沟通语义具有相似性，目前侦查机关还难以完全甄别出两者的不同点。侦查机关发现提取诈骗话术的工作尚缺乏技术力量的有效支持，其追踪潜在"杀猪盘"案件的能力存在明显不足，与微信、QQ、探探等即时通信工具企业的合作力度也亟待加强。

（三）"杀猪盘"诈骗话术对人性弱点的充分利用

社会中每个人在生理、安全、社交等领域皆存在需求，在满足需求的同时亦会暴露人性弱点。这些弱点既囊括了狂躁不安、冲动易怒、紧张焦虑等情绪障碍，也包含想法简单、易轻信他人的思维，还包括依赖性强、趋利避害、自私贪婪的人格。当前，"杀猪盘"犯罪将作案对象主要锁定在35岁以上单身女性，这类人群拥有一定社会地位和财富积累，但情感生活空虚，具有摆脱孤独、赢得社会支持的需要；[①] 部分单亲妈妈为维持家庭开销，为子女提供更好的学习生活条件，产生了赚

① 参见向静、刘亚岚：《"杀猪盘"电信诈骗犯罪的心理控制机制剖析》，载《中国人民公安大学学报（社会科学版）》2021年第4期。

取快钱、投资获利的想法。诈骗团伙借助即时通信工具或婚恋网站寻找具有易被骗特质的人员，将其作为潜在“客户”，诈骗团队根据人性弱点制作具有针对性的话术剧本，聊天手、键盘手等客服人员根据剧本内容与潜在被害人展开日常交流，对其进行洗脑，构建心理控制机制，建立亲密信任关系，并形成情感纽带，致使被害人对诈骗团伙产生心理依赖，丧失自主意识。针对“杀猪盘”案件话术剧本对人性弱点的利用，侦查机关采取了预警反制措施，与诈骗团伙展开了激烈博弈，但目前博弈的效果并不尽如人意。

其一，民众在日常生活中与侦查机关互动交流机会较少，加之普遍缺乏反诈专门知识，因此对“杀猪盘”诈骗话术难以有效识别，而侦查机关也不易从民众处收集到涉诈线索。另外，侦查机关在开展反诈宣传时多使用说教的内容，此种宣传方法流于形式，不能使民众对“杀猪盘”等电信网络诈骗行为做到“入脑入心”，难以实现预期宣传效果。目前反诈宣传更多采取的是“大水漫灌”方式，没有针对易受骗高危人群进行重点预警劝阻，针对性存在一定不足。

其二，“杀猪盘”犯罪的被害人已经受到诈骗团伙短则数天、长则数月的心理控制，在长时间的洗脑过程中对诈骗人产生了高度信赖的心理，而侦查机关的预警人员与被害人之前是陌生关系，预警人员在通话的短暂时间内无法与被害人建立深度信任关系，难以使被害人相信其陈述的诈骗事实，而对其深信已久的内容进行否定。因此，在实务中存在大量被害人信任诈骗分子，而不相信侦查机关预警人员，直接挂断预警提示电话，继续给诈骗分子转款的情形。

其三，近年来黑灰产业不断蔓延发展，“菜商”（数据商）采用黑客攻击入侵网站等手段窃取公民个人信息，并贩卖给诈骗团伙。部分潜在被害人保护个人隐私意识不强，在日常生活中泄露了年龄、家庭构成、工资收入等个人信息，为“杀猪盘”犯罪提供了高效精准诈骗的条件。而侦查机关在打击防范侵害公民个人信息犯罪时面临着调查取证、追根溯源等难题。同时，不少诈骗团伙投入大量的金钱作为搜索引擎的推广费用，使诈骗网站能够出现在页面醒目位置；黑灰产业人员利用黑客技术对搜索引擎进行优化，使诈骗网站出现的位置得以提前，将“杀猪盘”犯罪的潜在被害人引流至诈骗网站或诈骗聊天群。而侦查机关对网站的巡查频率不高，审查侧重于形式，对互联网服务提供者的监管力度不强。

（四）“杀猪盘”犯罪侦查中心理博弈策略运用缺失

在“杀猪盘”犯罪侦查博弈中，各侦查博弈参与者都具有自身利益，处于不同的地位，进而产生了差异化心理。通常情况下，社会地位与心理状态呈现出正相关的关系，处于优势地位的人具有强势的心理，身处劣势地位的人则具有弱势的心理。侦查机关在现阶段侦查博弈中尚未明确其他博弈参与者的地位，对相关参与者的心理状态与利益诉求没有做到完全把握，难以针对对方的直接需求采取行之有效的策略，从而在博弈中丧失主动权。

心理学上的“沉锚效应”广泛存在于“杀猪盘”犯罪侦查博弈过程中，[①] 集中表现为博弈参与者作出决策判断，易受

① “沉锚效应”又称“锚定效应”，是一种重要的心理现象，指人们在作判断时，易受第一印象或第一信息支配，犹如沉入海底的锚把人们的思想固定在某处，从而造成决策偏误。

初始信息、第一印象的影响，其思维一开始就容易被固定在某个位置。当前，侦查机关在运用“沉锚效应”时尚存在一些问题，如侦查机关在与其他博弈参与者初次接触时可能未给对方留下良好的第一印象，侦查方难以寻找到恰当时机为其他博弈参与者设定“沉锚”，侦查主体容易受对方所设“沉锚”的影响。“登门槛效应”也是心理博弈的典型策略，[①] 在“杀猪盘”犯罪侦查博弈中，博弈参与者只要接受了对方微小的要求，在后续往来过程中，为避免认知上的不协调或给其他主体留下前后行动不一致的不佳印象，而甘愿接受并履行更大的要求。[②] 而有的侦查人员往往迫于办案压力，为最大限度提升侦查效率，不愿对博弈参与者提出轻而易举就能够完成的要求，而直接根据侦查目标“一步到位”提出高难度的要求，作案人、被害人等博弈参与者则往往会拒绝上述较高、较难的要求。

有的侦查机关在“杀猪盘”案件侦办过程中往往以自我为中心，对作案人、被害人等群体的切身利益没有做到设身处地、推己及人地思考，不易把握对方对于案件的真实心理活动，无法将自身的思维传导给对方，导致侦查机关难以采取迅速有效的侦查策略，造成侦查博弈参与者之间容易产生误解。同时，有的侦查人员在博弈过程中没有与其他参与者形成情感上的共鸣，在尚未做到感同身受的情况下难以促使博弈参与者

---

① “登门槛效应”又称“得寸进尺效应”，亦为心理学名词，指一个人一旦接受了他人微不足道的要求，为避免认知上的不协调，或想给他人前后一致的印象，有可能接受更大的要求。

② 参见李双其：《侦查博弈论》，中国人民公安大学出版社 2013 年版，第 290－291 页。

的心理态度发生积极转换。在“杀猪盘”犯罪侦查博弈过程中，部分侦查主体在面对犯罪嫌疑人抗拒审讯行为时态度不够坚定，没有对其施加持续的压力，使犯罪嫌疑人仍然保留抗拒的韧性。有的侦查方没有使用好刺激激励的方法，尚未向其他博弈参与者展示积极正面的形象，没有体现重视对方的态度，更未能发挥双向沟通的作用，刺激激励长效机制也亟待建立。

三、侦查博弈论视域下“杀猪盘”犯罪侦查的路径构建

通过以上分析，可以看到在“杀猪盘”犯罪侦查中博弈参与者之间或合作或非合作（对抗）的交织关系，以及由此带来的侦查问题。为更加有效地遏制“杀猪盘”犯罪蔓延趋势，守好群众“钱袋子”，使当事人的情感免受欺骗，当坚持以问题为导向，在侦查博弈论指引下，树立侦查博弈非合作（对抗）与合作有效利用的理念，把握好侦查博弈参与者关系中的两面性与统一性，推动“杀猪盘”犯罪侦查提质增效。具体可以从信息、合作、话术、心理等方面综合着力，构建“多维一体”的“杀猪盘”犯罪侦查新路径。

（一）提升获取“杀猪盘”犯罪侦查信息的水平

信息作为现代侦查的基础，是形成侦查判断、推理与假设的重要前提，在博弈过程中扮演着无可替代的角色。在“杀猪盘”犯罪侦查过程中，完全信息博弈并非常态，不完全信息博弈才是侦查博弈的常见现象。在侦查条件允许的情况下，侦查机关需从“杀猪盘”犯罪行为的表征及因果关系中挖掘有效信息，运用各类侦查策略与措施对案件的各种潜在可能性展开细致调查。而在侦查资源有限，不足以支撑各种排查工作时，则

需对各种侦查可能性进行概率分析，并依概率高低作出侦查决策。为减少侦查行动的盲目性，提升侦查决策的针对性，掌握博弈主动权，侦查机关在实践中要积极收集掌握更多“杀猪盘”案件信息与资源，探索设置拥有收集获取、分析研判、分类检索等功能于一体的信息服务管理系统。

侦查机关为了在“杀猪盘”案件侦查博弈过程中获得正向收益，取得优势地位，需着力提升获取案件侦查信息的能力，采用理性的侦查策略与侦查措施。可以充分利用公安内网与人口信息管理系统、全国刑侦信息专业应用系统、出入境管理信息系统等数据库资源，查询与“杀猪盘”案件相关的犯罪嫌疑人身份、诈骗窝点位置、作案手法、资金流向、话术剧本、黑灰产业链条等信息，最大程度获取对侦破“杀猪盘”案件有价值的信息，进而掌握侦查博弈主动权。侦查机关在抓获“杀猪盘”犯罪嫌疑人后，要及时展开侦查讯问，采用情感感化、教育疏导、证据展示等讯问方法，实施敲山震虎、利用矛盾、避实就虚、分化瓦解、逐个击破等侦查策略，诱导诈骗团伙成员如实供述案件事实，详细掌握诈骗团伙的组织架构、人员分工、诈骗经过、转账洗钱方式等。另外，对诈骗团伙成员应分开关押监管，防止出现串供、翻供局面。通过上述举措，侦查机关方能在与作案人的非合作侦查博弈中在信息层面建立相对优势，助力其在侦查博弈中取得成功。

为提升“杀猪盘”犯罪侦查博弈质效，侦查机关需秉持“更快地破大案，更多地破小案，更好地控发案”原则。面对涉案人员众多、涉案金额巨大、社会影响恶劣的大要案件，侦查机关应整合侦查资源，运用各种侦查技术手段，提升侦破案件的速度，抓获犯罪嫌疑人，摧毁诈骗窝点，最大限度为人民群众挽回损失；而对涉案人数相对较少、涉案金额数量较小、社会影响不大的小案，不能对其置之不理，需合理分配现有警力资源进行侦破，力争破获更多案件，维护群众财产权利。而针对此类案件当前高发多发、迭代升级的情况，侦查机关可将原有部分侦查资源投入“杀猪盘”犯罪的预警与反制中，对接触到诈骗信息的高危人群第一时间预警，从通信手段、转账洗钱、黑灰产业等角度开展技术、话术和法律反制，尽量避免此类案件发生。由此可见，侦查机关在侦查博弈过程中积极贯彻执行“分级分类”原则能够促进侦查决策与侦查行动优化升级。

当前，跨国跨境“杀猪盘”犯罪呈现高发多发态势，在条件允许情况下各国应打破信息壁垒，健全犯罪信息共享制度。首先，各国可将本国“杀猪盘”案件的总体组织架构、作案规律、犯罪手法、发展趋势等信息分享给他国。其次，各国可将掌握的“杀猪盘”案件中犯罪人员身份、诈骗窝点位置、涉案钱款转移情况等情报线索及时通报给相关国家。再次，国与国之间可签署与信息共享相关的合作备忘录，共同研发犯罪信息共享系统。[①] 最后，借助国际刑警组织等跨国组织力量，充分发挥其收集、传递、交换、存储与研判情报信息的功能，建立“杀猪盘”等电信网络诈骗犯罪案件数据库，涵盖行为模式、资金流向、产业链条等信息，为各成员国侦查取证提供犯罪情

---

① 参见曾磊：《惩治网络犯罪国际警务合作的理论基础与路径考量》，载《中国人民公安大学学报（社会科学版）》2021 年第 1 期。

报服务。[①] 在“杀猪盘”案件中，为使中外侦查机关更好地建立合作侦查博弈关系，需加强侦查机关之间的磋商交流，深化彼此信任，合理分配各自利益，最大程度提升合作意愿与水平。

（二）健全“杀猪盘”犯罪侦查博弈合作机制

在“杀猪盘”犯罪侦查过程中，存在合作与非合作侦查博弈两种类型，实际上这两种侦查博弈都蕴含着合作机会。一方面，侦查博弈参与者在合作侦查博弈中要拓展合作范围，提升合作层次，创新合作模式。侦查机关内部、侦查机关与检法机关、电信业务经营者、银行业金融机构、非银行支付机构、互联网服务提供者等单位都有治理“杀猪盘”犯罪的职责，[②] 且承担保障公民财产权益、维护社会长治久安的共同利益的责任。基于此，各单位可以通过谈判协商、沟通交流，签署战略合作协议，推动构建反诈联动机制。另一方面，在非合作侦查博弈中，侦查方也应在对抗关系中发现潜在的合作机会，促使侦查博弈参与者的关系由非合作向合作转化。通常情况下，侦查机关与作案人有着明显的利益冲突，主要表现为对抗关系，呈现出非合作侦查博弈形态。但是，老板、总监、组长、代理、聊天手、键盘手等主体之间完全可能存在分赃不均、内部

---

① Paul Rosenzweig. The International Governance Framework for Cybersecurity. Canada – United States Law Journal, 2012, 37 (2).

② 2022 年 4 月，中共中央办公厅、国务院办公厅印发《关于加强打击治理电信网络诈骗违法犯罪工作的意见》，提出“加强行业监管源头治理”“各级党委和政府要加强对打击治理电信网络诈骗违法犯罪工作的组织领导，统筹力量资源，建立职责清晰、协同联动、衔接紧密、运转高效的打击治理体系”等要求也深切说明了这一点。

竞争、责任分担等对立利益，不同类别作案人之间容易产生非合作博弈关系，侦查机关可利用各行为主体积极追求自身利益最大化的心理，宣传“坦白从宽，抗拒从严”刑事政策，释放部分作案人已坦白的信息，激发作案人之间的矛盾，瓦解攻守同盟。此时侦查机关与部分作案人就形成了合作侦查博弈关系，这些作案人通过坦白、自首、立功等行为获得从轻、减轻处罚，侦查机关则可以根据他们提供的有用信息，更高效地收集固定证据，推动“杀猪盘”案件侦破。

其一，推动各区域、各部门深度合作。为形成“杀猪盘”犯罪侦查取证、追赃挽损合力，需通过谈判协商、明确责任、平衡利益等方式促成各单位形成合作侦查博弈关系。在以外贸为主要产业的地区，地方政府可汇集公检法、司法行政、商务等部门力量，设立银行账户冻结援助中心，为被冻结账户的商户提供专业服务。在商户提供营业执照、供销合同、订单凭证等基本材料的情况下，由侦查机关承担资金来源合法性的证明责任。侦查取证完毕后，侦查机关只能对涉案资金进行冻结，对与案件无关的资金应及时解冻。经营户如果属于善意取得的情况，侦查机关不应冻结商户的账户钱款，强制商户进行退赔或交纳保证金。侦查机关应最大限度为异地侦查机关侦查取证提供必要帮助，协助完成涉案账户赃款的冻结及后续的资金返还工作。至此，侦查博弈参与者既能承担自身职责，又可实现自身利益，达成了一个双赢结局，最大程度避免零和博弈。

其二，充分提升警银合作水平。在“杀猪盘”案件侦办过程中，鉴于金融支付行业具有高度的专业性，而追赃挽损工作又具有极强的时效性，单纯依靠侦查机关自身力量难以完成此项任务。因此，侦查机关在与银行业金融机构、非银行支付机构存在共同责任与利益基础上，可以建立合作侦查博弈关系。在建立合作机制后，各方需整合人员情况、交易信息、资金流向等数据资源，将大数据、人工智能处理技术运用于“杀猪盘”案件的资金风险排查，运用 Apriori Algorithm（先验算法）对案件信息进行关联规则挖掘，[①] 提取异常交易行为的共同特征点，建立电信网络诈骗犯罪风险智能化监测平台。不同类型的银行间可以打破数据壁垒，完善跨行跨区域账户信息查询机制；金融机构可简化侦查机关侦查取证需提供的手续证明，研发专门的涉诈案件信息管理平台，为后续侦查破案、固定证据提供便利。另外，应建立健全紧急止付协同机制，简化止付手续，提升止付效能，最大程度避免被骗资金进入流转与洗钱环节。还应完善资金监控管理系统，针对高风险的可疑资金账户采取实时监控、识别与拦截措施，切断“杀猪盘”案件资金流转链条。我国银行业金融机构可对每一个账户的持有者进行人像采集，其 ATM 机可安装人像识别系统，并与侦查机关的情报信息管理、人口信息管理、资金流查询等系统深度对接，从而及时发现“水房”的车手，规避其借助大量人头银行卡账户取现，为侦查机关追赃挽损提供技术支持。

---

① See Lei Zhang, Supervision and Investigation of Internet Fraud Crimes. International Journal of Network Security, 2018, 20（6）. 在计算机科学和数据挖掘领域，先验算法用于在数据集中查找布尔关联规则的频繁项集，这一算法有助于找出不同事件之间的联系。先验算法用于犯罪分析可参见国外研究论文，如 Mehmet Sevri, Hacer Karacan & M. Ali Akcayol, Crime Analysis Based on Association Rules Using Apriori Algorithm. International Journal of Information and Electronics Engineering, 2017, 7（3）。

其三，不断深化警企合作水平。侦查机关要与微信、陌陌、探探等即时通信工具加大合作力度，甄别“杀猪盘”诈骗话术剧本与正常聊天话术的区别，提取出“杀猪盘”诈骗话术的高频语词，例如，我最近通过投资赚外快、我保证你能赚钱、请考虑我们和父母的未来、我不方便和你进行视频等。同时，将挂断视频电话的行为作为特征点，建立“杀猪盘”诈骗话术剧本智能化预警系统，对聊天平台内容进行实时跟踪监测，将语音识别与图像识别技术引入预警系统，以此提升预警系统智能化水平，进而提高甄别“杀猪盘”案件的效率。

（三）加强对“杀猪盘”诈骗话术的预警反制

社会中每个人的目标观念都具有一定局限性，这会影响对事物的判断及决策，加之人们的知识是有限的，存在知识盲区，难以掌握现实生活中的所有信息，而“杀猪盘”诈骗话术正是针对人性弱点精心编制的。基于此，在民众对“杀猪盘”诈骗类型、行骗方式、技术工具等内容缺乏足够了解的情况下容易受犯罪分子诱导进而被骗。因而在“杀猪盘”诈骗话术的预警反制侦查博弈中，侦查机关急需做到换位思考，最大限度保障其他博弈参与者的利益，普及“杀猪盘”案件相关常识，提升各类群体对案件的理性认知能力，促使潜在被害人自觉作出抵制诈骗话术的决策，构筑反诈全民共同体。

一方面，侦查机关要密切与群众的关系，聘请具有一定专业知识与社会阅历的人士担任反诈志愿者，对这类人群定期开展反诈知识宣讲与反诈技能培训，促使其在接触到诈骗信息后能够及时反馈，帮助侦查机关明确诈骗窝点的位置，锁定诈骗犯罪人员身份，收集固定相关证据材料，提高侦查机关打击防范“杀猪盘”犯罪的效率。此外，侦查机关在开展反诈宣传时需做到精准化，在“杀猪盘”案件中，重点针对易被骗的高危人群（如收入较高且年轻的单身女性）进行宣讲，提升其反诈骗知识与意识，[①] 由此才能提高预警劝阻的针对性。综上所述，侦查机关与群众在“杀猪盘”犯罪预警反制过程中存在广泛的共同利益，双方可以通过建立合作侦查博弈关系分享更多的互补性利益，得到相应补偿或者回报。

另一方面，充分发挥 96110 预警平台的功能。[②] 侦查机关的预警系统需要对潜在被害人作出分级，以被骗风险等级为标准，划分为低危、中危与高危潜在被害人。针对低危潜在被害人率先采用短信劝阻方式；针对中危、高危潜在被害人则采取电话劝阻方式，若出现无法与潜在被害人取得联系，或达不到劝阻效果的情形，侦查机关可以借助公安内网获取潜在被害人其他联系方式或联系其亲朋好友协助劝阻。如果在对高危潜在被害人的劝阻仍然没有成功时，就需要安排社区民警、街道社区的工作人员开展上门劝阻。[③] 侦查机关的预警人员在开展劝阻工作前需假设可能出现的各种情况，根据潜在被害人接听电话时的状态，采取分类处置措施。在被害人产生疑惑时，及时

---

① 参见叶良芳：《犯罪场理论视角下电信网络诈骗犯罪的治理对策》，载《犯罪研究》2021 年第 6 期。

② 2019 年 11 月，国务院打击治理电信网络新型违法犯罪工作部际联席会议办公室下发《关于做好全国反诈中心统一预警专号 96110 启用准备工作的通知》，要求在全国范围逐步建设 96110 反诈专线系统，可实现电话和短信服务，并逐步将 96110 打造成全国反诈信息发布平台。

③ 参见吴跃文：《大数据背景下跨境电信网络诈骗犯罪的预警与反制——以冒充公检法诈骗为例》，载《湖北警官学院学报》2019 年第 3 期。

地表明身份，引导被害人反映被骗具体情况，了解是否已经转账，向其阐明“杀猪盘”犯罪的具体作案手法与取财方式，尽快与被害人建立信任关系，避免被害人遭受财产损失。还应引导被害人查询96110的功能，或促使其主动拨打110电话确认。当被害人出现紧张、害怕的情绪时，预警人员需要安抚其情绪，善于借用其周围关系，如可让被害人周围的亲友或同事接听电话，协助处理劝阻事宜。[①] 侦查方通过上述各类方式与潜在被害人展开积极互动，在信息沟通交流中进行有效引导，促使潜在被害人纠正认知偏见，识别诈骗话术，摆脱情感依赖，与其建立彼此信任的合作侦查博弈关系，从而实现掌握预警反制工作主动权，提高预警效能的目标。[②]

需要指出的是，侦查机关应加大对上游黑灰产打击力度，防止其通过技术手段收集、窃取公民个人信息；公民应增强对姓名、身份证号、银行账户、家庭构成、资产状况等个人信息保护意识；互联网服务提供者、银行业金融机构、电信业务经营者等主体应加强内部员工日常监管，研究相关行业技术反制措施，将公民手机号码、姓名、地址等个人信息作匿名化与自动屏蔽处理，减少信息暴露机会，避免为“杀猪盘”团伙实施精准诈骗提供原料。还应提升对网站的实质审查频率，加强对互联网服务提供者的监管，具体可会同网信部门对发现的诈骗网站平台采取约谈、整改、暂停、罚款等措施，下架、关停涉

---

① 参见徐睿、陈中等：《咨询心理学视域下反诈劝阻心理攻略构建研究——以“婚恋交友类”电信网络诈骗案件为视角》，载《公安教育》2021年第7期。

② 参见谢玲：《电信网络诈骗心理控制的形成及阻断》，载《中国刑警学院学报》2022年第1期。

诈 App，查处防范各类黑灰产行为。积极实施这些举措，方可从根源上降低“杀猪盘”诈骗话术剧本的真实可信度，确保侦查机关在侦查博弈预警反制过程中的优势地位。

（四）在侦办“杀猪盘”案件中合理运用心理博弈策略

在“杀猪盘”案件侦查过程中，当侦查机关与其他博弈参与者进行侦查博弈时，侦查方的地位不是一成不变的，而是在强势与弱势之间相互转化。为了确保自身优势地位，化弱势为强势，侦查机关可以将心理博弈策略运用于侦查过程中，从而促使其在激烈的博弈竞争中获得主导权。

第一，积极利用“沉锚效应”指导“杀猪盘”犯罪侦查。侦查人员在与“杀猪盘”案件的犯罪嫌疑人、被害人等主体接触时，要找准时机，运用合理的穿搭、礼貌的语言、平和的态度给对方留下良好的初始印象，引导对方配合后续侦查取证工作。在“杀猪盘”案件中针对虚假供述、不实陈述，侦查人员可以通过设置“沉锚”的方式鉴别其谎言。在侦查博弈过程中，侦查博弈参与者都倾向于设置“沉锚”，侦查人员要防止被其他参与者提出的各种谈判条件所限制，从而使自身处于不利位置。侦查人员还可将“登门槛效应”适用于“杀猪盘”犯罪侦查，可先让犯罪嫌疑人、证人等博弈参与者接受微不足道的要求，如犯罪嫌疑人介绍自身基本情况、证人表达作证的后顾之忧等。待这些参与者完成容易的事情后，侦查人员再提出需要其作出更大妥协的要求，如犯罪嫌疑人交代“杀猪盘”犯罪手法、作案工具、涉案金额、被害人情况，证人提供案件关键线索材料等，此时，其他博弈参与者对侦查人员提出要求的积极反馈概率将会大幅度提升。

第二，运用换位思考法协调“杀猪盘”案件中各方关系。侦查机关在“杀猪盘”犯罪侦查博弈过程中需要换位思考、将心比心，了解作案人、被害人等其他侦查博弈参与者的内在感受，站在对方立场上对其将要采取的反侦查策略、救济举措进行评估、判断和预测，分析对方的真实意图及后续可能采取的行动，进而选择实施行之有效的侦防策略，促使本方的思维能够影响他方思维，推动侦查博弈参与者之间相互理解，达到心理博弈的目的。同时，将情感互惠法作为“杀猪盘”侦查工作的指引，作案人、被害人、其他侦查人员等博弈参与者在不同情形下可能会秉持差异化态度，侦查人员则需根据这些主体的状态，采取合适的相处方式，当其他侦查博弈参与者处于心态不佳状态时，如作案人逃避侦查、抗拒审讯，被害人认为侦查机关办案不力、无法追赃挽损等，侦查方需要动之以情，晓之以理，诱之以利，用积极的情感引导对方发生正向的态度转化，从而弥合各方矛盾分歧，推动“杀猪盘”犯罪侦查工作有序进行。

第三，适当将“超限效应”运用于“杀猪盘”犯罪侦查。[①] 在“杀猪盘”案件中，一些犯罪嫌疑人顽固不化，面对侦查人员的讯问无动于衷。鉴于此，侦查人员可运用激烈的语言、强硬的态度给犯罪嫌疑人持续施加压力，突破其心理防线，使其抵抗审讯的决心不断削弱，逐渐倾向于放弃抵抗、认罪服法，进而作出客观真实的供述，交代案件情况。另外，侦

① “超限效应”指刺激过多、过强或作用时间过久，导致心理不耐烦或逆反的一种心理现象。

查人员要注意向“杀猪盘”案件的被害人展示其公正为民、认真负责、求真务实的形象，激发这类群体提供案件线索证据、配合侦查机关侦查取证的动力。侦查人员还需弄清此类案件证人不愿意作证的原因，借助充分的双向沟通交流方式，通过构建完善的证人作证激励和证人权利保护机制，解决证人的后顾之忧，刺激证人协助参与“杀猪盘”犯罪侦查取证。

第八章

非同质化通证洗钱犯罪的生成逻辑与侦查路径

非同质化通证（NFT）是以唯一加密货币令牌为表现形式、用于识别特定数字资产的元数据，其借助区块链技术而具有唯一性、不可拆分、不可篡改等特征，在这些特征背后暗藏着洗钱犯罪风险。自NFT进入我国以来，受制于区块链和加密货币监管状况，加之理论和实务界对NFT法律属性认知不一致，我国境内NFT借以数字藏品名义发展且一直处于法律灰色地带，呈现出与国外不同的发展模式。分析我国境内NFT（数字藏品）运行交易机制，其在铸造、发行、交易阶段均存在巨大的洗钱犯罪风险，犯罪分子往往通过自行搭建数藏平台或利用现有数藏平台从事洗钱犯罪活动。为更好防范打击NFT洗钱犯罪，可从分阶段开展网络阵地控制和固定电子证据，着眼于发现、追踪和监控进行资金流查控，深化多部门、跨区域侦查协作和国际警务合作，健全完善相关法律法规为侦查提供制度支撑等方面综合着力构建NFT洗钱犯罪侦查路径，切实维护国家金融安全与稳定。

2021年可以称作“元宇宙元年”：当年3月，“元宇宙第一股”Roblox（一种在线创作游戏）登陆资本市场；10月，Facebook宣布更名为“元宇宙”（Meta）。自此，元宇宙成为各大互联网公司追捧的宠儿，元宇宙数字经济应运而生。元宇宙数字经济是一套依赖于虚实经济交互的循环系统，其建立在数字资产的绑定机制之上，而该机制运转又高度依赖于NFT。伴随着元宇宙数字经济之发展，NFT的知名度从区块链业内迅速蔓延至社会各界，并以惊人的110000%使用增长率夺得《柯林斯词典》公布的年度热词榜榜首。

NFT（Non - Fungible Token）中文译为“非同质化通证”,[①] 是一种以区块链为底层技术，以唯一加密货币令牌为表现形式，基于以太坊ERC - 721、ERC - 1155等智能协议（标准）生成、用于识别特定数字资产的元数据。简言之，每个NFT都可绑定对应的数字资产。通过NFT自身的唯一性、不可复制性、不可分割性可以有效验证被绑定数字资产的真实性，从而在平台上实现对数字资产的确权、交易和转移。因此，NFT亦被称作“元宇宙数字经济的价值单元”，其背后暗藏着巨大经济价值，具有现实意义上的金融属性。有数据显

① 目前，学界对NFT的译名暂未统一，常见译名有非同质化代币、非同质权益凭证，少部分学者将其译作独份代币、异质代币、不可替换通证、不可互换性代币等。鉴于NFT在中国境内并非一种可以流通的货（代）币，且我国现有法律政策否定了将NFT作为货（代）币处理的可能性，笔者更倾向“非同质化通证”译名，该译名较好契合了NFT系一种区块链通证的实质形式。

示，2020年全球NFT市场资产总市值仅3.17亿美元，而在2021年上半年其市值飙升至127.25亿美元，日均销售量和销售额相比2020年增长646倍。[①] 2022年仅第一季度，全球NFT交易总资产就已超过164.57亿美元，其中，我国元宇宙市场投融资金额也达到81.2亿元。[②] 2030年前，NFT的市场规模预计将达3000亿美元。[③]

然而，NFT进入我国后却自成体系，以“数字藏品”为掩饰，生成了一套与国外截然不同的模式，呈现出先天不足、后天畸形的特征。“先天不足”指当前我国监管环境对海外公链和加密货币持负面评价，[④] 二者恰是NFT的底层技术支撑。离开了海外公链，国内多数NFT平台仅使用半公开的联盟链，部分平台甚至只采用数据库或文件存储交易数据，没有使用任何区块链技术，交易记录极易被篡改；而离开了加密货币，国内用户使用法定货币交易，NFT直接与人民币挂钩绑定，极易滋生金融风险。所谓“后天畸形”，指NFT进入中国后，有权机关尚未对其属性作出终局性认定，也未对二级交易平台制定切实有效的监管措施，使NFT长期处于法律灰色地带，客观上纵

① 参见裴绍军、梁绥：《NFT交易中的潜在洗钱风险》，载《中国金融》2022年第17期。

② 参见中国科技新闻学会元宇宙科技传播专业委员会组织编写：《中国数字权益白皮书》，载贵州省大数据发展管理局，http：//dsj. guizhou. gov. cn/xwzx/gnyw/202206/t20220627_ 75297077. html。

③ ComplyAdvantage, The State of Financial Crime 2022. https：//complyadvantage. com/insights/the – state – of – financial – crime – 2022/，2022 – 02 – 10.

④ 2021年10月，国务院发展研究中心国际技术经济研究所指导多家单位联合发布《非同质化权益（NFR）白皮书》指出，NFT与NFR的设计差异在于，后者不使用海外公链，采用实名认证机制，符合我国相关法律法规。由此推测在我国监管环境下对海外公链的使用持负面评价。

容了相关经济犯罪发生，如“击鼓传花”式的价格非理性波动、“空手套白狼”“拉人头”式发展模式、热钱大量涌入形成“资金盘”、平台囤积居奇的“老鼠仓”等。近年来，学界围绕NFT展开了一些研究探讨，但聚焦NFT带来金融风险的研究并不多，至于对NFT洗钱犯罪及侦查的研究就更少了。① 为此，本章试图从法律层面厘清NFT的属性，剖析NFT洗钱犯罪的生成逻辑，在此基础上提出针对性侦查路径，以期对疏堵监管漏洞和维护社会金融秩序有所助益。

一、非同质化通证的界定、监管现状与法律属性

NFT是连接元宇宙数字经济与现实经济的桥梁，亦是元宇宙建设中的重要基础设施之一，被视为“元宇宙数字经济的价值单元”，发挥着价值锚定之功能。在进一步探讨NFT洗钱犯罪的生成逻辑与侦查路径前，应当对NFT的核心概念、表现形态及内外范畴进行界定，通过梳理当前监管现状，反面分析我国法律对NFT属性的认定。

（一）NFT的内涵、外延及表现形式

2021年是NFT的“引爆之年”，却并非NFT“诞生之

---

① 2023年4月20日，以“NFT”和“经济/金融”为主题词在中国知网可以检索到60余篇文章，但以“NFT”和“洗钱”为主题词进行检索，仅能检索到8篇文章，且这些文章不少为报道性质的短文，如裴绍军、梁绥：《NFT交易中的潜在洗钱风险》，载《中国金融》2022年第17期；夏莹、黄华等：《反洗钱视角下NFT的洗钱风险探究及建议》，载《时代金融》2022年第5期；蒋牧云、张荣旺：《NFT新玩家的金融魔术》，载《中国经营报》2021年8月30日，第B01版；王君晖：《NFT交易创新高 多方提示潜藏洗钱风险》，载《证券时报》2022年2月18日，第A02版。

年”。早在2014年，NFT就已在欧美国家出现。早期NFT主要基于以太坊系统ERC－721协议运行，但在经历短暂热潮后，NFT就陷入了长达7年的“静默期”，直至2021年再度火热。作为互联网应用的新兴产物，当前国内学界对NFT的理论研究尚处起步阶段，甚至在对NFT的译名问题上都未能实现统一，遑论对NFT之含义、表现形式作出规范明确的定义，但可以通过提取NFT核心特质的三个层次，试以把握NFT的内涵、外延及形式。

其一，底层技术。NFT的底层技术为区块链，当前世界上最大的NFT区块链是以太坊（Ethereum），因而以太坊提出的一系列智能合约（Ethereum Request for Comment，以太坊智能合约），自然成为NFT的通用标准协议。NFT的标准协议主要包括ERC－721、ERC－998及ERC－1155等。通常认为，ERC－721真正奠定了NFT的概念及地位，由此形成社会公众对非同质化通证的初步印象；ERC－998在原有基础上进一步提出CNFT（Composable NFTs，可组合非同质化通证）概念，但并未实现彻底可分割化，更为彻底的可分割化则要到ERC－1155才实现。[①] 其二，表现形式。NFT并非数字资产本身，本质上是一种元数据。通过将实际内容作为简单的URI（Uniform Resource Identifier，统一资源标识符）字符串存储在元数据内，NFT在区块链平台上实现对被指向物的唯一指向，为被指向资产提供可溯源且不可篡改的唯一性所有权凭证，从而为数字资产的价值产生、确权、身份绑定、定价、流通、溯源及

① 参见苏宇：《非同质通证的法律性质与风险治理》，载《东方法学》2022年第2期。

权益分配提供支撑。其三，功能作用。艺术品的价值总与证明其来源有关，而传统上，艺术品的来源是借由画廊和博物馆的文献和销售档案证明的。[①] 通过区块链平台去中心化、分布式记账方式，NFT 构建了一种基于技术的信任机制，除信息转移外，还实现了点对点价值转移。与传统交易不同的是，NFT 所实现的“价值转移”介于现实经济与虚拟经济之间。

因此，可以将 NFT 定义为一种以区块链为底层技术，以唯一加密货币令牌为表现形式，基于 ERC－721、ERC－998、ERC－1155 等标准生成，用于识别特定数字资产并为其交易提供溯源证明的元数据。需特别指出的是，NFT 进入我国时，为规避监管限制，借以“数字藏品”名义悄然发展。在理论上，二者并不等同，数字藏品仅是 NFT 在数字文化领域的应用，但在具体实践中，NFT 与数字藏品并不存在根本区别。在境外，NFT 基于公链发行，可以使用 ETH（以太币）、USDT（泰达币）之类的虚拟货币在二级市场自由流通和匿名交易。由于发行于公链，国外 NFT 可以跨链交易和买卖。在我国，无论是海外公链或虚拟货币，皆属政府监管环境中严格限制使用的技术，绝大多数平台基本使用各自的联盟链，如腾讯旗下的“幻核”使用腾讯至信链、阿里背景的“鲸探”使用支付宝蚂蚁链，不同联盟链间基本无法实现跨链交易。[②] 因此，为避免引

---

① 参见郭春宁：《元宇宙的艺术生成：追溯 NFT 艺术的源头》，载《中国美术》2021 年第 4 期。

② 部分平台在意识到相关问题后，着手开发了可跨链交易的数字藏品，例如，百度超级链（网址为 https：//xuper. baidu. com/）于 2022 年 8 月 30 日推出了首个可跨链数字藏品，该藏品可被对接到其他区块链生态，实现价值流通。

发不必要的金融风险和监管限制，各大发行平台纷纷放弃使用含有 NFT 的称呼，而改用数字藏品对其进行指称。[①] 尽管平台一再强调“代币与数字藏品分离”，但仍难以掩盖其作为 NFT 的强金融本质。至此笔者认为，我国境内的数字藏品与境外的 NFT，无论是技术逻辑抑或本质特征，都不存在根本性质上之区别，二者完全等同。

（二）NFT 的监管现状及法律属性

2021 年末，伴随着全球 NFT 发展热潮，NFT 以数字藏品的名义悄然蔓延至我国并迅猛发展。目前，国内 NFT 平台已超千家，良莠不齐。2023 年 3 月，国家市场监管总局发布数据显示，在过去的一年里接到 NFT 相关诉求 5.97 万件，相较 2021 年的 198 件，环比增长超 300 倍。数字藏品平台野蛮生长，已引起有关部门关注，并通过行业自律协会发布倡议进行一定程度上的规范。2022 年 4 月，中国互联网金融协会、中国银行业协会、中国证券业协会联合发布《关于防范 NFT 相关金融风险的倡议》，将原有法律框架下对“文化艺术品权益”交易的监管延展涵盖至 NFT，强调不得为 NFT 提供集中交易、持续挂牌交易等服务，不得变相违规设立交易场所。我国监管部门始终强调对数字藏品的收藏属性，禁止数字藏品金融化、证券化的倾向。但在严厉打击数字藏品炒作行为的同时，相关部门却始终未对 NFT 的法律性质作出终局性认定，由此带来损害数字藏品长期生命力的双重“副作用”：一方面，不管将数字藏

① 葛伟军、方懿：《区块链智能合约下加密数字藏品的法律属性与内生风险》，载《上海大学学报（社会科学版）》2023 年第 2 期。

品定性为商品、证券、债权、物权或其他任何属性，交易功能都是基础性需求之一，只要数字藏品在我国流通、交易未被彻底禁止，其潜在金融犯罪风险就不可能消失；另一方面，法律性质上的模糊也一定程度限制了交易双方遇到纠纷时可选择的救济手段。

尽管我国《民法典》第127条明文规定保护数字、网络虚拟资产，[①] 但从立法过程和理论研究角度看，对网络虚拟财产的定义及属性尚存争议，更何况对NFT法律属性的界定。总而言之，对NFT的法律治理介入，不仅需要了解区块链技术的发展趋势，更需要借助系统内外的符码沟通，对新兴领域事物给出妥当的法律评价。目前，学界对NFT法律属性的评价莫衷一是，大致可以归纳出货币说、证券说、债权说和物权说。

“货币说”的理论基础根植于NFT与加密货币之间的联系。在境外，NFT使用加密货币交易，由此在区块链平台上实现转移。因此，NFT中“T”所代表的“Token”首先被译作“代币”或“货币”，反映其被赋予了强金融属性。在发展过程中，名不副实的“Token”及其译名“代币”促生了疯狂炒作，催生了极大泡沫的数字货币市场。[②] 然而，“货币说”无论是在理论抑或实践中都存在一定问题：在理论上，NFT不由主权国家发行且未被任何国家认可，将其作为货币处理存在明显的合法性问题；在实践中，NFT的价值模糊且波动性大，缺乏足够的细分尺度，无法发挥货币的价值尺度与流通媒介功

① 我国《民法典》第127条规定：“法律对数据、网络虚拟财产的保护有规定的，依照其规定。”

② 参见杨东：《“共票”：区块链治理新维度》，载《东方法学》2019年第3期。

能。因此，有学者引用美国证券法中的“Howey Test”[①]，认为NFT符合有价证券的构成要件，从而将“Token”一词由“支付工具”性质的“代币”转向映射至“承诺”“记账”功能的“有价证券”。[②]“证券说”似乎解决了NFT的定性问题，在实践中NFT价格极易出现高度波动，同时催生了用户高抛低吸的投机行为和类似于股票K线图的NFT价格曲线软件，从这一点上看，NFT同有价证券高度相似。然而，理论上，发行NFT并非为吸引投资，NFT平台也并非有价证券的合法发行主体，这样定性突破了我国现有证券法律框架，因此也不宜将NFT定性为证券。

鉴于“货币说”“证券说”存在实践和理论缺陷，部分学者转向提出“债权说”，认为NFT购买者与交易平台之间存在债权合同关系。用户向平台支付对价后取得NFT使用权，平台在接受给付后负有提供对应NFT的义务，而NFT本身则被视作“债权凭证”。持该观点的学者认为，NFT的存在与运行是建立在NFT交易平台持续运行之上的，一旦平台停止提供服务，用户的数字网络资产将遭受无法挽回的损失，因此用户与平台之间存在债权关系。这种说法有一定现实支撑，在当前我国NFT交易实践中，由于监管部门对海外公链的负面评价与管制，NFT交易平台大量使用联盟链——一种仅由某个平台使用

---

① “Howey Test”是美国联邦最高法院在1946年SEC v. Howey一案判决中使用的一种判断特定交易是否构成证券发行的标准，其中包括该投资为金钱投资、该投资期待产生利益、该投资针对特定事业、利益的产生源自发行人或第三人的努力等四项条件。

② 参见苏宇：《非同质通证的法律性质与风险治理》，载《东方法学》2022年第2期。

的半公开链。倘若平台停止提供服务或关闭二级交易市场，用户的 NFT 将失去一切价值。用户在平台拥有的 NFT 既不能转链到其他平台，亦不能进行买卖。二级市场的关闭使平台所有 NFT 失去了流通性和稀缺性，不再具有传统意义上的价值。实践中类似案例并不少，如数藏平台“光艺数藏”曾于 2022 年暂停用户提现，疑似准备关闭二级市场，消息一出藏品价格暴跌、临近崩盘，平台上 NFT 持有者的资产瞬间蒸发 80% 以上。从这个角度看，用户持有的 NFT 价值似乎与 NFT 交易平台提供的服务紧密相关，可据此认定用户与平台之间为债权关系。然而，在法律上将 NFT 视作债权处理同样存在一定掣肘，具体包括：一是 NFT 是存储在区块链上的，在许多节点上都存在副本，因此并非完全依赖于平台服务；二是 NFT 在被铸造、发行并售出后，发行人往往无须承担更多义务，这使得 NFT 难以找到一个确切的债务方；三是采债权说，将桎梏用户寻求救济的方式，若将 NFT 定义为债权，依照债权之相对性，唯一的救济路径只能是通过法院向平台主张权利，这会导致救济手段单一、救济覆盖不足等后果。[①] 因此，将 NFT 定性为债权也不合适。

目前，学界较为广泛接受的共识是将 NFT 定义为物权。“NFT 自身特性与物权说观点有着高度的契合性”，其所具有的特征“与物权客体所要求的特性在很大程度上是相符的”。有学者引述张明楷教授对财产的定义，认为 NFT 符合刑法所保护

① 参见杨垠红、廖正飞：《合理界定非同质化代币的法律属性》，载《中国社会科学报》2022 年 12 月 28 日，第 4 版。

财物的三个特征——管理可能性、转移可能性和客观价值性，并将刑法上的财物概念引申至民法意义上，由此证明 NFT 符合财产的特征，应被承认为合法财产；并进一步提出包括 NFT 在内的所有区块链数字资产“应被纳入物权保护范围”，其原因在于“满足物权两大核心特征”：一是满足物权客体的特定性要求，二是具备可支配性，权利人可对其施加排他控制。[①] 但在法律上将 NFT 定性为物权，也存在一定阻碍。其一，物权必须以有体物为标的，而 NFT 并不具有物理上的现实属性，难以被界定为有体物。其二，将 NFT 定性为无体物，又突破了我国现行物权法框架，现有框架下所保护的无体物包括：一是“法律上可得支配之自然力”，如光能、热能、电能等；二是某些形体固定、价值相对确定的财产权利，如有价证券、股权等物化的债权。NFT 作为信息时代的新兴产物，很难在现有法律框架下被完全准确地定性。比较而言，将 NFT 归为物权似乎是现阶段相对合理的一种解读。

二、我国境内非同质化通证（数字藏品）的运行交易机制及洗钱犯罪风险

由于我国限制使用海外公链与加密货币，境内 NFT 借以数字藏品名义发展，然而名义上的区别不可能消灭本质上的强金融属性。国内大部分 NFT 平台，仅会在交易界面空洞地强调“数字藏品仅具备收藏欣赏价值，官方对藏品价格不构成任何指导意义，请谨慎购买，严防炒作”，实际上却以各种方式怂

---

① 参见司晓：《区块链数字资产物权论》，载《探索与争鸣》2021 年第 12 期。

愚客户低买高卖，无限度地抬高价格，甚至既当裁判又当选手，利用“老鼠仓”方式赚取巨额利润，在严重损害购买者利益的同时，极大滋生了洗钱犯罪风险。虽然数字藏品与NFT在技术逻辑上并无区别，但在运行交易机制上却存在一定本土化差异。目前，已有学者从技术层面对境外NFT运作机制进行介绍，[①] 然而，境外NFT运行机制并不能完全适用于境内数字藏品情况。根据我国特殊监管环境及NFT在境内发展的具体形态，有必要对我国数字藏品运行交易机制及其存在的洗钱犯罪风险作一一分析。

（一）我国境内NFT（数字藏品）运行交易机制分析

无论是国内还是国外，NFT从有到无都需经过铸造、发行、交易阶段。然而，在这些阶段中，国内外采取了不同的技术处理方法，导致国内的运行交易机制现状与国外存在较大区别，就此埋下了洗钱犯罪风险隐患。

1. 铸造

铸造（Minting）即将数字藏品以NFT形式初次生成的过程，具体包括以下环节：一是将作品转换为数字形式并获取以URI格式存储的元数据；二是将元数据映射上链，储存在IPFS

---

① 具体可参见余俊缘：《数字作品NFT交易的本质、规则及法律风险应对》，载《科技与出版》2022年第10期；魏丽婷、郭艳等：《非同质化代币（NFT）：逻辑、应用与趋势展望》，载《经济研究参考》2022年第4期；秦蕊、李娟娟等：《NFT：基于区块链的非同质化通证及其应用》，载《智能科学与技术学报》2021年第2期；Sean Sullivan，NFTs：Future or Fad？. Columbia Journal of Law & the Arts，2022，45（3）；L. V. Astakhova & N. V. Kalyazin，Non－Fungible Tokens（NFT）as a Means and Object of Ensuring Information Security. Automatic Documentation and Mathematical Linguistics，2022，56。

（分布式文件系统）或中心化服务器中，运用哈希算法等加密算法得到一个哈希值，并与作品形成唯一对应关系，即数字ID；三是调用现有的或自己开发的智能合约，将数字ID存储在区块链上，得到数字藏品的Token ID。至此，NFT铸造完成。境外NFT平台将数据储存在以太坊这类发展去中心化程度高、加密安全性强、数据被篡改可能性极低的公链上，能够有效实现对数字藏品的确权、交易、流转和知识产权保护。然而，国内监管环境对使用海外公链持负面评价，使国内数藏平台在铸造NFT时大多采联盟链，[①] 甚至部分数藏平台仅使用数据库或文件夹存储交易数据，完全没有使用任何区块链技术。铸造过程中没有采用可信度高的区块链技术，极易被犯罪分子利用作为洗钱手段。

2. 发行

发行是指数字藏品被上架至数藏平台的二级交易市场，供用户进行购买的过程。通常来说，数藏平台能够决定某件数字藏品的发行数量，而单个数字藏品的发行数量与价格成反比关系。假设在该平台中数字藏品A仅发行100份，其价格往往会被哄抬到比较高的位置；假设数字藏品B发行了10000份，其价格一般会偏低。此外，数藏平台还能决定NFT的发行价，即该数字藏品首次发行供用户购买的价格，也可以类比为“股票

① “联盟链”又称“行业区块链”，是介于公链与私链之间，具备部分去中心化特征的半公开的区块链。联盟链由若干机构联合发起，由盟友共同维护，只针对特定群体的成员和有限的第三方开放。联盟链的参与者是被提前筛选出来或直接指定的，联盟链内部指定多个预选节点，作为记账人，每个区块的生成由指定的节点共同决定，其他节点可参与交易，但不参与记账过程。

打新”，除非极少数破发，新股发行价一般远远低于上市后的市场价。因此，当某数字藏品的发行数量比较少、发行价格比较低时，该藏品往往会被疯抢，造成服务器瘫痪。境内数藏平台以此为契机，提出了数种不同的发行方式。正是这些发行方式客观上提升了数藏平台在NFT发行中的话语权和决定权，也潜在增加了被利用进行洗钱犯罪的风险。

第一，先到先得。这种是最常见的首发方式，对用户而言相对公平。用户仅需要在指定时间内，提前进入购买页面，以购买速度为标准先到先得。第二，优先购。优先购是指数藏平台设置了相关要求，如若用户满足，则可比其他未满足要求的用户提前进入相关页面，于指定时间内提前购买数字藏品，余量再由未满足要求用户以先到先得方式购买。这种方式往往会涉及一系列复杂的条件，甚至会助推数字藏品价格出现非理性波动。例如，数藏平台要求在一段指定的时间内持有藏品A，在指定时间结束后平台将统一快照，符合条件的用户则可优先购买藏品B。如此一来，在潜在利润驱使下，大量用户会购买藏品A以满足要求，价格会被疯狂推高；在快照结束、获得优先够资格后，藏品A又会被用户竞相以低价大量抛售，俗称“砸价”。第三，空投。空投与优先购类似，区别在于优先购需在指定时间内购买，而空投是直接发放到账户内。空投是指平台设置相关条件，在用户达成后直接将指定藏品由链上转移至用户钱包内的一种数字藏品首发形式。譬如，数藏平台制定规则，若用户能够邀请新用户注册平台并进行任意消费，则可获得空投一份。通常空投价格极低甚至免费，用户可获得较高利润。对数藏平台而言，空投成本低廉，能够很好发挥引流作用；在用户将空投售出后，平台还能获得一笔技术服务费。因此，发放空投是数藏平台初期引流推广、吸引用户注册的重要途径。但目前有证据表明，“拉人头式”发放的空投有往传销演变之趋势。

3. 交易

数字藏品的发行是指首发，是 NFT 被铸造后的首次交易，通常由平台转移至用户。而数字藏品的交易是指流转，即拥有该 NFT 的首位用户将其出售后转移至其他用户的过程。交易数字藏品需在数藏平台的二级交易市场进行，一般不能跨平台交易。在交易过程中，存在市场主导角色——用户或平台主导。境外平台大多采取用户主导模式，平台类似于出售者和购买者的中介。以国外最大 NFT 交易平台 Open Sea 为例，卖家出售 NFT 需向平台支付 2.5% 的服务费，买家购买 NFT 无须支付服务费，但需支付燃气费（Gas Fees）。[①] 在我国，主导市场的是平台，最大及唯一的卖家就是平台自身。平台与数字作品的作者以一次性买断或固定费率分成的方式购买数字藏品发行的版权，在铸造后发行、交易于平台内部二级市场，按照市场成交价一定比例收取用户每次的买卖服务费，类似于股票佣金。以我国最大的数藏平台 iBox 为例，每次交易费率高达 4.75%，同时还存在 1% 的转账服务费。此外，平台主导模式下的数藏交易存在被单方面关闭二级交易市场的风险，一旦失去买卖途径，用户的 NFT 将分文不值。因此，境内数藏平台在 NFT 交

---

① “燃气费”是依据区块链协议，用户需要向矿工支付的加密货币转移费用，以将转移记录上传至区块链。

易中占据绝对主导地位，致使数藏平台极易被利用，成为洗钱犯罪帮凶，甚至犯罪分子会自己搭建数藏平台从事洗钱犯罪。

（二）我国境内 NFT（数字藏品）洗钱犯罪风险的生成

与其他数字资产类似，NFT 的价值往往具有高度波动性，就同早期的（Initial Coin Offering，首次币发行）阶段一样，金融犯罪嫌疑人极易通过价值通胀（Value Inflation）和抛售计划（Pump – and – Dump Schemes）操纵 NFT 市场。[①] 当前，境内数字藏品运行机制漏洞百出，面临着先天不足、后天畸形的发展缺陷，加之监管部门尚未制定有效的监管框架，缺乏认证能力和尽职调查标准的失序市场环境为包括洗钱在内的金融犯罪创造了条件。国外学者指出洗钱的阶段可分为：一是配售（Placement）；二是通过小额存款或串通将其存入一级或二级银行账户；三是用多个合法的商业交易将其分层（Layering）。其中，购买艺术品可以作为分层阶段的合法交易方式之一。非法活动的钱被用于购买艺术品，随后将其出售，这些钱便被附在合法的商业交易中而被洗白。[②] 数字藏品是艺术品的一种，同样适用于这一洗钱底层逻辑，具体可分为以下两类情况。

1. 自行搭建数藏平台从事洗钱犯罪活动

在严格意义上，搭建一个合法的数藏平台需获得一定的资质，比如区块链备案、艺术品经营备案、等保二级或三级测

---

① Aleksandra Jordanoska, The Exciting World of NFTs: A Consideration of Regulatory and Financial Crime Risks, Butterworths Journal of International Banking and Financial Law, 2021 (10).

② Noah Charney, Do NFTs Mean the End of Real – World Art?, Journal of Art Crime, 2021, 25.

评、电信业务许可证ICP、EDI、网络文化经营许可证等。然而，搭建数藏平台并不涉及复杂的计算机技术，大体包括源码开发、UI设计、代码编写等，仅需一至两个月便可完成网站搭建，甚至只需制作一个H5页面；如果直接使用现有模板进行搭建，最快当天即可上线。目前有证据表明，犯罪分子正在利用自行搭建的数藏平台进行洗钱活动。犯罪分子搭建的数藏平台并没有也并不会去取得相关合法资质，甚至不涉及任何区块链技术。所有交易信息使用文件夹或后台数据库进行储存，根本不会上链。犯罪分子仅需搭建一个数字藏品网站，通过发放空投方式，吸引用户注册登记并消费。在该类非法数藏平台中，数字藏品完全是剽窃而来，不计其数的艺术家或作者在不知情或未经同意的情况下，其作品就已经被盗取并铸造成NFT出售。

一个仓促搭成的网站、一张带有编号的图片便可成为犯罪分子洗钱的利器。通过自己搭建的数藏平台洗钱，往往只需两个步骤：一是利用平台主导优势，用黑钱以极低价购入数字藏品；二是利用各种方式，人为推高持有的数字藏品价格，并以较高价格出售。在步骤一中，购入数字藏品而非直接占有的真实目的是获得购买流水，以提供合法证明；在步骤二中，推高数字藏品价格的方式有很多，采用设置优先购、空投或隔夜提价等方式，人为释放误导性信息。如此一来，不同于传统洗钱还存在一定比例的折价，利用NFT方式洗钱甚至还能获得超额回报。试举一例：第一步是犯罪分子将脏钱用于搭建网站，通过发放空投这一近乎没有成本的引流方式吸引用户注册；第二步是铸造数字藏品，用脏钱以极低的价格购入其中50%—

70%，剩余部分上架网站供用户购买；第三步是隔夜提价（洗牌交易），将自己控制的数字藏品以较高价格由钱包A转移至钱包B，人为地提高藏品价格和知名度，向市场释放误导性信息，吸引真实用户购买；第四步是将用黑钱购买、所持有的一切NFT以较高价格售出，达成洗钱之目的。

2. 利用现有数藏平台从事洗钱犯罪活动

利用搭建的平台洗钱，尽管搭建方式便捷、有获得超额收入的可能性，但对用户数量和活跃度有一定要求，需要投入一定成本举办活动，如发放空投或新人福利等。如果未能吸引真实用户接盘，不仅不能洗钱，甚至会造成本金的损失。因此，犯罪分子有可能利用现有数藏平台漏洞或与数藏平台勾结，直接操纵数字藏品价格，低买高卖。利用现有数藏平台洗钱，不仅能够基于区块链技术而留下被确信真实的购买流水，为后续脏钱洗白提供合法性证明，还能够降低因自行搭建平台而带来潜在损失的可能性。利用现有平台洗钱可通过以下两种方式进行。

其一，垄断发行数量较少的数字藏品，哄抬价格，低买高卖。一般来说，一张数字藏品的发行数量从十份到十万份不等，发行总数越少，越容易被垄断控制。犯罪分子需要购买该数字藏品总数的80%，通过洗牌交易的方式，以自己控制的不同账户不断买卖、推高价格，营造出该藏品价格正在翻倍的假象，吸引真实用户接盘。这种方式本质上是击鼓传花，因此也存在一定缺陷，即必须要有接盘的真实用户。此外，还需考虑每次买卖平台收取的服务费，当然相比传统“水房”或地下钱庄洗钱，这种洗钱方式带来的损耗已经是微乎其微。

其二，与数藏平台内部人员相互勾结，获取未披露信息，提前使用脏钱购入活动藏品。在现有平台主导模式下，数藏平台能够利用优先购、空投或新人福利等活动，人为地推高指定数字藏品的价格。如果犯罪分子与数藏平台策划人员相互勾结，提前获知某件藏品的活动信息，便可在活动开始前用脏钱大量购入指定藏品，并在活动开始后售出获利，以达到清洗脏钱的目的。假设犯罪分子通过内部消息提前获知了平台将举行数字藏品 A 的空投活动，在指定时间内持有藏品 A 可获赠藏品 B，犯罪分子便利用脏钱预先购入大量藏品 A。在活动具体详情公布后，藏品 A 的价格必定会在用户趋利性下水涨船高，犯罪分子仅需将藏品折现，就完成了脏钱洗白甚至获利。此外，数字藏品在法律上并不能定性为有价证券，并不适用我国《刑法》第 180 条规定的内幕交易、泄露内幕信息罪，提供内部信息的人员甚至不会面临任何刑事处罚。

总之，利用现有数藏平台洗钱的方式多种多样、难以枚举，大致可归结为两大步骤：一是控制市场上某件数字藏品的较大份额，获取定价的主动权；二是运用各种方式助推持有藏品的价格，以较高价格转让给其他用户，从而洗白脏钱。

三、非同质化通证洗钱犯罪侦查路径的构建

NFT 洗钱犯罪具有手段隐蔽性、犯罪形式多样化等特点，常规化侦查措施难以有效开展。加之，NFT 洗钱犯罪作为一种新型网络犯罪，犯罪分子藏身地及服务器架设往往在境外，除非开展切实有效的侦查合作，否则涉案人员往往得不到应有的惩罚。而且，目前尚无明确法律规范打击该类行为，侦查机关

开展此类案件侦查工作较为被动，只能在被害人报案后以集资诈骗或非法集资罪介入侦查，严重掣肘了侦查机关打击犯罪与及时介入之效果。根据国内数藏平台发展现状及运行机制，着眼于对 NFT 洗钱犯罪的“犯罪前预防”和“犯罪后打击”，在此提出侦查路径构建对策建议。

（一）分阶段开展网络阵地控制和固定电子证据

传统阵地控制是运用公开行政权力和秘密警务力量相结合的方式，控制易受犯罪嫌疑人侵害、利用的场所和行业，以达到预防和打击犯罪的目的，它可以促使侦查工作由被动侦查变为主动进攻。[①] 传统阵地控制理论将目光聚焦于高危行业与高危场所，例如犯罪嫌疑人经常涉足的酒吧、营业性歌舞厅，或犯罪嫌疑人销赃挥霍的地下赌场、地下当铺等。而网络阵地控制是指公安机关在针对各类重点平台进行有效的网络信息监管的同时，物建秘密力量对平台内的敏感信息进行监测预警并及时上报，以便及时发现网络犯罪线索并关联侦查信息，实现对网络犯罪规律和犯罪形势有效把握以及对网络犯罪案件有效打击的一种阵地控制形式。[②] 利用 NFT 洗钱通常涉及犯罪预备、犯罪实施、毁证销赃阶段。因此，NFT 洗钱犯罪侦查中的网络阵地控制，主要针对犯罪嫌疑人联系犯罪需求与供给、形成犯罪合意的社交平台，或提供资金流转、实现脏钱转移的网络支付平台。

---

① 任惠华主编：《侦查学原理》，法律出版社 2012 年版，第 72 页。

② 宋鑫尧：《新形势下网络阵地控制发展路径思考》，载《网络安全技术与应用》2023 年第 1 期。

1. 犯罪预备阶段：重点控制社交平台

犯罪预备阶段，是指犯罪分子为清洗脏钱，提前利用网络对接洗钱需求、搭建平台、购买大量身份证件及银行卡等活动。通常来说，洗钱犯罪与上游黑灰产犯罪联系紧密。当前，与 NFT 洗钱犯罪联系最紧密的上游犯罪为电信网络诈骗，二者都利用网络进行且犯罪分子多藏匿于境外。例如，电信网络诈骗得来的脏钱，转手被用于搭建非法数藏平台，犯罪分子通过各种方式推高 NFT 价格，实现低买高卖，洗白脏钱，由此上下游犯罪形成。在对接需求以及洗钱过程中，犯罪分子为躲避侦查，大部分行动与交流都通过网络实现，使用微信、QQ、微博等社交软件进行沟通。因此，预备阶段的网络阵地控制应聚焦于斩断上下游犯罪之间的联系，重点实现对社交平台的网络阵地控制，具体可从以下几方面开展：一是严厉打击上游黑灰产犯罪，从源头消灭洗钱需求；二是提前网上布控，重点监测以“搭建数藏平台”“NFT 平台”“购买银行卡”“购买身份证”等为关键词的检索行为；三是与网络安全部门合作，严加审核新上线数藏平台的资质与安全性，对资质不全、安全性低的及时予以整改或关停；四是过滤敏感关键词，一旦在社交平台上识别到对接洗钱需求的高危信息，立即予以过滤，并将发言双方的账号信息上报至网安部门。罪前环节的阵地控制部署工作能够极大程度防止 NFT 洗钱犯罪发生，同时与上游犯罪的侦查工作相结合也能够起到并案侦查、扩大战果的作用。

2. 犯罪实施阶段：重点控制支付平台

犯罪实施阶段，是指犯罪分子已经搭建好相关平台，或已在数藏平台大量购入数字藏品，企图通过各种方式或已经推高数字藏品价格以清洗脏钱的过程。根据我国法律法规相关规定，购买数字藏品需年满18周岁，并在交易平台实名认证。然而，相关数藏平台对购买者的身份并不会加以严格审核，仅需所输入的证件号码与姓名相对应并能通过系统认证即可，犯罪分子可以利用预先购买的身份证件大量注册账号。犯罪实施阶段的阵地控制应着眼于识别、预警和止损，重点实现对支付平台的网络阵地控制，具体而言包括：

第一，重点监测数藏平台对接的第三方支付端口或支付平台，与商业银行合作，智能识别用户银行卡可疑资金流动情况。目前，大量数藏平台使用易宝支付、杉德支付、汇付支付等第三方支付端口进行交易，但是这些第三方支付端口并不属于我国《反洗钱法》第3条所规定的金融机构或应履行反洗钱义务的特定非金融机构，[①]，因此在法律层面上无须实行大额交易和可疑交易报告制度，也不履行反洗钱义务。但是，第三方支付平台类似于中介，资金最终仍要流动至银行卡内，可以通过与商业银行合作，重点监测识别从这些第三方交易平台流入流出的可疑资金或交易，由此作为切入口开展反洗钱预警。

第二，与线下商业银行、线上支付平台开展全方位反洗钱合作，对线上网络阵地控制到的相关交易或身份信息，直接与银行、平台通报，及时“断卡”。利用NFT等互联网方式洗钱便捷迅速，犯罪分子通常会在洗钱过程中频繁转账以掩饰犯罪

---

① 根据我国《反洗钱法》第3条规定，在我国境内设立的金融机构和按照规定应当履行反洗钱义务的特定非金融机构，应当依法采取预防、监控措施，建立健全客户身份识别制度、客户身份资料和交易记录保存制度、大额交易和可疑交易报告制度，履行反洗钱义务。

踪迹，进一步导致在虚拟货币洗钱犯罪过程中留下的信息的隐蔽性和庞杂性。[①] 因此，实施阶段的阵地控制应当聚焦于商业银行、支付平台与通信运营商，在大数据分析、整合、筛选的基础上广泛开展反洗钱活动。

3. 毁证销赃阶段：重点固定电子证据

毁证销赃阶段，主要是指犯罪分子已经完成脏钱清洗，需要转移犯罪所得收益、销毁线上的网站痕迹而进行的工作。由于此时犯罪已经既遂，加上犯罪收益通常已被转移，很难在此阶段取得突破性进展。此阶段的侦查工作应集中于银行流水倒查以及对网站的 IP 地址追踪，以固定电子证据，为后期的侦查起诉做好证据准备。利用 NFT 洗钱必然离不开使用互联网络，实施网络阵地控制实际上就是整合犯罪前、中、后环节与人员链、资金链、信息链、利益链等链条，依据犯罪发生轨迹结合关键线索部署阵地控制范围，预先布置力量，提前识别利用 NFT 洗钱的危险信号，牢牢掌握网络阵地控制权，能够有效切断洗钱需求与供给之间的链条，从而实现对此类犯罪的侦查与防控。

（二）着眼于发现、追踪和监控进行资金流查控

不同于国外使用加密虚拟货币交易 NFT，我国的 NFT 交易是直接使用法定货币，因此对利用 NFT 洗钱的资金流查控应着眼于发现、追踪和监控可疑资金流向的轨迹，及时断卡、冻结涉案犯罪所得，获取归集账户的地址及其背后的真实身份并

---

① 参见王靖雯：《侦查阵地控制于虚拟货币洗钱犯罪侦防中的应用》，载《网络安全技术与应用》2023 年第 1 期。

调取涉案证据。针对 NFT 洗钱犯罪的资金流查控，可从以下三个方面开展：

第一，围绕洗钱账户进行分析。传统的洗钱方式大致可分为四种，最原始的丢包交易、地下钱庄或“水房”洗钱、艺术品拍卖以及利用加密虚拟货币洗钱。通常来说，传统的洗钱方式并不能实现 100% 的洗钱效率，其主要原因在于：一是地下钱庄或“水房”会扣除相当比例的脏钱作为佣金；二是在洗钱过程中为躲避追踪而频繁进行的多宗大额交易会出现一定比例折损。而利用 NFT 洗钱，不仅可能实现 100% 比例的洗钱，甚至还能在洗白脏钱的基础上，获得较大比例的收益。因而，在利用 NFT 洗钱的账户上往往会存在异常的交易流水，如小额资金购入、大额资金流出，并且在与某个数藏平台的交易记录中表现出异于正常账户的活跃特征。为此，利用数据挖掘技术对注册用户的异常活动特征、网络聚集特征进行聚类分析、识别，能够获取一些洗钱数据。[①]

第二，查询涉案地址区块链上的历史交易记录。正规数藏平台的 NFT 交易数据全部会被记录上链，尽管是联盟链，但是基础的交易信息，如交易时间、交易流向、流通路径等，依旧可以被查询和追溯。因此，利用 NFT 进行洗钱犯罪，可以通过借助专业的可视化工具或编程方法，展示、提取链上全部交易记录，留存相关证据材料，最终绘制出完整的资金流向图。

第三，调取钱包所有人身份。我国 NFT 交易平台使用法定

① 参见谢玲：《遏制电诈犯罪虚拟货币跨境洗钱研究——以资金流查控为视角》，载《中国人民公安大学学报（自然科学版）》2022 年第 4 期。

货币进行交易，因此绝大多数数藏平台采用实名交易制，购买NFT前必须首先通过平台的实名认证并绑定个人银行卡。通过获取交易双方的个人或其他涉案信息，挖掘交易者的真实身份，从而为后期侦查起诉提供证据。尽管绝大多数身份信息或银行卡信息为犯罪分子盗取所得，但依旧可以通过资金最终流向获取一定的侦查线索。

还需指出的是，不同于普通金融犯罪，洗钱犯罪的资金流向极其复杂，每个账户、每秒会有极大的资金流转交易数据，尽管丰富的网络信息成为案件侦查中的关键信息，[①] 但从中搜寻真实账户，无疑需要在大量数据间进行对比碰撞，这项工作不可能仅依靠人工识别。因此，侦查NFT洗钱犯罪案件，需引入大数据侦查模型，依照已破获的类似案件建立、更新警务数据模型，同时与商业银行合作，共享数据信息。

（三）深化多部门、跨区域侦查协作和国际警务合作

网络犯罪具有跨地区性甚至是跨国性的特点，[②] NFT洗钱犯罪是典型的网络犯罪，表现出犯罪发生地与犯罪结果地相分离之特征，往往涉及多个国家，需要加强国际警务合作，共同打击。即便犯罪地在同一国家内部，也无法绕开跨区域侦查协作的问题。此外，此类新型网络犯罪并非侦查机关单枪匹马便能够完成，资金流查控、断卡需要银行及反洗钱部门的合作，离不开多部门的协同作战、共同打击。具体而言包括：

第一，加强国际警务合作。互联网在便捷人们沟通的同

---

① 参见涂敏、汪文生主编：《网络犯罪案件侦查》，中国人民公安大学出版社2019年版，第51页。

② 参见王牧主编：《新犯罪学》，高等教育出版社2022年版，第230页。

时，也淡化了国与国之间的边界，使网络犯罪直接突破了国界线，犯罪影响恶劣、传播范围极广，成为各国必须共同面对的治理难题。这也让世界各国逐步意识到，打击洗钱犯罪与网络犯罪不可能是凭借一国之力就能够实现的。世界各国应当摒弃固有的观念和偏见，在侦查此类犯罪时，打破传统意义上物理边界的束缚，主动向他国请求协作援助，坚持加强警务协作。① 我国侦查机关也应提高国际警务合作意识，通过国际刑警组织或与有关国家签订执法司法合作协议，秉持“情报主导警务”战略，加强情报信息共享，不断加强在协助调查取证、追赃返赃等方面的合作深度和广度，共同打击 NFT 洗钱犯罪。第二，加强跨区域侦查协作。根据《刑事诉讼法》《公安机关办理刑事案件程序规定》相关规定，② 受公安机关双重领导体制约束，我国公安机关开展跨区域侦查协作的效果效率不佳，侦破跨区域案件时往往存在诸多困难，如侦查人员协作意识差、缺乏稳定跨区域侦查协调机制、缺乏统一领导和有效指挥等。③ 利用 NFT 进行洗钱犯罪，往往受害者众多、散布全国，犯罪分子也隐匿在全国甚至世界各地。随着此类犯罪的潜在风险扩散，打击犯罪必须得到各地侦查机关的协调配合，需要建立起稳定的跨区域侦查协调机制。第三，加强多部门间合作。侦查 NFT 洗

---

① See Nataliya Maroz. Regionalization of International Cooperation in the Fight against Cybercrime. Law Review, 2019, 9 (2).

② 根据《公安机关办理刑事案件程序规定》第 15 条规定，刑事案件由犯罪地的公安机关管辖。如果由犯罪嫌疑人居住地的公安机关管辖更为适宜的，可以由犯罪嫌疑人居住地的公安机关管辖。

③ 参见许阳春：《论跨区域犯罪的侦查协作与指挥》，载《哈尔滨师范大学社会科学学报》2018 年第 3 期。

钱犯罪并不能仅仅依靠侦查机关来实现，对于此类涉及网络技术及资金流查控的案件，必须与工信、网安部门、商业银行反洗钱部门、侦查机关反诈部门等多机构协调合作，共享技术与情报信息，以实现对犯罪的共同打击。

需要特别强调的是，从整个网络犯罪看，网络犯罪的链条化非常明显，[①] 洗钱犯罪是上游黑灰产犯罪的下游犯罪。实现对 NFT 洗钱犯罪的有效打击与治理，应当从源头进行。目前，危害性最大、影响力最深的上游黑灰产犯罪为电信网络诈骗，诈骗所得的脏钱是洗钱之重要来源。从这个角度，公安机关也应加强国际警务合作，与电诈猖獗的东南亚各国形成良好合作关系，建立跨国警务合作机制，共同打击上游黑灰产犯罪，以实现对 NFT 洗钱犯罪的“全链条”打击。

（四）健全完善相关法律法规为侦查提供制度支撑

当前，NFT 洗钱犯罪还没得到立法机关的足够重视，现行法律框架下尚未对其作出明确的规制，一直游走于灰色地带。有学者指出，由于各种原因，我国关于网络犯罪的法律体系尚不健全，不少网络犯罪欠缺前置规定。[②] 侦查是犯罪后采取的法律措施，必须依照法律规定进行。正是法律上的不明确，使得对此类案件的侦查只能使用其他罪名介入调查，这就存在一定的错位。此外，法律法规上的滞后，进一步制约了侦查实践工作的发展进步。因此，有权机关可借鉴境外有关经验，根据我国 NFT 数字藏品的本地运作机制，健全完善相关法律法规，

---

① 参见江溯主编：《中国网络犯罪综合报告》，北京大学出版社 2021 年版，第 25 页。

② 参见喻海松：《网络犯罪二十讲》，法律出版社 2018 年版，第 7 页。

以切实有效地规制此类犯罪。有研究表明，在没有推行有效监管前，NFT 市场仍然极易诱发金融犯罪。①

一方面，要尽快明确 NFT 的法律属性。当前，学界倾向于将 NFT 定性为物权，以网络虚拟财产的形式，保护 NFT 持有者相关权益。通过将 NFT 纳入法律保护与规制的范畴之内，可以实现对 NFT 买卖的有效监管，减少出现低买高卖、资金盘、“老鼠仓”等扰乱金融秩序的现象。放眼国外，一些发达国家已经对 NFT 开展了立法规制，例如，法国在 2019 年颁布的《企业成长与转型法》（《PACTE 法案》）中引入了对数字资产的监管，由此修改的法国《货币与金融法典》第 54 - 10 - 1 条规定了数字资产的列举式定义，而在该定义下，NFT 基本上可以被定性为数字资产。法国的这一立法模式即对新型财产权利作出了独立规定，在明确其财产属性的同时也引入了监管，是一种可供借鉴的立法思路。另一方面，要进一步完善《反洗钱法》相关条款。目前，我国《反洗钱法》第 3 条规定的金融机构及应履行反洗钱义务的特定非金融机构均不包括第三方支付平台或支付端口。由此，在法律意义上，第三方支付端口并不需要建立客户身份识别制度、客户身份资料和交易记录保存制度，也未实施大额和可疑交易报告机制。而在当前数字藏品大热的背景下，毫无疑问，将第三方支付端口纳入反洗钱主体之一，符合打击 NFT 洗钱犯罪形势的要求。

---

① See David Boyd，NFT Crime：From the Simple to the Ingeniously Simple，https：// www. trustedsec. com/blog/nft – crime – from – the – simple – to – the – ingeniously-simple/，2022 – 04 – 28.

第九章

生成式人工智能对犯罪和侦查的双重形塑及其演变逻辑

生成式人工智能快速发展正深刻影响人类社会，也在很大程度上形塑着犯罪与侦查，从而使犯罪、侦查、人工智能技术产生了复杂的关系。智能化技术进步创造了犯罪之可能，隐蔽式数据获取为深度伪造提供了基础，无限性程序迭代则生成了内核动力，这些都是生成式人工智能形塑犯罪之具体面向，并由此催生出“深度伪造型犯罪”。在生成式人工智能影响下，侦查与犯罪之间发生了具有诸多新特点的博弈，其通过博弈的基础焦点、信息焦点、策略焦点得以集中呈现，亦使侦查与犯罪孰优孰劣地位处于动态变化中，而在这背后的核心驱动力是作为生成式人工智能核心技术的“深度学习”。着眼未来，侦查活动应充分利用生成式人工智能技术赋能，促成传统侦查模式向智慧侦查模式转型，在这个过程中应聚焦不同的博弈焦点，保持侦查之于犯罪的优势地位，具体可从四个方面着力：一是转变侦查理念，从“经验主义”迈向“智能主义”；二是革新侦查重点，从关注实体物体转变为重视数据信息；三是前置犯罪打击，从线下打击渐进前移至线上侦防；四是扩大侦查协作，从一元主体过渡到多元协作。

近年来，以 ChatGPT 为代表的人工智能技术在世界范围内应用爆火，表明以“深度学习”（Deep Learning）为显著特征的生成式人工智能技术发展已经步入一个崭新的阶段。“深度学习”是学习样本数据的深处内在规律和外在表示层次，其本质是一种对数据的模式分析方法，主要包括卷积神经网络（Convolutional Neural Network）、自编码神经网络（Autoencoder Neural Network）和深度置信网络（Deep Belief Network）。[①] 当前时代已经进入以数据信息收集交换与处理应用为基础的数据信息处理时代，数据信息经高性能计算机处理，再通过与接入互联网的智能物体交互，由此迸发的力量与影响呈指数性上升，打破了数据转化为现实效益的壁垒，深刻影响着人们的生产生活方式。随着人工智能技术在不同领域的应用，其引发的安全风险涵盖了国家、社会、企业和个人等多个层面。[②] 与此同时，犯罪形态亦随之悄然发生变化，可以说人工智能技术既与侦查相互影响，又同犯罪对向形塑，使犯罪、侦查、人工智能间的关系更趋复杂，这对当前侦查模式提出了许多新问题与挑战。从已有相关研究来看，学界着重对人工智能引发的犯罪（刑事）风险及其法律应对、防范治理等问题进行了较多探讨，而对人工智能时代犯罪、侦查、人工智能技术三者复杂关系的

---

① 有学者直接指出，深度学习中的“深度”是指神经网络中层的深度，深度学习算法由 3 层以上的神经网络组成（包括输入和输出），神经网络构成了深度学习算法的支柱。参见［加］于非：《智能简史：从大爆炸到元宇宙》，清华大学出版社 2022 年版，第 127 页。

② 参见本书编写组：《国家人工智能安全知识百问》，人民出版社 2023 年版，第 8 页。

深入分析，以及侦查模式的转型问题还鲜有涉及。[①] 为此，本章以侦查与犯罪间的博弈为研究视角，梳理剖析在生成式人工智能技术影响下犯罪、侦查、技术的演变逻辑，研判人工智能时代犯罪之新变化新趋势，在此基础上提出未来侦查模式转型的路径选择。

一、深度伪造型犯罪：生成式人工智能对犯罪之形塑

生成式人工智能催生出不同于传统犯罪的新型犯罪形式——深度伪造型犯罪。这是犯罪分子利用深度伪造技术生成相关伪造图像、音频、视频等，通过对被害人实施隐瞒、欺骗、捏造等手段以获取非法利益的行为。深度伪造型犯罪并不是陡然间出现的，而是伴随着科技的发展进步而不断演变进化，在这个过程中，生成式人工智能技术对深度伪造型犯罪内外形态的塑造发挥了决定性作用。

（一）智能化技术进步创造犯罪可能

“深度伪造技术”（Deep Fake）是利用已经收集完毕的电子数据，以高算力计算机为工具，通过智能算法的深度学习去

① 代表性研究成果，如盛浩：《生成式人工智能的犯罪风险及刑法规制》，载《西南政法大学学报》2023 年第 4 期；房慧颖：《人工智能犯罪刑事责任归属与认定的教义学展开》，载《山东社会科学》2022 年第 4 期；马皑、宋业臻：《人工智能犯罪风险评估“算法歧视”现象及其规制路径》，载《江淮论坛》2022 年第 2 期；刘宪权：《涉人工智能犯罪中的归因与归责标准探析》，载《东方法学》2020 年第 3 期；郭旨龙：《中国刑法何以预防人工智能犯罪》，载《当代法学》2020 年第 2 期；张阮旭、重骏：《人工智能非法应用的犯罪风险及其治理》，载《中国特色社会主义研究》2019 年第 4 期；陈伟、熊波：《人工智能刑事风险的治理逻辑与刑法转向——基于人工智能犯罪与网络犯罪的类型差异》，载《学术界》2018 年第 9 期。

创建或在已有基础上对音频、视频进行局部修改的人工智能技术。深度伪造技术是智能化技术发展积累到一定程度的产物，深度伪造技术主要包含了两个方面——“深度学习”和“伪造”。[①] 无论是深度学习抑或伪造都离不开智能化技术发展所提供的便利条件。对深度学习而言，没有智能技术的进步就没有对样本数据特征的提取与总结，而对伪造，没有智能技术的突破就没有对样本文件特征的识别与修改。以智能化技术水平为评判标准，可将深度伪造技术之应用与发展划分为两个阶段。

第一阶段是简单伪造阶段。主导该阶段的标志性智能化技术就是“Adobe Photoshop”，即常说的“PS 技术”。PS 技术诞生于 20 世纪 80 年代末，初期的 PS 技术仅能在不改变原图像样本基本要素的情况下，对局部要素进行诸如色彩平衡调整、饱和度调整等简单改变，无法用于图像的伪造或说无法对影响图像根本属性的要素进行伪造。而真正可被用于伪造的则是 1994 年发布的 PS3.0 版本，此版本“PS”引入了图层（Layer）技术配合智能识别并自由裁剪图像中物体边缘的钢笔工具（Pen Tool），可以使不同图像间的要素进行流动与替换，从而使伪造图像中的关键要素成为可能。在这一阶段，此类技术在相关犯罪中多承担的是比较简单的工具作用，例如，伪造公文证件给犯罪行为背书、制造虚假色情资源进行交易等，这些本质上都是借助伪造技术制造相关物体，利用该物体某种属性助力犯罪目的达成。此外，由于此阶段智能化技术水平较低，伪

① Fatemeh Zare Mehrjardi, Ali Mohammad Latif & Mohsen Sardari Zarchi, Copy - Move Forgery Detection and Localization Using Deep Learning. International Journal of Pattern Recognition & Artificial Intelligence, 2023, 37 (9).

造技术还存在明显不足：伪造技术的对象局限于单一图像，伪造成品质量由人力因素主导，伪造过程需要坚实技术支撑。在犯罪上则表现为：因伪造技术利用面小，导致利用伪造技术犯罪种类单一；因伪造质量参差不齐，伪造犯罪的危害性相对较小；因伪造技术难度较大，伪造技术参与犯罪的层次还比较浅。

第二阶段是深度伪造阶段。深度伪造是利用深度学习算法中生成对抗网络算法（Generative Adversarial Networks，GAN）对语音、图像、文字等进行替换与局部修改。[①] 主导这一阶段的标志性智能化技术为生成对抗网络算法，也就是常说的“GAN”，其构成深度伪造的“技术基础”。[②] GAN 技术原理可追溯至2014 年，该技术的基本思想参考了博弈论原理，在生成网络不断生成虚假信息，让接收网络接收判断其真实性的过程中达到“纳什均衡点”（Nash Equilibrium），从而得到一个理论上完美的虚假信息的生成模型。[③] 尽管 GAN 技术在理论上已诞生，但其不仅要以庞大的数据库为支撑，还要有足够强大的计算机算力支持，而以当时的数据收集和处理能力难以将理论转化为现实。直到 2018 年左右，以 GPT 为代表的兼具庞大数据库与强大算力的大型数据预训练模型的出现才突破了这一

---

① See Younis Abdalla, M. Tariq Iqbal & Mohamed Shehata, Copy - Move Forgery Detection and Localization Using a Generative Adversarial Network and Convolutional Neural - Network. Information, 2019, 10 (9).

② 参见陈昭明：《深度学习全书：公式 + 推导 + 代码 + TensorFlow 全程案例》，清华大学出版社 2022 年版，第 407 页。

③ See Ian J. Goodfellow, Jean Pouget - Abadie et al. Generative Adversarial Networks. Montreal: Advances in neural information processing systems, 2014.

限制。正是在两种技术融合加持下，2019 年出现了第一款面向社会公众的 AI 换脸应用“ZAO”，同年支持智能视频换脸的软件 DeepFaceLab 也面向社会推出。在深度伪造阶段，伪造技术与犯罪逐步深度融合，伪造技术在犯罪中的地位愈发重要，基于深度伪造技术的诈骗类犯罪开始逐步走进公众视野。

（二）获取隐蔽式数据提供伪造基础

就伪造原理而论，伪造不是凭空捏造或纯粹的无中生有，必须以原始信息为“参照标准”。在简单和深度伪造阶段，其借助的工具都是电子计算机，对于电子计算机而言所有信息都可用数据进行表达，所以伪造都需要一定的数据作为后续伪造的参考。在深度伪造阶段，这种数据的参考尤为重要，对数据信息深度和广度的要求也更高。深度伪造不仅需要伪造对象的相关数据，而且需要与伪造对象相关联的其他对象的相关数据，在这些数据的基础上进行不断训练，来掌握数据的内在规律与特征表现，最后才能呈现理想的深度伪造结果。

数据是深度伪造技术赖以生存和发展之基础，[①] 有效获取数据则是伪造的第一步。根据数据拥有者或数据来源者是否明确数据动向，可将数据获取方式分为公开获取与隐蔽获取。公开获取一般出现在政府的官方业务中，而犯罪团伙获取公民数据的方式大多是通过隐蔽方式获取，具体有两种途径：一种是“渔网式收集”，其与捕鱼撒鱼网类似，显著特点在于获取数据对象的不确定性，这是一种强调数据收集广度的隐蔽式数据收

---

① 参见黄家星：《“深度伪造”中个人隐私的保护：风险与对策》，载《华东理工大学学报（社会科学版）》2022 年第 1 期。

集途径。渔网式收集的具体方法又分两类：一类是利用合法媒介，数据信息获取主体面向多个网络数据信息储存点分多次获取多类信息，其主要利用当前互联网平台的信息保护漏洞，通过秘密窃取或与内部人员非法交易等方式获得公众在互联网平台上储存的信息。例如，2018 年外卖平台信息泄露事件，包括“美团”“百度外卖”“饿了么”等外卖平台大量客户信息被交易。[①] 另一类是制作非法媒介，数据信息获取主体通过建立多个钓鱼网站、批量发送电子木马邮件或引诱下载内含病毒的非法软件，劫取若干不确定目标的相关信息。另一种是“蛛网式收集”，这种途径犹如蜘蛛结网有着明确的中心点，显著特点在于获取数据对象的确定性，其是一种强调收集对象精度与数据收集深度的隐蔽式数据收集途径。数据信息获取主体通过分析研判，结合信息获取目的确定精确的信息获取目标后，采取一系列手段收集信息获取目标的数据信息，甚至与目标相关的其他主体的数据信息。例如，2023 年福州某科技公司法定代表人被诈骗团伙利用深度伪造的 AI 捏脸模型通过微信视频聊天方式诈骗。[②]

众所周知，近年来对数据重要性的认识及数据保护的紧迫性，社会各界对此形成了一致认识。从宏观看，欧盟于 2018 年率先在原有《计算机数据保护法》基础上推出《通用信息数

---

① 参见《2018 国内外数据泄露事件盘点：5000 万条记录可致损失 3.5 亿美元》，载网易网 2018 年 12 月 26 日，https：//www. 163. com/dy/article/E3V564G10514A1HE. html。

② 参见《警惕！“AI 换脸”新骗局!》，载澎湃网 2023 年 5 月 23 日，https：//www. thepaper. cn/newsDetail_ forward_ 23190556。

据保护条例》（General Data Protection Regulation，GDPR）打响数据保护"第一枪"，我国也于2021年出台《数据安全法》《个人信息保护法》，通过立法对数据信息实施保护。从微观看，社会个体的信息保护意识及"数据边界意识"也在不断增强。然而与之相矛盾的，伪造犯罪发案量持续居高不下，以深度伪造为内核的新型诈骗类犯罪更是层出不穷，主要原因是犯罪团伙依然能获取到犯罪对象的相关数据信息，从而为深度伪造提供条件。细加分析有两方面原因：第一，当前我国数据保护措施未能发挥最大效力，这是导致渔网式收集泛滥的主要原因。一方面是静动措施结合不好，尽管有相应的静态法律但缺少动态监督机制配套，导致制度执行实践效果不佳；另一方面是上下认识程度不同，从近年围绕数据保护出台的多项措施来看，高层的数据保护意识是符合社会发展的，但在基层还有相当一部分人依然欠缺数据保护意识，导致政策措施落地困难。第二，智能技术手段升级导致数据收集与利用愈发高效，这是导致蛛网式收集防范困难之主要原因。一方面，智能算法升级提升了有效数据的检索提取能力，以往的"智能全部收集，人为逐条筛选"转变为"全部智能收集，全部智能检索"，由此可在繁杂的数据中精确检索需求数据，这无疑提高了数据价值；另一方面，智能算法升级提升了待验证数据的核查检验能力，对于待验证数据通过对可能存在关联的数据进行大数据分析验证，可以快速准确判断数据之真伪，这就大大节省了时间成本。

（三）无限性程序迭代生成内核动力

生成式人工智能区别于其他人工智能程序的一个显著特

点，就是可通过自我深度学习实现程序迭代升级。这一迭代升级过程通常也是程序“训练学习”的过程。这里的程序迭代升级，是指应用于电子计算机上的计算程序，在重复吸收消化原有知识和技术基础上不断提升和加强的过程。[①] 训练学习同样也是人工智能程序的一般运行逻辑，一般的人工智能训练学习大致要经过以下流程：首先，根据人工智能的程序目标建立合理的奖惩体系，能够在后续人工智能训练中给出正负反馈；其次，命令人工智能程序在一定范围或条件下进行反复多次训练，此阶段的训练量可能是数以亿计的；再次，根据训练结果生成输出模型；最后，人工对输出模型进行评价，在对不足之处进行注释修改后，再将人工智能程序进行训练。而生成式人工智能的运行逻辑则与之不同，其可通过无限性自我学习，实现程序深度迭代升级。

生成式人工智能无限性自我学习的特殊性主要体现在两方面：一是数据之“无限性”，大多数生成式人工智能都“背靠”一个或数个强大的大语言模型（Large Language Model, LLM），[②] 而大语言模型的标志性特征即是数据资源的重复利用。以 ChatGPT 为例，其首先在庞大的数据库中进行“预训练”得到预训练模型，将预训练模型数据重新输入人工智能程

---

① See Ethan Katsh, Chris Draper & Noam Ebner, Comments on Artificial Intelligence. International Journal of Online Dispute Resolution. 2022, 9 (2).

② 有学者指出，随着深度学习的落地和发展，模型本身所需存储空间在近年有了显著增长，最初的 GPT 就有 1.17 亿个参数，ChatGPT 有 1750 亿个参数，最新的 GPT－4 参数量则更多，有报道称可能达到 1T（10000 亿）。参见丁磊：《生成式人工智能：人工智能重大迭代的核心驱动力》，中信出版社 2023 年版，第 11－12 页。

序生成数据，再将人工智能所生成的数据进行再学习、再训练，得到新的数据，无限重复这个过程实现对数据资源的重复利用。[①] 在此过程中，生成式人工智能对自我加工生成数据的学习是无限性的。二是训练量之“无限性”，一般人工智能程序的训练都避免不了人为参与修正这一过程，但生成式人工智能可由人工标注相应解释，在每一次训练完成后对训练的输出结果进行自我纠错，对生成的训练模式进行自我完善，二者相结合可在短时间内完成数个训练周期。无限性的自我学习不仅解决了数据资源庞大难以全面学习的问题，极大提高了数据利用率，而且节省了人工智能训练的时间成本，大大加快迭代升级的进度。

从宏观来看，时代未来发展的主题就是如何更好地实现信息与数据的处理与利用，犯罪也随着时代发展而变化发展，电子信息数据处理技术参与犯罪的比重越来越高。生成式人工智能无限迭代升级之特点，为电子信息数据处理技术提供了源源不断的升级动力，其在促使电子信息数据处理技术不断发展的同时，也让新型犯罪跟上了时代发展步伐，从动态上“推动”犯罪与时俱进。就微观而言，犯罪分子可利用生成式人工智能无限迭代升级的特点不断更新犯罪手法，打破犯罪原有技术壁垒，缩小与侦查技术的水平差距，甚至可以训练出高水平的人工智能为实施犯罪助力，从静态上“拉高”犯罪的收益阈值。可以说正是在这“一推一拉”之间，生成式人工智能无限迭代

---

① See Evans Kotei & Ramkumar Thirunavukarasu, A Systematic Review of Transformer-Based Pre – Trained Language Models through Self – Supervised Learning. Information, 2023, 14 (3).

的特点为犯罪发展提供了源源不断的内核动力。

二、生成式人工智能影响下侦查与犯罪之博弈及其演变驱动力

当前理论所说“博弈”译自英文“Game”，意指一些个体或组织在一定条件下按照一定规则，同时或先后、一次或多次采取行动或作出策略选择，各自从中取得相应结果或收益的过程。假定过程中各决策者都是在理性的前提下，把这一过程中各决策者如何作出决策作为研究对象的理论便是“博弈论”（Game Theory）。从理论上说，博弈论是可以应用到任何多主体之间的策略行为。[①] 侦查与犯罪的动态过程亦符合博弈论的研究对象，[②] 博弈论对象一般需满足四个条件：一是群体性，必须为两个或两个以上的参与主体，侦查与犯罪都不能是单一存在的主体；二是互动性，事情最终结果取决于所有人的行动，而最终的犯罪结果与侦查结果不仅仅取决于犯罪或侦查一方的行动；三是策略性，每个主体都认识到对方存在且会考虑二者关系的相互依赖性，显然，犯罪主体与侦查主体都会考虑对方的行动来决定自身下一步策略；四是理性，每个主体选择策略时会针对对手的行动而采取一个最佳对策，犯罪主体与侦

---

① ［美］格若赫姆·罗珀：《博弈论导引及其应用》，柯华庆、闫静怡译，中国政法大学出版社2005年版，第5页。

② 为此有学者提出“侦查博弈”这一概念，其是指侦查主体、犯罪嫌疑人及其他相关组织、个人，面对一定的环境条件，在一定的约束条件下依靠自身掌握的信息，同时或先后、一次或多次从各自可能的行为或策略集合中作出自己的选择并予以实施，从中取得相应结果或收益的过程。参见李双其：《侦查博弈论》，中国人民公安大学出版社2013年版，第22页。

查主体在动态过程中作出的决策都是在当时条件下最符合其利益的。[①] 据此，博弈论完全可以运用于解析生成式人工智能技术条件下侦查与犯罪的动态过程。

（一）生成式人工智能影响下侦查与犯罪之博弈焦点

所谓博弈焦点，是博弈双方进行博弈需要特别注意的一个或数个因素，也可以理解为博弈之关键点。博弈焦点在宏观上是构设博弈对局的基础因素之一，从微观来看则是博弈双方设计最优策略的本质依据。[②] 博弈焦点并非一成不变，其在不同博弈中会有不同的表现形式，必须在具体问题具体分析的基础上，方能掌握不同表现形式下的博弈焦点，最终实现在博弈中处于优势地位，生成式人工智能影响下侦查与犯罪的博弈亦如此。

1. 博弈之基础焦点：技术应用的地位差异

博弈群体性的存在意味着任何一个博弈都是一种群体活动，需两个或两个以上的参与者。这还意味着参与者需要有一定的差异，而不能同一。对于人工智能影响下侦查与犯罪的博弈而言，其参与者可以大致分为利用生成式人工智能技术进行犯罪的犯罪主体与负责或辅助揭露犯罪、揭发犯罪嫌疑人的侦查主体。而二者在博弈过程中存在一定的“基础差异”，该差异是博弈形成之前就已经确定的，是构成博弈成立的条件之一，也是分析决定最优对策的逻辑出发点，控制该差异也就控

① 参见刘为军：《侦查中的博弈——侦查对抗与合作》，中国检察出版社 2011 年版，第 2－3 页。

② 参见［美］格若赫姆·罗珀：《博弈论导引及其应用》，柯华庆、闫静怡译，中国政法大学出版社 2005 年版，第 16 页。

制了博弈的基础焦点。博弈论的经典模型“智猪博弈”（Pigs’ payoffs）就是典型的通过分析基础差异从而控制基础焦点最终作出最优决策的案例。[①] 在该模型中，无论是大猪还是小猪谁先按下进食按钮或同时按下，基于基础差异导致大猪的收益永远多于小猪。在这种博弈中如果其他因素不变，就必须在考虑基础差异的基础上作出最佳策略，最终在模型中通过分析衡量，只有在小猪作出等待的情况下其收益是最大的。而小猪之所以能作出等待，这一最优策略的关键就是掌握了此种博弈的基础焦点。

对于生成式人工智能影响下犯罪与侦查主体博弈而言，其基本差异就是社会地位之差异。犯罪活动扰乱破坏社会秩序，犯罪分子是“破坏者”；而侦查活动维护修补社会秩序，侦查主体是“守卫者”。在假定生成式人工智能技术因素对双方之影响是一定的情况下，换言之，在双方都能使用同等先进的生成式人工智能技术的情况下，两者博弈的基础焦点就是分析出技术应用地位差异。形成该差异的主要原因有三：一是博弈利益成本不同，犯罪主体是通过破坏他人利益从而获取自身利益，是低成本的；侦查主体则是通过牺牲自身利益维护他人利益，是高成本的。由此在作决策时，犯罪主体一般不考虑技术

---

① “智猪博弈”模型的基本内容为：假设猪圈里有 1 头大猪、1 头小猪。猪圈的一头有猪食槽，另一头安装着控制猪食供应的按钮，按一下按钮会有 10 个单位的猪食进槽，但是谁按按钮就会首先付出 2 个单位的成本，在去往食槽的路上会有两个单位猪食的体能消耗，如果大猪先到槽边，大小猪吃到食物的收益比是 9∶1；同时行动（去按按钮），收益比是 7∶3；小猪先到槽边，收益比是 6∶4。在两头猪都有智慧的前提下，最终结果是小猪选择等待。这是基于大小猪身份不同带来的基础差异而取得的博弈胜利。

的应用成本，而侦查主体则需结合自身情况考虑技术的应用成本。二是博弈成功条件不同，犯罪主体胜利是通过使用技术成功实现一次犯罪目的即可，成功条件简单；侦查主体则是通过使用技术防止每一次的犯罪主体实现目的，成功条件困难。因此在作决策时，犯罪主体在技术应用时需考量的因素少，而侦查主体则需要作更为广泛的考量。三是博弈直接目标不同，在博弈中侦查主体的直接目标是犯罪主体，但犯罪主体的直接目标却是受侵害对象，包括被害人或被侵害财物。对于犯罪主体而言，受侵害对象对于人工智能技术的防御相比于侦查主体要更加简单，因此犯罪主体不必对每个受侵害对象都使用最先进的人工智能技术，但对侦查主体来说，面对犯罪主体往往更多采用最先进的人工智能技术展开侦查打击。

2. 博弈之信息焦点：公私信息数据的对抗

博弈互动性的存在意味着任何一个博弈都需要参与者间互动交流，通过双方的行为共同影响博弈之最后结果。这还意味着参与者需进行信息的互动交流，而不能信息闭锁。博弈中，策略选择是手段，效用是目的，而信息则是根据目的采取某种手段的依据。[①] 对生成式人工智能影响下侦查与犯罪的博弈而言，其博弈信息可分为与生成式人工智能技术运作直接相关的数据信息和非数据信息。在博弈过程中，两者各自掌握的信息是不尽相同的，即存在一定的“信息对抗”，该对抗并非一成不变，而会在博弈过程中发生动态变化，这既是促进博弈进行

---

① 参见徐昕、刘新旺：《人工智能：构建适应复杂环境的智能体》，上海科学技术文献出版社 2022 年版，第 92 页。

的一个条件，又是分析决定最优对策的参考出发点，掌握该对抗就是掌握了博弈的信息焦点。博弈论的经典模型“田忌赛马”就是典型的通过利用信息对抗掌握信息焦点，最终实现最优决策的案例。[①] 在该模型中，无论齐威王怎样选择马匹出场顺序，其信息都是公开的，而田忌的马匹出场顺序对齐威王来说是未知的，对齐威王和田忌而言就形成了信息对抗。在这种博弈中，若其他因素不发生变化，则必须在考虑信息对抗的基础上作出最佳策略，最终在模型中，孙膑通过分析齐威王马匹的出场顺序而改变田忌马匹的出场顺序实现胜利。而孙膑之所以能作出最优策略，关键就在于掌握了博弈的信息焦点。

对生成式人工智能影响下的信息博弈，其信息对抗就是数据属性之对抗。犯罪不正当获取并利用私有数据信息，侦查保护公有数据信息且有条件地使用来保护私有数据信息不被侵犯。假定生成式人工智能技术因素对双方影响一定的情况下，换言之，在双方都能使用同等先进的生成式人工智能技术情况下，两者博弈的信息焦点在于厘清公私数据的对抗原因。而形成对抗的主要原因有两方面：一是博弈中信息来源对抗，犯罪利用的私有数据信息本质上来自社会个体，强调私有性质；而侦查利用公有数据信息来自社会中的集合体，强调公有性质。

① “田忌赛马”模型的基本内容为：田忌常同齐威王进行跑马比赛，比赛前双方下赌注，每次比赛设3局，胜2次以上为赢家，田忌与齐威王之间同等级的马，齐威王的马更强，但下等级的马无论如何都不能赢过上等级的马。最终在得知齐威王的马匹出场顺序后，田忌采取己方下等马对抗对方上等马，己方上等与中等马对抗对方中等与下等马，最终田忌获胜。这是基于信息对抗中取得的信息优势而取得的博弈胜利。

绝大部分公有数据信息都是由私有数据信息集合而来，但依然有游离于公有数据信息外的私有数据信息，这部分数据信息正是侦查难以获得和利用的。因此，在完善决策时犯罪所能应用的数据信息多，而侦查能应用的数据信息少。二是博弈中信息获得对抗，犯罪获得私有数据信息时通过窃取或伪装往往能“绕过”社会个体的数据边界，信息获得对抗程度小；侦查获得由私有数据信息集合而成的公有数据信息时要严格通过数据信息持有者授权，无法避免与数据信息持有者的数据边界意识产生冲突，信息获得对抗程度较大。当前，社会个体的数据边界意识处于“待机”状态，面对隐蔽状态的信息获取往往放任自如，但公开状态的信息获取却谈虎色变，因此在信息获取过程中犯罪遇到的阻力小，而侦查遇到的阻力大。

3. 博弈之策略焦点：“人—机—物”的深度融合

博弈策略性的存在意味着一方参与者会考虑对方下一步可能作出的决策，在此基础上及时调整自身策略。这还意味着参与者间的策略选择具有一定的依赖性，不能割裂开来。在生成式人工智能影响下的侦查与犯罪博弈中，博弈策略可分为对物策略和对人策略。两者在博弈过程中可以根据具体条件进行转化，即存在一定的“策略融合”，这种融合并非完全融为一体，而是指在博弈过程中其功能是可以相互转化的，这是推动博弈完善的条件之一，也是分析决定最优对策的根本出发点，驾驭该融合就可以驾驭博弈的策略焦点。博弈论的经典模型“海盗分金”（Pirate Game）就是典型的通过使用策略融合从而驾驭策略焦点，最终实现最优决策的案例。[①] 在该模型中，无论第一名海盗如何作出决定都会影响到后两位海盗的决策，若第一名海盗只从自身角度出发考虑单一策略，那么最好的结果也就是让出全部金币给最后决策的海盗悻悻保命。在这种博弈中，如果其他因素不出现变化的话必须在考虑策略融合基础上作出最佳策略，最终在模型中第一名海盗通过分析其他海盗受自身策略影响而可能采取的策略后，将其他海盗的策略融合进自身策略从而实现胜利。第一名海盗之所以能作出最优策略，关键就是驾驭了博弈的策略焦点。

对生成式人工智能影响下的策略博弈而言，其策略融合就是策略效果之扩展。犯罪通过对人策略如引诱、欺骗等产生对物效果，侦查通过对物策略如寻源、解密等产生对人效果，而传统意义的策略起到超出范围之影响，对人策略可对物形成影响，对物策略又可对人产生影响的一个关键就是人工智能条件下“人—机—物”深度融合。[②] 假定生成式人工智能技术因素之于双方的影响一定的情况下，也就是说，在双方都能使用同等先进的生成式人工智能技术的情况下，两者博弈的策略焦点就是认识到“人—机—物”深度融合特点。而形成这种融合的

---

① “海盗分金”模型的基本内容为：3 名海盗按照先后顺序提出方案分配 100 枚金币，如果海盗提出的方案不能取得大多数人同意，则会杀死这名海盗，继续按照顺序提出方案；第一位提出方案的海盗收益最大的方案是将 99 枚金币留给自己，剩下 1 枚金币留给第二位海盗，这样如果第二位提出方案的海盗不同意，那么他也会因为第三位海盗的反对而丧命，这个时候第二位海盗只能选择接受。这是基于策略融合中考虑策略发生连贯结果后取得的博弈胜利。

② 参见王海涛、宋丽华等：《人工智能发展的新方向——人机物三元融合智能》，载《计算机科学》2020 年第 S2 期。

主要原因有两点：其一是计算机技术应用水平愈发成熟。计算机从诞生以来已经经过了近80年的发展，其使用门槛不断降低，但真正实现质的改变——降低计算机应用门槛的技术正是生成式人工智能，它的出现实现了计算机技术从简单的如何使用计算机，到实现计算机工具价值的颠覆性转变，高水平计算机技术尤其是计算机高超的算力水平，大大延伸了人对物的控制能力，强化了物对于人的需求属性，为人和物的融合提供了可能。其二是计算机技术的桥梁作用愈发明显。一般情况下，人与物之间是直接相关联，但是随着计算机技术的介入，以计算机为代表的网络空间正不断介入以人为主的社会空间和以物为主的物理空间。人通过传递给计算机信息实现对物的控制，物通过计算机反馈给人信息，人与物之间信息传递需要计算机充当桥梁与介质，对人或物作出策略也可以通过计算机影响另一方。

（二）“魔高一尺，道高一丈”的核心驱动力：深度学习

通过上述分析，似乎在生成式人工智能技术条件下侦查与犯罪的博弈中，侦查处于劣势一方，但是，从实际的犯罪和侦查博弈情况看，对人工智能技术的理解与应用水平高低往往能够起到扭转劣势局面，进而实现反败为胜的效果。而影响生成式人工智能技术智能化水平的决定性因素正是“深度学习”，人工智能技术通过深度学习不断优化自身、修补漏洞，从而实现技术迭代升级。犯罪之“魔”高一尺，侦查之“道”应高一丈，对侦查而言深度学习可从以下几个方面来理解把握。

1. 深度学习之功能：技术的发展与深应用

如前所述，深度学习是实现生成式人工智能程序迭代升级

的关键核心，智能程序通过深度学习不断发展的外在表现就是智能程序不断提升自身在其应用范围内的“三种能力”，即识别能力、处理能力、理解能力。[①] 这三种能力也是构成生成式人工智能技术的基础，识别能力包括图像识别、语音识别等方面的能力，扮演着生成式人工智能技术的“感知器官”，是智能化技术得以应用的重要前提。处理能力包括分类、翻译、分析等方面的能力，扮演着生成式人工智能技术的“肢体器官”，是智能化技术具体应用水平之表现。理解能力包括人机交互、信息解析等能力，扮演着生成式人工智能的“思考器官”，这是评判智能化技术到底是否智能的关键。当这三种能力得到提高时，我们就可以认定该智能技术得到了发展。

除智能化技术本身的技术水平外，影响智能化技术效果发挥的另一关键因素是智能化技术应用方式的深度。要使智能化技术实现深度沉降并与侦查深度结合，最终实现技术的深应用，具体可从三方面进行：一是在基础博弈中，侦查主体通过利用具有高水平识别能力的智能技术，可以更加精准地感知犯罪，从而精准制敌，大大降低博弈所需的现实成本，也能够在一定程度上抹平身份地位的劣势。二是在信息博弈中，通过应用具有高水平处理能力的智能技术可以提高算力、优化算法，做到更加高效地处理数据信息，实现“快人一步”，这能够助力侦查主体取得信息对抗中的优势地位。三是在策略博弈中，通过使用具有高水平理解能力的智能技术为策略融合进行结果

---

① 参见王赓：《基于深度学习的人工智能发展与应用》，载《无线互联科技》2022年第6期。

预演算，分析策略不足之处，实现优化策略的功能，这可以更准确地研判策略可能产生的效果，从而使侦查主体在策略博弈中占据上风。

2. 深度学习之关键：数据的挖掘与复利用

任何生成式人工智能技术如果想实现深度学习，就必须对庞大的数据信息进行“喂养”，数据信息从多个方面影响深度学习之效果。首先，数据的多样性影响智能技术模型的泛化能力，通过对原始数据进行变换或生成新的样本，可以使训练集包含更多不同角度、尺度等方面的样本，这使得生成式人工智能可以适应更多的应用情况。其次，数据信息的绝对量可以提高智能模型的性能，在训练数据量比较小时，通过增加数据集的量，可以缓解模型“过拟合”（Overfitting）问题。[①] 最后，适当的错误数据可以增强模型的稳定性，通过对智能技术模型引入一些变化数据，可以使其对输入数据的微小扰动具有更好的鲁棒性。[②]

要想实现人工智能的发展，就需要运用大量的数据进行训练，而训练质量的高低取决于数据的数量与质量。[③] 正因如此，如果要实现高效的深度学习，一个前提条件就是拥有兼具广度

① “过拟合”是指模型在训练集上表现良好，但在交叉验证集上表现一般，即模型对未知样本的预测能力差、泛化（Generalization）能力差，而造成这一现象的主要原因在于训练数据集合过于狭小。

② “鲁棒”是英文“Robust”的音译，其本身是强健、强壮、坚固的意思，在现代控制系统意义上，它是刻画系统参数或结构变化以及受外力干扰时，系统性质是否保持的一个概念。例如，计算机软件在输入错误、磁盘故障、网络过载或有意攻击的情况下，能否不死机、不崩溃，这就是该软件的“鲁棒性”。

③ 参见李寅、肖利华：《从 ChatGPT 到 AIGC：智能创作与应用赋能》，电子工业出版社 2023 年版，第 31 页。

与深度的数据集。为了实现这一目标除了日常式的数据收集外，还要善于另辟蹊径获取数据，其主要有两种方法：一是对隐藏数据的挖掘，隐藏数据就是日常通过“数据主体授权式”方式难以收集的数据，比如，涉及一定隐私的私人数据或涉及商业秘密的企业数据，对此类数据的挖掘要实行线下手段与线上技术相结合的方法。一方面，在线下要不断实现数据收集与存储应用制度的完善，以降低数据主体的“侵入边界感”，同时也要配合线下宣传与教育，把数据收集的用处公开，将数据收集的益处予以告知；另一方面，在线上对于已经收集到的数据，要严格设置查看权限且保存查看提取的电子记录，同时还要不断提高保密储存技术，以防出现数据被动外泄的情况。二是对已经收集到的数据进行复利用，从而收集到隐藏在数据中的潜藏数据，对此类数据的收集要依赖于智能技术，首先对已有数据进行识别，在了解数据集合的集合特征后按照一定标准进行分类，其次是对重新分类好的数据集合进行智能处理，提取新分类后的数据集的特点特征并最终进行梳理呈现。

3. 深度学习之影响：社会的变革与新沿用

可以预料，以深度学习为核心驱动力的生成式人工智能技术蕴含着巨大能量，经过不断的技术发展与应用，其已经与社会实现了紧密结合，并且给社会带来巨大影响，其中最为重要的就是促进了社会发展变革。首先是促进了生产力发展，深度学习会推动人工智能技术革命进一步发展，利用智能技术高精准度预测、智能决策等方面的应用会不断提高生产力；其次是带来了生产关系的转变，生产力决定生产关系，当生产力发生变化时，生产关系也会相应改变。在人工智能技术时代，人与机器的关系被重新定义，其从单纯的工具利用关系变为复杂的互利共生关系，人在享受机器带来福利的同时，又反过来促进了机器的发展。马克思主义认为“犯罪与现行统治一样，都根源于现实的物质生活条件，也可以说是一定生产方式的自身矛盾”①，因此当生产力与生产关系都发生变化时，犯罪与侦查无疑会发生一定的变化，两者间的关系也可能随之发生改变。一方面，随着生产力不断发展，人类社会的物质生活水平会获得极大提升，而与物质生活水平息息相关的侵财类犯罪则会减少；另一方面，随着人与机器的关系发生变化，利用机器犯罪所带来的对人的危害性也会大大提高。

深度学习驱动下的生成式人工智能在社会的应用愈来愈广泛，其带来的社会变革也越来越深刻，面对即将到来或已经到来的变化，侦查机关在沿用传统智能技术的同时也要不断创新。要实现对人工智能技术的新沿用，主要有以下几方面：首先，在打击犯罪的重点方面，深度学习驱动下的生成式人工智能技术加速了社会经济结构的数字化转型，如在智能制造、金融服务、医疗健康、零售等诸多领域的广泛应用，促使多类行业的驱动因素转变为智能技术因素。与此同时，传统犯罪在不同领域的表现形态会趋于同质化，最终呈现为以数字技术为核心的犯罪表现形态，由此数字技术成为侦查打击的重心，侦查机关在沿用人工智能技术对案件进行处理的同时，还需将其中数字技术与人工智能技术的互助关系作为重点研究对象，如何实现数字技术与生成式人工智能技术相互促进、共同发展，会

---

① 王牧：《犯罪学基础理论研究》，中国检察出版社2010年版，第200页。

成为未来侦查的一个重要议题。其次，在侦查技术的应用方面，随着深度学习驱动下生成式人工智能技术的能量不断累积，围绕人工智能技术之间的博弈将愈演愈烈，侦查机关除了沿用传统的刑事技术方法外，还要实现传统刑事技术方法与人工智能技术的创新结合，譬如，利用智能技术助力现场勘查或模拟侦查实验等。最后，在知识交流融合方面，深度学习驱动下生成式人工智能技术有力推动了跨学科合作，提高了社会的创新能力。深度学习需要借助计算机硬件、大数据、数学等多学科知识支持，其所涉及的相关问题也需要跨学科协同解决。[①] 因此，侦查机关在沿用传统侦查知识的同时，还需将侦查理论知识与人工智能技术底层运行逻辑相结合，以及将侦查实践知识与人工智能技术的应用方式相融合。

三、迈向智慧侦查：生成式人工智能影响下侦查模式之未来转型

在生成式人工智能技术不断发展背景下，为了使侦查在同犯罪博弈的过程中成功扭转劣势、占据优势，势必与时俱进进行侦查改革创新，从长远看，传统侦查模式应加快向智慧侦查模式的根本性转变。而要真正实现这一目标，就必须充分发挥生成式人工智能赋能侦查之作用，针对侦查与犯罪博弈中存在的不利因素，立足博弈焦点推动侦查模式转型。

---

① M. Hanefi Calp, Evaluation of Multidisciplinary Effects of Artificial Intelligence with Optimization Perspective. Broad Research in Artificial Intelligence & Neuroscience, 2019, 10 (1).

(一) 转变侦查理念：从“经验主义”迈向“智能主义”

理念是行动的先导。侦查理念是侦查人员基于一定条件形成的开展侦查活动的指导性观念，处于总领侦查工作的地位，贯穿于侦查工作全过程，引导、支配或决定侦查后续活动的开展。[①] 实现侦查理念的转变是适应在生成式人工智能影响下，侦查与犯罪博弈中侦查新地位后应当采取的必然措施，也是控制基础博弈焦点的必然选择。

在传统侦查模式下，处于支配地位的侦查理念是以大量侦查实践经验为基础，总结而生的侦查经验主义。在过去一段时间里，刑事犯罪案件具有很高的稳定性，其一是人员的稳定性，在社会总体经济水平不发达的情况下，各地区交通流动不便，地区内常住人口多，社会人员背景也较为简单，导致犯罪后的相关线索可以被很快确认；其二是手段的稳定性，由于信息获取困难、交流缓慢，导致犯罪作案手法相对简单，同一类型的案件作案手法没有形式上大的差异，这些导致以归纳推理逻辑为基础的经验主义侦查理念成为主流。但是，经验主义不能够适用当前阶段的社会新变化，一方面，科技的发展特别是互联网的出现，导致信息获取与交流变得简单，获取知识的门槛极大降低，这就导致犯罪作案手段多样、利用的犯罪技术多样，难以进行归纳形成经验；另一方面，经验主义侦查理念中的相关经验多形成于传统犯罪高发时期，难以应用到以互联网为载体、科技因素为主导的新型犯罪侦查之中。

---

① 杨婷：《论大数据时代我国刑事侦查模式的转型》，载《法商研究》2018 年第 2 期。

不同于传统的经验主义侦查理念，智能主义侦查理念不依赖侦查人员的办案经验，而是以智能技术为核心，通过对犯罪信息特征进行全方位收集，然后再通过深度学习技术进行具体特征的检索、选取、匹配，最后精确到人、精确到物、精确到案并进行可行性分析。[①] 这样可以抹平侦查与犯罪博弈中“基础差异”的身份鸿沟，实现对博弈基础焦点的控制。智能主义侦查理念在不同阶段有着不同的体现。首先，在案件初查阶段实现犯罪应对思路的智能化。具体来说，在收到案件信息第一时间，就要考虑案件中可能或已经存在的智能技术，并以此为开端线索第一时间对案件采取一定的智能技术，比如缩小案发地范围、圈定犯罪嫌疑人，同时评估犯罪可能涉及的技术手段，为后续侦查奠定基础。其次，在案件侦查阶段实现犯罪破解思路的智能化。应抛弃传统依托警务人数优势的人海战术思维，侦查中依托智能化技术及大数据信息平台，由经过相关数据深度学习后的生成式人工智能技术对案件脉络进行梳理和可视化反馈，帮助侦查人员实现对情报线索的追踪与溯源。最后，在案件收尾阶段实现犯罪预防思路的智能化。犯罪预防包括一般与特殊预防，对一般预防，既要做到对生成式人工智能相关技术的严格管控，又要积极利用智能技术对潜在犯罪分子进行分析预测，实现精准预防；对特殊预防，对利用生成式人工智能技术实施犯罪的犯罪分子要积极教化，在情况允许情况下对其中拥有较高水平者，促其成为公安机关管理下的“技术

① 参见何明、李轩：《人工智能视域下智慧型侦查模式构建》，载《中国人民警察大学学报》2022 年第 12 期。

特勤”，转变为打击利用生成式人工智能犯罪的有生力量，而对其他只是从事简单智能技术利用的犯罪分子在刑罚执行完毕后，严格限制其可能接触的智能技术等级，杜绝其再犯之可能性。

（二）革新侦查重点：从实体物体转变为数据信息

所谓侦查重点，是侦查人员在面对刑事案件开展相关侦查活动时必须注意的关键部分，能否把握侦查重点是侦查工作能否取得成效的关键，亦是侦查人员思维的聚集点或发散点、使用侦查措施的集中点。实现侦查重点的革新是取得生成式人工智能影响下侦查与犯罪博弈中信息对抗优势的必由之路，也是掌握信息博弈焦点的必应之为。

在传统侦查模式下，侦查的重点往往放在犯罪实体现场，因为这是获得传统痕迹、物证的场所。[①] 在过去很长一段时间，犯罪现场的实体物体具有很高侦查价值，其原因在于：一是具有一定的时空价值，传统犯罪中犯罪分子多亲赴犯罪现场实施犯罪，犯罪时间与空间联系紧密，并与犯罪分子共同组成“三维定点”，通过分析案件中的实体物体所反映的信息可以帮助侦查人员对犯罪的时间、空间、人进行精确定位；二是具有广泛的勘验价值，传统案件一般都会遗留下一个甚至多个作案现场，现场中存在的物体经过勘验检查会反映出巨量的侦查线索；三是具有稳定的证明价值，侦查人员在侦查传统犯罪时所收集的物证具有从收集到固定的完备的法律规定，因此所收集

---

① 参见马忠红、杨郁娟主编：《刑事侦查学》，中国人民大学出版社 2015 年版，第 106 页。

到的物证具有稳定的证明力可以支持下一司法流程成立。但是，以实体物体为侦查重点的模式不能够适应以电子数据为载体的信息对抗。一方面，借助生成式人工智能技术进行的犯罪，并不存在实体空间意义上的犯罪现场，整个犯罪是通过数据与机器在虚拟空间交互完成的，且这一过程没有必然的时空联系，由于没有实体空间，自然也就没有可能遗留在空间的具有侦查价值的实体物体供侦查人员收集；另一方面，与生成式人工智能技术犯罪有关的实体物体的证据属性不够稳定，此类犯罪中存在的与犯罪有关的实体物体，多为电子数据处理器或存储器，这是电子证据的载体或者说形式，[①] 即便被获取也难以在第一时间发挥直接有效的证明效果。

对于数据信息，侦查重点是不应再过分着眼于犯罪现场的实体物体，而是把案件涉及的数据信息作为重点，通过收集、检索、分析、研判和溯源，以数据技术应用为中心展开侦查活动。对此应高度重视侦查与犯罪博弈中“信息对抗”的互动关系，实现对博弈信息焦点的掌握。数据信息的侦查重点在不同阶段，同样有着不同的表现。首先，在案件初查阶段要优先收集以数据为核心的情报线索，一方面，研判案件中被窃取或利用的数据来源，为后续追寻溯源提供方向；另一方面，要将案件相关信息录入数据库，根据数据表现的特点判断有无同类案件，从而为后续侦查打下基础。其次，在案件侦查阶段要大力发展数据技术力量，一方面，立足数据信息本身，通过建设数据收集与储存平台，不断充实公安信息数据库，同时，也要破

---

① 参见刘品新：《电子证据法》，中国人民大学出版社 2021 年版，第 34 页。

解各地公安机关之间形成的“数据孤岛”，实现数据跨地区快速流转；另一方面，则应从数据应用出发，吸纳智能技术人才充实公安机关数据技术应用队伍，同时亦应执行严格的数据收集与应用标准，降低数据主体的数据边界感，以保证数据应用的可持续发展。最后，在案件收尾阶段完善好案件的数据化处理，一方面，要妥善处理侦查过程中为破案而获取的数据尤其是私有数据，防止数据外泄和滥用；另一方面，要做好案件卷宗的数据化处理，除了将相关信息整理归纳外，更需着重将案件涉及的数据与犯罪所用的数据获取技术，纳入上述公安系统建设的信息数据库，并及时上传公安机关所应用的生成式人工智能技术供其深度学习，以掌握更多犯罪相关信息，优化其数据模型助力下一次犯罪侦查打击。

（三）前置犯罪打击：从线下打击渐进至线上侦防

侦查力量介入犯罪打击的时间早晚对侦破案件至关重要，这个时间点也是侦查发挥揭露、打击犯罪作用的重要关口，选择合适的犯罪打击点能提高侦查破案效率，起到事半功倍之效果。把犯罪打击点提前，是发挥生成式人工智能下侦查与犯罪博弈中策略融合效果的必由之路，也是驾驭策略博弈焦点的必行之事。

在传统侦查模式下，犯罪打击点大多位于犯罪出现了一定显性危害后，当犯罪产生危害结果的相关信息被侦查力量获取后，侦查力量才会组织跟进打击。在过去相当长一段时间，侦查打击犯罪的关口往往确定在犯罪发生后，且打击犯罪的方式多为线下打击，究其原因：一是侦查信息固有的滞后性，传统侦查模式下的信息传递交流缓慢，当侦查机关获得有关犯罪消息时，犯罪往往已然发生，就算在犯罪发生前能够获得相关犯罪信息，也往往因信息传递不及时或缺少对应的预防措施体系，而未能组织起有效的犯罪打击。二是犯罪的暴力凶恶程度高、侦查与犯罪直接对抗性强烈，传统犯罪的危害性多为人身危害且犯罪嫌疑人的危险指数高，面对侦查逮捕反应抗拒激烈，所以必须进行线下打击，才能起到震慑犯罪的效果。但是，单一以线下打击的侦查策略之效果，不能够适应以虚拟现实空间结合为背景的策略融合。一方面，犯罪防控体系的不断完善，经过多年的经营与积累，公安系统已经形成了初具规模的线上线下相结合的侦查防控体系，这为策略融合的发挥提供了现实基础；另一方面，犯罪的危险属性已经发生了变化，智能化技术犯罪多为侵财类犯罪，犯罪分子人身危险程度小，并且侦查抓捕过程中遇到的阻力一般较小，线下追缉围剿面对的反抗降低。

线上侦防是侦查力量不再单纯在犯罪危害发生后才开始介入，而是将打击犯罪的时间点前移，在犯罪尚处危害不大的萌芽阶段就及时制止，同时将侦查打击主要力量部署在线上虚拟空间。灵活运用侦查与犯罪博弈中“人—机—物深度融合”之特点，将线上线下措施有机结合，以实现对博弈策略焦点的驾驭。为此重点需做好以下两方面：其一是建立实时动态监测反馈系统，一方面，正如学者所指出“人工智能在侦查领域的广泛应用是犯罪态势日益智能化、非实体化的必然要求”[①]，可依

① 金益锋、马忠红：《刑事侦查中人工智能的应用：实践样态、风险挑战与发展策略》，载《科技导报》2023年第7期。

托生成式人工智能的高智能化、高算力化特点，通过对已有相关案件信息深度学习，对犯罪所利用的技术、手段、话语等进行学习提取通用模型，利用经过深度学习的人工智能技术模型处理互联网上庞大的信息数据，同时进行与犯罪有关信息动态的智能捕捉，及时反馈到侦查系统；另一方面，侦查机关应根据智能技术提供的信息进行初查后将结果及时反馈，以便智能程序学习升级。其二是主动出击率先开启对抗，一方面，侦查机关应利用自身技术集中的优势主动出击，利用技术打击犯罪团伙的线上“窝点”；另一方面，要主动出击控制、捣毁为犯罪团伙提供互联网服务的线下服务器。

（四）扩大侦查协作：从一元主体过渡到多元协作

有学者指出，不同于传统犯罪，新型网络犯罪具有“积量构罪”特征，当前网络违法犯罪数量巨大且具有跨区域性。[①] 而侦查协作正是由刑事案件的复杂性决定的，如果没有上级侦查机关、各级党委协调与支持，没有有关执法机关和外地侦查机关配合，单凭某一侦查机关单兵作战，在日益复杂的刑事案件面前侦查机关只能束手无策。[②] 这些说明扩大侦查协作是奠定未来生成式人工智能影响下在侦查与犯罪博弈中侦查取得决定性优势的必要保障，也为打破侦查博弈僵局带来了有利契机。

在传统侦查模式下，侦查协作多是一元制主体内部协作，一般都是在上级公安部门指挥下开展协作，少数情况下会涉及

---

① 参见皮勇：《论新型网络犯罪立法及其适用》，载《中国社会科学》2018 年第 10 期。

② 参见任惠华主编：《侦查学原理》，法律出版社 2012 年版，第 161 页。

其他政府部门。在传统侦查模式下实施一元制主体的侦查协作，目的是更高效打击犯罪，开展侦查协作原因有二：一是侦查行业特殊且壁垒深，侦查行业涉及的对象多为犯罪分子，其并非一般普通公民，并且从事侦查活动不仅具有一定的危险性，对侦查人员身体素质和侦查知识有着极高要求，而且需要通过长期侦查实践所获得的丰富侦查经验，对此只有公安系统内部人员才能够大规模符合上述条件，其他部门行业人员不宜也不能加入。二是侦查力量处于绝对优势，一方面，人口总量没有现在庞大且社会情况简单，而从事侦查的人员素质较高，可以从容应对犯罪；另一方面，侦查长期以来的集中优势力量打击犯罪的策略能够在犯罪情况简单、犯罪人员稀少的情况下发挥作用。

但是，单一的侦查力量面对以智能技术为核心驱动的生成式人工智能下的犯罪活动，就出现了捉襟见肘、疲于应付的局面。在此种情况下，首先，侦查力量的优势地位不再明显，一方面，不断复杂的社会情况导致犯罪数量迅速上升，大量犯罪数额不大但是查处成本巨大的刑事小案层出不穷，侦查力量难以集中优势[①]；另一方面，犯罪分子掌握或应用的智能化技术水平越来越高，相反，面对智能化技术尤其是生成式人工智能技术侦查机关未能取得绝对的技术优势。其次，侦查行业的壁垒已经由“经验壁垒”转化为“技术壁垒”，生成式人工智能影响下侦查与犯罪的博弈集中表现为对智能化技术的应用与深

① 参见张佳华：《大数据时代新型网络犯罪的惩治困境及进路》，载《学习与实践》2022 年第 5 期。

度学习技术的理解，传统的需长期侦查实践才能得到的侦查经验，在博弈中的地位大大降低。一方面，要拥有足够先进的智能技术应用水平，这样才能发挥智能技术的最大效益；另一方面，则要拥有对深度学习技术的高水平理解，明确深度学习的基本运行逻辑，才能更加精准地修正数据模型与添加新数据，而这些都需要一定的生成式人工智能技术积累。

侦查协作的多元化是不单单依赖侦查机关或政府部门的相关力量与职权，而是以发挥智能技术最高应用水平的目标为核心，与拥有高水平智能技术的企业、高校科研单位、其他社会团体组织等形成多样化的合作。具体而言可以从三个方面进行：其一，设立并完善多元化主体参与侦查协作的相关规章制度，并设立绝对红线。在侦查协作过程中，依然是以侦查主体作为整个侦查工作的主导，其他主体仅起到配合帮助之作用，明确企业技术应用边界和侦查数据使用红线，确保技术不作另用、数据不为另知。其二，革新侦查内部系统，一方面，要在同一侦查机关下属侦查部门之间，以智能技术的应用方向为标准，重新设立划分相关侦查部门，并圈定明确新的职责；另一方面，在不同侦查机关之间，要以智能技术的应用等级为标准，严格管理通过侦查协作所掌握的智能技术，越是先进的智能技术其应用审查应由越高位的侦查机关负责。其三，要注重协作的互利共赢，面对提供智能技术的企业，侦查机关可以为其定期检查防范漏洞，降低被犯罪侵害的风险；面对提供智能技术的高校科研单位，侦查机关可以与其开展实践合作助力科研的“知行合一”，促进科技力量实现可持续发展。

第十章

改革话语体系下主办侦查员制度的主要问题与完善路径

探索建立主办侦查员制度是新一轮司法改革和公安改革的重要内容，在改革话语体系下本质表现为一种办案责任制。改革进程中伴随着新旧制度交织博弈，主办侦查员制度尚面临科层式办案审批流程未根本改变、主办侦查员职权设定趋于形式化、业务能力素质不适应及配套措施不完善等问题。通过将主办侦查员制度放进改革话语体系分析考量，在“放权—担责”改革观下厘清主办侦查员权责边界、构建严格规范的主办侦查员选任及动态调整制度、建立科学合理的主办侦查员监督问责体系、完善主办侦查员考核和权责利相平衡的职业保障机制等，有助于深入推进主办侦查员制度改革完善。

探索建立主办侦查员制度是新一轮司法改革和全面深化公安改革的重要内容。自党的十八届四中全会审议通过《中共中央关于全面推进依法治国若干重大问题的决定》首次在中央全会文件中提出完善“主办侦查员办案责任制，落实谁办案谁负责”后，这项改革任务被纳入2015年中央审议通过的《关于全面深化公安改革若干重大问题的框架意见》及相关改革方案中。作为公安改革的重点项目，公安部于2016年公布《人民警察法（修订草案稿）》中有类似表述，在一些会议上亦提出明确要求。[①] 为贯彻落实这项改革任务，近年来一些地方公安机关开展主办侦查员制度改革试点，学界也针对这一问题作出了积极探讨。本章在全面深化改革大背景下，以主办侦查员内涵阐释为源点，侧重结合改革政策和近年来公安机关改革实践，分析主办侦查员制度面临问题并提出改革完善之路径。

一、改革话语体系中主办侦查员的基本内涵

自1997年公安部召开全国刑事侦查工作会议启动刑侦体制改革以来，不少地方公安机关开始探索实践主办侦查员制度。例如，北京房山公安在刑侦改革中首创主办侦查员制度、

① 前者见公安部网站于2016年12月1日发布的《公安部关于〈中华人民共和国人民警察法〉（修订草案稿）公开征求意见的公告》（网址为http：//www.mps.gov.cn/n2254536/n4904355/c5561673/content.html）。后者如2015年公安部在贵阳召开“全国公安机关主办侦查员制度试点工作研讨会”专题研究该项改革；2018年时任公安部部长赵克志在“全国公安厅局长座谈会暨全面深化公安改革推进会”上要求全面贯彻证据裁判原则，探索建立主办侦查员制度。

探长包案管线制度，并在全市范围内推广；[①] 河北公安曾在命案侦破专项行动中实行主办侦查员责任制，由主办侦查员对侦查破案“一包到底”，对办案质量负全部责任；[②] 贵州以司法改革试点为契机，完善主办侦查员制度改革方案及配套政策，提升公安机关践行法治能力；[③] 安徽来安公安以“责权利”三方框架，试点主办侦查员制度改革成效初显。[④] 但是，理论界实务界至今对主办侦查员之界定，并未形成一致认识。针对主办侦查员制度，有学者将已有典型界定作了类型意义的划分，主要包括侦查工作模式说、工作机制说、侦查模式和工作机制综合说等三种情形。[⑤]

在官方文件层面，2013 年，党的十八届三中全会决定在述及“健全司法权力运行机制”时，提出完善主审法官、合议庭办案责任制，让审理者裁判、由裁判者负责，此时尚未明确主办侦查员制度。2014 年 6 月，中央深改组审议通过《关于司法体制改革试点若干问题的框架意见》（以下简称《司法改革意见》），在述及人民警察管理制度改革时，提出对公安、安全机关具有刑事司法属性的侦查人员探索试行主办侦查员制度，并

---

① 参见任淑霞：《责任区刑警队：努力并期待着》，载《人民公安》2002 年第 10 期。

② 参见张光卿：《河北实行主办侦查员责任制》，载《人民公安报》2005 年 2 月 16 日，第 4 版。

③ 参见孙立成：《公正执法文明执法 为法治贵州建设提供保障》，载《人民公安报》2014 年 12 月 21 日，第 1 版。

④ 参见李光明：《从等案办到抢办案》，载《法制日报》2019 年 3 月 25 日，第 1 版。

⑤ 参见刘冰捷：《法律概念的定位：理论与实践中的主办侦查员制度》，载《贵州社会科学》2019 年第 8 期。

完善相应的职业保障制度。这是官方文件中首次出现主办侦查员字眼。同年10月，党的十八届四中全会决定提出，要完善主审法官、合议庭、主任检察官、主办侦查员办案责任制，落实谁办案谁负责。2015年，印发的《关于全面深化公安改革若干重大问题的框架意见》及相关改革方案（以下简称《公安改革意见方案》），针对探索建立主办侦查员制度从主办侦查员之遴选、地位作用、司法责任及职业保障等方面提出了原则性要求。这被业界认为是在中央顶层制度设计中第一次提出主办侦查员制度。[①] 同年，公安部又在《公安改革意见方案》基础上，印发《公安机关探索建立主办侦查员制度试点工作方案》对上海、贵州、湖北等5省市改革试点作出细化安排。2016年，公安部发布《人民警察法（修订草案稿）》，直接吸收了《司法改革意见》《公安改革意见方案》有关主办侦查员制度之要求。具体如表1所示。

表1 官方文件有关主办侦查员制度之表达

时间	文件名	所在章节	具体内容
2014年	《中共中央关于全面推进依法治国若干重大问题的决定》	保证公正司法，提高司法公信力/优化司法职权配置	完善主审法官、合议庭、主任检察官、主办侦查员办案责任制，落实谁办案谁负责

① 参见施楠：《刑侦制度改革的两大亮点》，载《人民公安报》2016年5月13日，第7版。

续表

时间	文件名	所在章节	具体内容
2015年	《关于全面深化公安改革若干重大问题的框架意见》及相关改革方案	完善执法权力运行机制/完善执法责任制	探索建立主办侦查员制度，在公安机关具有刑事司法属性的侦查人员中，按照一定比例和条件遴选优秀人员担任主办侦查员，突出其在侦查办案中的地位作用，落实办案质量终身负责制，构建侦查办案责任与检察、审判责任有机统一、相互衔接的刑事司法责任体系。按照责权利一致原则，建立与主办侦查员职责任务相适应的职业保障制度
2015年	《公安机关探索建立主办侦查员制度试点工作方案》	—	针对以上内容，对上海、贵州、湖北、江苏、广东等省市主办侦查员制度试点工作作出具体安排
2016年	《人民警察法（修订草案稿）》	执法和监督/执法责任	公安机关应当建立执法过错责任追究制度，实行办案质量终身负责制和错案责任倒查问责制。公安机关在具有刑事司法属性的侦查人员中，实行主办侦查员制度

表1中这些官方文件表达亦直接转化为改革者的类似表态。如党的十八届四中全会召开后，时任国务委员、公安部部长郭声琨在《求是》杂志发文指出：“要严格落实责任追究，建立冤假错案责任终身追究制，探索试行主办侦查员制度，严

格落实办案责任制。”[1] 时任公安部部长赵克志在相关会议上也提出要探索建立主办侦查员制度。党的十九大召开后，时任公安部刑侦局局长杨东在公安部直属机关局级干部学习贯彻党的十九大精神专题培训班上表示：“刑侦部门要牢固树立以审判为中心的理念，进一步完善刑事司法工作机制，积极探索建立‘责权利’相统一的主办侦查员制度，全面落实办案责任制。”虽然目前对主办侦查员尚无统一界定，但是，通过主办侦查员制度在官方文件中的表达和改革者表态可以清楚看到，改革话语体系中主办侦查员不同于传统侦查体系下的“案件承办人”“案件责任人”，其与“执法/办案责任”紧密联系，本质上为一种办案责任制度，“主办”二字意味着主要办案责任之承受。也正是在此意义上，有学者指出：“权责明确、监督有力的侦查办案责任制度以主办侦查员制度为重点。”[2] 这在一些公安机关的内部制度中也得到了充分体现，如某县公安局制定《主办侦查员责任制度》第 1 条就规定“主办侦查员是刑事案件的主办人和主要责任人，对受案、立案、侦查、移送起诉、案件保管负责”。因此，也有人把主办侦查员生动比喻成对患者承担“第一责任”的“主治医生”。

---

① 郭声琨：《充分发挥公安机关的生力军作用　为全面推进依法治国作出新贡献》，载《求是》2014 年第 24 期。这种表态与 2014 年公安部党委下发部署全国公安机关深入学习贯彻党的十八届四中全会精神的通知中的提法完全一致。参见公安部：《公安部党委发出通知部署全国公安机关深入学习贯彻党的十八届四中全会精神》，载公安部网，https：//www. mps. gov. cn/n2253534/n2253535/c4854881/content. html。

② 赵炜、张光主编：《公安改革通论》，中国人民公安大学出版社 2017 年版，第 187 页。

有学者指出，支撑主办侦查员制度的理论依据主要包括警察自决权理论和权力规范运行原则，随着司法改革深入推进，这项制度是以司法责任制为轴心设计的，意味着司法责任制向侦查阶段的延展。① 实际上，学界在探讨司法责任问题时，时常将其与独立行使审判权联系起来，正是基于这种认知，主办侦查员制度亦可看作独立行使审判权理念向侦查阶段的一种逻辑延伸，在主办侦查员、主任检察官和主审法官制度下，司法责任制改革的"最后一公里"被成功打通，侦查办案责任、检察责任、审判责任三者共同构成了一个完整的刑事司法责任体系。由于司法责任应当同司法权力相对应，所以，为突出主办侦查员侦办案件之主体地位，就必须对其侦查职权进行合理的分配与联系，形成科学的主办侦查员权责结构。同时，从改革破除侦查权运行之行政化倾向，以及现行人民警察职务序列政策制度考虑，主办侦查员应定位为体现刑侦业务属性的"资质"，而非一种实际的行政职务，正是主办侦查员这一"资质"将主办侦查员从权（权力）、责（责任）、利（利益）等方面与其他人员区别开来。至此不难得到，改革话语体系中的主办侦查员是遵循刑事司法规律，构建完善司法责任制的产物，其在公安机关内部按一定比例遴选产生，享有一定职权并承担主要办案责任，同时享受相应的职业保障。而依照权责利相平衡原则，围绕主办侦查员之地位作用和主要办案责任这两个重点建立的制度，即构成主办侦查员制度。

---

① 参见汪海燕、范再峰：《主办侦查员制度研究》，载《中共中央党校学报》2016年第4期。

二、新旧制度博弈下主办侦查员制度改革的主要问题

在全面深化司法改革和公安改革背景下，探索建立主办侦查员制度初衷本为通过健全完善执法责任制，克服传统侦查体制权责不清、刑侦专业化程度低等弊病，最终实现公安执法权力规范运行。但是，这项制度的探索实践毕竟深嵌于整个改革进程中，其间势必伴随新旧制度间的交织博弈。正是这个可谓之“制度转型”的过程，致使主办侦查员制度改革当前还面临一些突出问题。

（一）科层式办案审批流程未发生本质改变

长期以来，公安机关实行首长负责制，这种体制下的执法办案则实行科层式的“三级审批制”（包括办案部门负责人、法制部门、局领导），案件由多部门多层级进行审核把关，形成“多级审批、多头审核”的工作体制。有学者指出，在科层制下由于科层人员受等级因素约束，往往无法独立自主作出决定，他们的首要义务是服从上级命令并予以执行。[①] 这种“上命下从”的状况显然在办案审批制运行中也得到体现。一方面，在科层式办案审批流程中，侦查人员对案件走向缺乏有力的话语权，只能服从上级决定，正如有学者所指出：“后一层级审核人员有权否定前一层级审核人员的审核意见，权力来自最上方，沿着审核等级序列向下流动。”[②] 此时，作为“下级”

---

① 参见付磊：《刑事司法科层制之反思》，中国政法大学出版社2016年版，第84页。

② 唐雪莲：《公安机关刑事案件审核制度实证研究：以侦查权力的控制为视角》，北京大学出版社2015年版，第65页。

的侦查人员之主体性和独立性被严重压抑和消弱，案侦工作的积极性难以得到充分发挥，最终导致案件质量和办案效率不高。[①] 从更深的层面看，这也是为何有学者提出要将“去行政化、去地方化”视为公安体制改革重大课题的一个重要原因。[②] 另一方面，科层化的审批制意味着办案责任之分散与稀释，本应由侦查人员承受的责任发生错位，此时司法决策表现为一种“集体决定”，一旦发生冤错案件则由“集体负责”。这种以上级领导为中心的“集体办案”模式，[③] 以集体力量掩盖了个体责任，使办案责任难以回溯倒查，实际上进一步异化为无人担责之局面。此种层级审批制度也相当程度反映在主办侦查员职权行使过程中，如某市某区公安局在改革实践主办侦查员制度中，赋予主办侦查员可以要求刑事技术、网络安全、情报信息等警种部门协作的权力，但这一权力的行使仍需经历类似的层级审批，有时甚至需要局长审批，由是烦琐的科层审批与高度赋权、提升办案效能之改革目的明显不一致。

---

① 也有人从另一角度指出，侦查工作的紧迫性、灵活性特点决定了主办侦查员必须享有侦查自主权，方能有效开展案侦工作，因此在科层式机制下，侦查部门领导对侦查工作进行“全方位”监控，不符合侦查工作规律。参见蒋和平、龚浩:《实践与探索：公安机关主办侦查员制度——兼论办案质量终身责任制》，载《中国刑警学院学报》2017 年第 5 期。

② 参见陈瑞华：《公安体制改革的基本课题》，载《中国法律评论》2018 年第 3 期。

③ 在我国，“侦查员”的称谓没有形成社会共识，其为一隐性的概念而非显性概念，它由公安机关、侦查机关、警察等名称所替代。这无疑反映了公共话语对抽象“集体”的认同，而侦查员只是隐性的“背景变量”。参见邓国良:《实现主办侦查员制度由“背景变量”到“前景变量”的角色转换》，载《江西警察学院学报》2015 年第 2 期。

（二）主办侦查员之职权设定趋于形式化

在现行法律制度框架内，主办侦查员所应享有的与“主办（主要负责）”相匹配的职权并未完全得到落实。根据我国《刑事诉讼法》及相关法律解释规定，大多数侦查行为的实施，需事先得到办案部门或者公安机关负责人的批准，如调取证据、采取强制措施、查封、扣押等皆是如此。这无疑与侦查权作为一项公权力，其行使必须遵循“法无授权不可为”之基本原则密切相关。但按照制度改革目标，主办侦查员在侦办案件过程中应当享有相对完整和独立的侦查权，而主办侦查员的业务属性决定了其可能既非办案部门负责人，亦非公安机关负责人。此时，主办侦查员职权的行使便与实然的法律规定发生了一定碰撞冲突。一些基层公安机关为了避免这种冲突，不得不在内部规定中对主办侦查员职权作出颇为“形式化”的规定，笔者收集的某市某区公安局于2018年印发的《案件主办侦查员工作制度（试行）》第6条对主办侦查员之主要职权规定如表2所示。

表2　某公安局《案件主办侦查员工作制度（试行）》规定的主办侦查员职权

序号	主办侦查员的职权
1	接受单位责任人的统一领导，组织协办侦查员开展案件侦办工作
2	可以要求刑事技术、网安等部门提供技术帮助和服务
3	可以要求依法使用法定侦查措施为侦办案件服务

续表

序号	主办侦查员的职权
4	对案件的处理和适用强制措施提出意见
5	紧急情况，果断决策，并及时依法处置
6	对重大事项或者疑难问题，本人有权提出，经单位通过后报请局务会讨论决定
7	法律、法规、规章和规范性文件规定的其他职权

笔者收集的多个公安机关主办侦查员制度大多存在非常类似的表达。[①] 而对传统侦查体系中的“案件主办人”“案件承办人”，公安机关也往往赋予了这类职权，例如，某公安机关设计的《案件主办人指派单》中描述案件主办人的职权为：“具体负责组织案件的侦办、呈报、法律文书制作、卷宗查漏补缺、整理装订等工作，并落实各项回告、告知制度。”从这些制度规定看，主办侦查员的职权并未发生实质性突破，更多仍是起到案件“材料员”“文书员”作用，其职权也更多具有象征意义。表列规定中“可以”一词，在某种意义上显示了主办侦查员职权“柔性”的一面，否则应用更具刚性的“应当”（法理学中的义务性法律规范）之句式表达，如“刑事技术、网安等部门应当为主办侦查员提供技术帮助和服务”。此外，规定中接受上级“统一领导”和经单位批准通过后“报请”等说法，亦充分反映出科层制下主办侦查员职权之有限性和形

① 如某公安机关《主办侦查员制度》规定主办侦查员的主要职责就包括“拟订侦查计划，报经上级领导批准后执行”“对涉案人员、财物提出初步处理意见，并按照有关规定逐级报请审核、审批”等，材料来源于调研收集某公安机关规范性文件。

式化。调研中，作为利益相关者的主办侦查员对这项改革显露出困惑、焦虑与质疑之态度，有人直接告诉笔者，自己“有责无权”只是“徒有虚名”而已。这也反映出主办侦查员对侦办案件所需警务资源缺乏实质性权力，而这些权力仍然被科层体系中各级行政领导掌握，呈现出权力通过层级渐次向上集中的倾向。相应地，主办侦查员对办案质量终身负责与错案追究机制便失去了合法性基础。

（三）主办侦查员之业务能力素质不适应

由于主办侦查员要对办案质量终身负责，因此对业务能力素质要求很高，案侦工作也越来越强调专业化。早有学者指出，刑事警察是一个主要警种，素质要求较其他警种更高，国外把刑警视为警察中的“佼佼者”。[①] 但是，当前一些主办侦查员的案侦能力素质还达不到要求，其主办的案件仍然较为粗糙，存在一定瑕疵。基于警力有限之现实，一些基层公安机关比较注重“一警多能”，但有的主办侦查员只懂一般刑侦业务，对经济犯罪、毒品犯罪等方面的业务，以及信息化条件下案侦业务系统的运用则不太熟悉。某地市公安机关为适应以审判为中心的诉讼制度改革，推行“主办侦查员出庭参加诉讼”项目，但是在项目实施过程中主办侦查员普遍存在出庭应诉能力不强的问题，特别是辩方在法庭上提出难以回应的问题时，主办侦查员往往由于经验不足、心理不稳定等，不能很好地作出

---

① 参见任惠华主编：《侦查学原理》，法律出版社2012年版，第97页。

应变处理，从而影响法官对证据之采信。[1] 而《公安改革意见方案》却明确规定，公安机关应围绕以审判为中心的刑事诉讼制度改革，适应证据裁判规则要求，确保案件的事实证据经得起法律检验。此外，侦查人员业务能力素质不高也直接影响主办侦查员之遴选，导致遴选对象范围较窄，主办侦查员进退升降机制不顺，影响制度改革的生命力。例如，某县公安局在编民警186人，从事刑侦工作的民警还不到70人（占比不到37.6%），由于遴选人员较少，公安机关为了维系正常案侦工作，只能“勉为其难”地将不完全符合条件的人员遴选为主办侦查员，这反过来又背离了制度设计之初衷。

（四）与主办侦查员制度配套的措施不完善

这集中表现在两个方面：一方面，主办侦查员职业保障制度缺乏具体、长效支持。在司法改革和公安改革背景下，地方党委政府大多对这项改革表示出肯定和支持的姿态，有的地方也作了一些政策倾斜，[2] 但是由于缺乏更为具体、细化和长效的保障措施，公安机关争取党委政府解决补贴、奖励、职级等问题没有充分依据，难以落实。调研中，某公安局政工部门负责人告诉笔者：“主办侦查员改革只需公安自身调整的部分，

---

① 参见《某公安机关率先在全国推行主办侦查员出庭参加诉讼制度实践与思考》，材料来源于调研收集某公安机关“四项建设”领导小组办公室编《某公安机关“四项建设”工作简报》（2017年3月10日）。

② 如某县公安局在试点主办侦查员制度中，就策动党政机关出台了《某县县委组织部关于推动县公安局执法办案侦查员职业化的意见》《某县人力资源和社会保障局关于县公安局主办侦查员与年度考核挂钩的意见》等规定，材料来源于调研收集某公安机关新闻稿《某县公安局试点“133”模式让主办侦查员制度换发活力》。

落实起来相对比较容易，一旦要协调政府、财政、组织、人事等部门落实的，就很困难，这方面主要涉及办案补贴、奖金、兑现职级等。”这就难免出现制度运行中主办侦查员工作动力不足、“干多干少干好干坏一个样”之困局。由是科层机构缺乏市场机制之弊端便显现出来——它不能直接根据成员对组织产出的最终价值的贡献对其作出评价。[①] 另一方面，出于部门和个体利益之功利性考量，大刑侦格局下公安内部资源没有充分盘活，致使打击犯罪的整体合力未能全面形成。有学者已指出，我国现行侦查体制在侦查协作方面存在临时性、集中于大要案、停留于形式合作、广度不够、规范性不足等问题。[②] 这些问题映射到主办侦查员制度上，主要是相关制度机制间协同配合力度不够，“主办”与“配侦”衔接不顺畅，多警种协同作战机制的运行质效不高，从而导致本来极具综合协调性的侦查工作走向“碎片化”。特别是在现代信息社会中，越来越多的案侦工作需要刑侦、技侦、网侦、图侦、情报等多警种联动，但受制于警种部门间的信息阻隔，主办侦查员“单打独斗”的现象仍然存在，影响了公安机关打击犯罪之整体效能。

三、推进主办侦查员制度改革完善的路径

上述问题的存在，说明主办侦查员制度尚有进一步改革完善空间。对于本轮公安改革，有学者归纳出具有全面系统、触

---

① 参见［美］安东尼·唐斯：《官僚制内幕》，郭小聪等译，中国人民大学出版社2006年版，第99页。

② 参见马忠红：《侦查学专论》，中国人民公安大学出版社2019年版，第58－60页。

及根本、综合配套等特点，“改革力度之大、范围之广、措施之系统，在公安史上前所未有”[①]。这些特点不能不深刻影响主办侦查员制度改革探索，这一改革政策上升为国家法律的强烈倾向亦充分反映了改革意图。现代系统论认为，整体与部分的关系是系统论之核心问题，只有把两者结合起来方能真正认识系统。在极具“整体性”的改革进程中，坚持以问题为导向，可以从以下几方面着力推进主办侦查员制度改革完善。

（一）在“放权—担责”改革观下厘清主办侦查员权责边界

在法理意义上，权力与责任是相对应的一对范畴。如果将主办侦查员制度理解为办案责任制，那么势必需明确与责任相对应的主办侦查员之权力边界。改革者亦认识到，有权必有责，有责也应有权，主办侦查员制度在突出主办责任的同时，要赋予其与承担责任相适应的主办权力。[②] 从权力配置角度讲，这集中表现为侦查权在公安机关内部针对不同主体的再分配。现代侦查权具有司法化倾向，其中一个体现即侦查权行使的自主性和独立性。[③] 与之相反，公安机关首长负责制下强调行政化“科层”与办案责任制所注重的专业化出现矛盾，而根据我国《刑事诉讼法》《公安机关办理刑事案件程序规定》等法律法规规定，在公安系统内部侦查权被配置给县级以上公安机关

① 熊一新：《关于全面深化公安改革若干问题的思考》，载《中国人民公安大学学报（社会科学版）》2015 年第 6 期。

② 参见魏地：《全面深化公安改革下的新思路——主办侦查员制度的法治维度》，载《中国法律评论》2016 年第 1 期。

③ 参见杨正鸣、倪铁主编：《侦查学原理》，复旦大学出版社 2013 年版，第 80 页。

负责人、办案部门负责人等不同行政层级主体，并未明确赋予主办侦查员相应的办案权力。正是侦查主体与决定主体（审批主体）相分离，致使侦查人员缺乏独立和完整的侦查权，从而无权决定案件之走向。而司法职权配置涉及核心问题之一即为同一部门内部职权配置问题，即消除同一司法机关内部的科层化现象，改变司法机关行政官僚化惯习，逐步解决司法权受到行政权制约而难以独立行使的问题。[①] 因此，主办侦查员制度改革当逐步弱化侦查权运行之行政化色彩（行政管理的层级性），还原侦查权的司法属性（司法活动的独立性、亲历性等），充分考虑法律授权、侦查规律等因素，在“放权—担责”的改革观下厘清主办侦查员权力和责任之边界。具体可以从两个维度加以改革完善。

一是着眼于提升办案效率，精简审批流程，促使侦查权由公安机关行政领导向主办侦查员转移，进而释放主办侦查员之工作能动性，实现“层级制”和“职能制”有机结合。在现行法律框架内，重点应对介于公安机关负责人和主办侦查员之间的层级审批环节、审批事项进行简化，主要是办案部门负责人的审批。对于主办侦查员权力范围内的事项，办案部门负责人没有行政指令权（其与主办侦查员身份相竞合时除外），此时，办案部门负责人的角色转变为主办侦查员的监督者而非“发令人”。当然这种“放权”并不是绝对的，其需与“制约”达成平衡关系。如学者所指出，法治社会要求侦查权的配置与

---

① 参见季卫东等：《中国的司法改革：制度变迁的路径依赖与顶层设计》，法律出版社 2016 年版，第 188 – 189 页。

行使，既要考虑对查明案情是否有助，更需考虑是否符合公平、正义等价值观念。[①] 基于此，强制措施、不动产扣押、技术侦查等对公民人身自由、财产、隐私等影响较大的侦查行为决定权，则不能纳入放权之范畴。

二是立足于“谁主办谁决定”原则，将侦查办案业务性权力授权给主办侦查员，使其侦查权真正迈向实质化，这些权力包括侦查办案指挥管理权、调取证据权、审批决定权、资源调配权、建议请求权等类型，每类权力又可细分为多项具体职权。如笔者收集的《某市公安机关主办侦查员工作暂行规定》规定主办侦查员的职权包括“组织实施侦查工作，主持案情分析，制定侦查方案”“组织或会同刑事科学技术人员进行现场勘验、检查”，即分属指挥管理权和资源调配权具体内容。[②] 这些权力构成主办侦查员独立且完整的侦查权，而授权目的就在于防止行政权替代侦查权，真正使主办侦查员在侦查办案中居于主体地位、发挥实质作用。2018 年公安部编的一份《公安工作简报》显示，浙江某公安机关积极构建现代警务新机制，“建立主办侦查员制度，在办案中赋予其全局资源调动权限，相关专业警种和部门机制化协同，使‘小案件’有人抓、有人管”。在具体方式上，可在梳理法律法规基础上通过法律授权

---

① 参见周欣：《侦查权配置问题研究》，中国人民公安大学出版社 2010 年版，第 55 页。

② 又如，陕西汉阴县公安局在推行主办侦查员制度改革中，赋予主办侦查员选择、领导和考核协办侦查员，个案办理全程指挥统筹，证据收集及案件配侦申请，审核把关，紧急情况下依法决策、处置协调、会见律师、出庭应诉等八项职权，这些职权亦可归入笔者列出的权力类型中。参见阮仕喜：《汉阴：“三级主办侦查员”模式激发队伍活力》，载《人民公安报》2017 年 7 月 27 日，第 7 版。

与内部授权相结合，建立主办侦查员“权力清单”以及与之对应的“责任清单”，逐步形成权责清晰、科学高效的主办侦查员权力运行格局。此外，还有学者提出实施权力清单制度不仅要从静态角度列出警察权力之范围与内容，而且要从动态意义上制定包括权力启动主体、启动条件、运行程序、运行保障、不当运作问责等内容的“路线图”。[①] 显然，这种动静结合的权力清单实施模式将更利于廓清主办侦查员的权责边界。

（二）构建严格规范的主办侦查员选任及动态调整制度

主办侦查员制度改革的一项重要目标即为通过择优选拔，将优秀的侦查人员选任为主办侦查员，但当前改革实践中主办侦查员选任仍不尽规范。有学者实证研究指出，“（某省某市）主办侦查员由办案单位确定”“主办侦查员遴选条件和程序都非常简单”[②]。因此，有必要构建严格规范的主办侦查员“准入”制度，以从源头上保证主办侦查员队伍之整体素质，具体涉及选任范围、选任条件、选任比例、选任程序等关键问题。

首先是在选任范围上，按照本章表 1 中官方文件表达，主办侦查员从公安机关具有刑事司法属性的侦查人员中选任，为此应避免其与公安机关领导干部选拔相混同，从而形成选任中的利益化倾向。在此前提下，由于当前公安机关普遍存在案多人少、警力不足之矛盾，选任范围应尽量广泛，刑侦、治安、经侦、禁毒、交管、网安等警种，以及基层科所队中具有刑事

---

① 参见卢建军：《警察职权的界定与配置》，北京大学出版社 2017 年版，第 92－94 页。

② 张小兵：《主办侦查员制度改革的困境与出路——H 省 L 市试点的模式和经验为例》，载《湘潭大学学报（哲学社会科学版）》2017 年第 2 期。

司法属性的侦查人员均可纳入选任范围。当然，由于当前公安机关内部案件管辖的分散性，加之警种分工过细，主办侦查员选任中势必牵涉不同警种间的平衡问题，对此可由公安机关根据实际情况进行调整。随着“大部门、大警种”制改革推进，侦查活动的警种界限会日益淡化，这一问题也将逐步消弭。但刑事技术、行动技术、情报信息等警种人员不宜纳入选任范围，因为这些部门是为案件侦办提供支持的配侦部门，其人员无法独立对案件质量承担责任，从而导致办案责任制难以落实。同时，随着人民警察分类管理制度改革的全面推开，主办侦查员应逐步从执法勤务警员职务中选任。

其次是在选任条件方面，有学者指出以政治素质和业务能力为选任主办侦查员之核心条件。[①] 在以审判为中心的诉讼制度改革背景下，还有学者建议主办侦查员的业务能力应结合其近年办理案件的起诉、审判定罪情况来评价。[②] 这些均是学界提出的有益建议。一些公安机关在制度改革中已在具体践行，如某市公安机关选任主办侦查员要求同时具备如下条件：通过中级以上执法资格考试；具有 3 年以上刑侦工作经历（有的规定为 2 年或 5 年），熟练掌握相关法律法规，熟悉侦查工作流程，能独立组织侦办复杂、疑难案件；完成上年度侦查工作，未受到错案责任追究；上年度公务员考核为称职以上。还有公安机关遴选主办侦查员注重其案侦实务能力，采用“刑侦实战

---

① 参见吴秋玫：《试行主办侦查员制度的思考》，载《江西警察学院学报》2015 年第 2 期。

② 参见王晓伟：《建立主办侦查员制度有关问题的探讨》，载《山东警察学院学报》2016 年第 4 期。

比武”等模拟办案方式考核选拔。总之，主办侦查员选任条件应着眼于择优遴选打造精英团队，以政治素质、业务能力和领导能力为重心，综合考量政治素养、办案能力、法律素质、组织能力、工作资历、学历、身心素质等相关因素，逐步健全完善科学合理的选任标准体系。

再次是选任比例问题，主办侦查员选任比例过高或过低皆不利于办案质效提升，为与司法人员分类管理“员额制”改革对接，当前，学界大多主张在30%—50%确定主办侦查员选任比例（法官、检察官员额比例红线为中央政法专项编制的39%），不少公安机关改革实践亦如是操作。需指出的是，员额制改革也存在一些问题，如有学者提出：单就39%限额的设定来看，就容易忽略各地区的具体差异，造成一些经济发达地区法官员额严重不足，而一些欠发达地区法院则出现法官员额的超量供应。[①] 确定主办侦查员选任比例也应注意到类似问题，不宜简单划一地确定一个绝对比例，应在充分结合与刑侦工作密切相关的区域经济发展水平、人口数、警力数、发案数及案件难易度、办案平均周期等诸因素基础上，由地方公安机关统筹考虑辖区实际情况，动态调配主办侦查员选任比例。公安部印发的《公安机关探索建立主办侦查员制度试点工作方案》明确由试点单位根据实际情况确定主办侦查员遴选比例，也体现出考虑地区和部门差异之意图。

最后是选任程序方面，多数公安机关改革实践采用个人申请、部门推荐、遴选测评（一般为考试加考核）、组织认定的

① 参见陈瑞华：《司法体制改革导论》，法律出版社2018年版，第264页。

竞争性选拔程序，但选拔程序在实际运行中仍未完全摆脱科层制下领导的“单方意志”。实际上，公正的选任程序是十分重要的，其决定所选人员与岗位要求是否匹配，因此有必要引入主办侦查员选任全程监督机制，以保证竞争选拔过程透明公正。公安机关大多成立了专门的“遴选委员会”作为选任主体，把关主办侦查员之入口，目前，遴选委员会多由公安系统内部人员组成（一般为局领导和相关部门负责人），这也会影响选任主体的权威性。笔者认为，除公安系统内部人员外，可以吸收检法机关、政法院校等系统外专家，以克服内部人员的偏狭性与垄断性，强化选任主体的广泛性和中立性，这与司法改革以审判为中心、公民参与司法等精神也是相契合的。与选任程序相配套，应建立主办侦查员动态调整制度，调研了解到某县公安局对主办侦查员进行分级管理，大致情况如表 3 所示。

表 3　某公安局主办侦查员分级管理情况①

等级	办案资格	人数（占全局民警比例）	资格认定
一级	重大案件、特大案件（一般为可能判处无期徒刑以上刑罚的案件）	3（2%）	由市公安局刑侦部门直接负责
二级	系列案件、团伙案件、复杂疑难案件、新型智能型案件	15（8%）	由县公安局负责，并报送市公安局刑侦部门备案
三级	简单的一般刑事案件	26（14%）	

① 调研了解到，有的地方公安机关将主办侦查员划分为两个等级，有的根据刑事案件的性质和刑侦警力配置情况，对不同等级主办侦查员的办案资格作了更细化的规定。

对于主办侦查员是否应设置等级，学界存在不同意见，如有学者提出：为避免人事管理出现混乱，不宜对主办侦查员进行等级划分。[①] 但该公安局通过将三个等级的主办侦查员与津贴挂钩，确实一定程度上激发了队伍活力，正如该局刑侦部门领导告诉笔者：分级管理的好处在于，使各级主办侦查员的办案资质更加明确，也为主办侦查员提供了升降的渠道。主办侦查员分级管理实际上已构成一种动态调整制度，不过在国家顶层设计层面，仍然有必要把警察职务套改与主办侦查员制度改革统筹考虑，以防出现学者所言人事管理混乱之情形。此外，主办侦查员动态调整应建立适当的退出机制，正如有学者所指出："主办侦查员不能实行终身制，要能进能出，侦查体制才有活力。"[②] 退出机制可以从退出情形（如出现执法过错、违法违纪、岗位变动等）、退出程序（如程序的启动、申诉、讨论决定等）等方面加以健全完善，这又与主办侦查员的监督和考评问题密切相关。

（三）建立科学合理的主办侦查员监督问责体系

对于司法权力运行机制问题，改革者提出"有权必有责、用权受监督、失职要问责、违法要追究"之理念。这种理念背后是公权力易被滥用的权力运行规律，对主办侦查员"放权"不是绝对的，其行使侦查权必须接受监督制约及问责，因此有必要建立健全相应的监督问责体系。《公安改革意见方案》在

① 参见王晓伟：《建立主办侦查员制度有关问题的探讨》，载《山东警察学院学报》2016 年第 4 期。

② 陈闻高：《三论侦查行为主体——兼谈主办侦查员制度》，载《江苏警官学院学报》2015 年第 5 期。

涉及完善执法责任制问题时提出：建立执法责任清单制度，明确办案、审核、审批责任，打造覆盖执法办案全过程、全环节的责任链条；落实执法办案责任制，完善执法过错纠正和责任追究制度。这些要求无疑利于主办侦查员的办案责任同法官、检察官司法责任相衔接，从而促使形成完整的刑事司法责任链。以法官责任为例，有学者总结党的十八届三中全会后，法院司法责任制改革集中于办案质量终身负责、错案责任倒查问责、惩戒程序与纪检监察程序有效衔接等方面。[①] 这些改革内容对主办侦查员监督问责体系构建是有启发意义的，笔者认为可以聚焦类似问题，从监督和问责两大方面推进建设。

在监督方面，以主办侦查员权力运行为中心，建立健全内部和外部相结合的监督体系。在公安系统内部，[②] 法制、督察、纪检监察（现为派驻制）等部门力量应相互配合，围绕主办侦查员执法办案流程和质量，利用以审判为中心、刑事案件“两统一”（统一审核、统一出口）、讯问同步录音录像、执法公开等改革举措，加强对侦查办案全程动态监督，以保证主办侦查员依法行使权力。同时，内部有关部门在实际监督中，亦应根据各自职责有所侧重。法制部门侧重通过案件审核、执法质量考评、执法网上巡查等方式进行监督；督察部门主要通过日常督察、专项督察、案件回访等形式进行督察；纪检监察部门则主要通过日常监督执纪、问题线索受理等，重点监督主办侦查

---

① 参见孙海龙：《司法责任制改革》，法律出版社2017年版，第189－190页。

② 公安部于1999年发布、2020年修正的《公安机关内部执法监督工作规定》对执法监督范围、方式、实施及处理作了规定，为当前对主办侦查员办案进行内部监督的基本规范。

员办案过程中是否存在滥用职权、徇私舞弊、贪污受贿等违法违纪情形，并分类作出处理。调研发现，有公安机关创新主办侦查员监督方式，探索建立了专门的主办侦查员执法档案、督察档案、纪检监察档案等机制，实现办案质量、执法过错、违法违纪等情况全程留痕，据此将主办侦查员监督、考核和调整有机联系起来。在外部，[①] 尽管当前检察机关侦查监督自身面临着监督滞后情况突出、程序不规范、手段单一、与信息化社会不相适应等问题，[②] 但仍应最大限度衔接好警检关系，以发挥检察机关对主办侦查员之监督效能。如有地方制定了《检察机关提前介入引导侦查工作办法》，明确提前介入侦查的检察机关、公诉部门员额检察官有权对侦查活动合法性进行监督。此外，还有公安机关为与主办侦查员制度改革配套，建立了相应的投诉质询机制（如利用嵌入投诉功能的网上执法公开平台），为案件当事人、辩护律师等提出异议提供了途径，以更好实现对主办侦查员的社会监督。

在问责方面，公安部于1999年施行、2016年修订的《公安机关人民警察执法过错责任追究规定》（以下简称《追责规定》）针对警察执法过错责任，从认定、责任人处理及追究程序等方面作出规定，也成为当前主办侦查员问责的基本规范。值得提出的是，这些规定并非完美无缺，在办案责任制下对主

---

① 有学者指出，对侦查权的外部制约有两种途径：一是通过外界权力规范侦查主体的义务和责任制约侦查权；二是通过权利来制约侦查权。参见宫万路：《侦查法治论》，群众出版社2009年版，第47－48页。

② 参见孙谦：《刑事侦查与法律监督》，载《国家检察官学院学报》2019年第4期。

办侦查员追责标准、追责程序等关键问题仍然有讨论完善之必要。如对追责的标准，《追责规定》采用主客观相统一原则，[①]如第2条对执法过错之界定，执法办案的警察主观上应具有故意或过失，客观造成事实认定错误、法律适用错误、违反法定程序、作出违法处理决定等执法错误。但是，考虑到侦查活动自身风险，主观上的过失并非“一般过失”，应限缩解释为“重大过失”，而“重大”主要体现为因过失造成冤错案件等严重后果的情形。有学者探讨错案追究制时提出：“错案不等于问责，细分错案类型对法官问责机制十分重要，我们必须清楚在何种错案中法官具有可责性。”[②] 这对主办侦查员追责标准之把握无疑具有启示意义。从另一角度讲，这也可使“放权—担责”改革观下主办侦查员制度运行达成一种平衡，如学者斯卡曼强调：“只有成功实现警察独立和问责间的平衡，才能实现执法和维持秩序间的平衡。”[③] 为实现此种追责与免责之间的平衡，还应放弃“客观归责”做法，建立与追责配套的免责机制，只要主办侦查员在办案过程中遵守法律规定，不存在明显的主观过错，没有滥用主办权限、刑讯逼供、暴力取证等严重违法行为，就不能对其追究责任。

在追责程序方面，《追责规定》构建了公安机关纪检监察、法制、督察、审计及执法办案等部门检查认定的内部行政追责

---

① 现行规范中有关警察执法责任追究的标准还不尽统一，如根据我国《人民警察法》和《公安机关人民警察纪律条令》相关规定，其条文表达模式为：有下列行为（之一）的给予何种处理，这属于更偏重“客观”的追究标准。

② 胡铭：《审判中心与刑事诉讼》，中国法制出版社2017年版，第281页。

③ Lord Scarman. The Scarman Report: The Brixton Disorders, 10 - 12 April, 1981 (Pelican). Middlesex: Penguin Books Ltd, 1986, p. 102 - 103.

程序。[①] 这种系统内部程序的突出问题在于，因追责主体缺乏必要的中立性，可能导致处理结果不公正，且存在以行政权审查司法权之虞。为此，有学者提出基于对公正和效率的价值追求，构建调查与处理相分离的主办侦查员追责程序，在此程序下设立调查机构（隶属于省级立法机关）作为中立第三方开展调查认定，同时赋予主办侦查员充分的救济权利。[②] 笔者认为，这种前瞻性意见是主办侦查员追责程序今后走向严谨与公正的一个努力方向，当前，仍可在现行制度框架内尽量提升追责的中立与公正，如吸纳公安系统外专家介入追责程序认定执法过错等。

（四）完善主办侦查员考核和权责利相平衡的职业保障机制

制度的生命力在于执行，考核与职业保障无疑是主办侦查员制度执行的重要保障，其会直接影响制度运行效能。在任何专业化管理组织中，考核都是十分重要的，也正是通过考核这条纽带将主办侦查员动态调整（退出和等级升降）、激励保障等机制串连起来。主办侦查员考核应在充分考虑其工作特点基础上，将重心放至办案质量和办案效率，并与警察的日常考核、年度考核、执法质量考评等既有制度机制相结合，[③] 从而构建一种立体式考核机制。譬如，有学者建议把主办侦查员

---

① 参见《公安机关人民警察执法过错责任追究规定》第 22 条至第 24 条。

② 参见刘富鹏：《主办侦查员责任追究存在的问题及对策》，载《净月学刊》2016 年第 5 期。

③ 对警察既有考核制度依据包括《公务员考核规定》、《公安机关执法质量考核评议规定》（2016 年修订）、《公安机关奖励考核工作暂行办法》等。

“在重大复杂跨区域案件办理过程中的地位、作用和担当”纳进考核内容，[①] 这即是对主办侦查员在组织指挥等方面的特殊考核。调研了解到，某公安局主办侦查员考核内容为年办案数、破案数、批捕人数、起诉人数、办案质量等，考核方式采取平时考核与年度考核相结合的办法，考核结果分优秀、称职和不称职三种。这里的“年办案数”“破案数”涉及主办侦查员工作量和办案效率，而“起诉人数”和“办案质量”则与办案质量密切相关。随着司法体制改革深入推进，还有公安机关将检察机关不起诉（酌定不起诉除外）、法院判无罪案件纳入考核中，公安机关相关负责人告诉笔者其目的是适应新形势逐步建立“以审判为中心的执法质量考评机制”。显然，这种公安系统外“以审判为中心”因素的引入，将更有利于对主办侦查员的考核要求和考评指标走向科学化。

为提升考核精确度和客观性，应考虑加强对主办侦查员的量化考核。正如学者所指出，一套获得认可的司法绩效考核体系需满足“评估必须立足于工作分析的绩效标准”“评估等级应该基于专业清晰的评估维度”“应该避免抽象的维度”“绩效标准必须已经和部下沟通并得到他们的理解”等准则。[②] 在改革实践中已有公安机关构建了主办侦查员办案量化积分考核机制，如某公安局对主办侦查员采用“一案一考、一人一档”的积分考核管理模式，积分由办案数量分、质量分和系数分

---

① 参见蒋熙辉：《主办侦查员制度的初步探讨》，载《江西警察学院学报》2015 年第 2 期。

② 参见［美］查尔斯 · R. 史旺生等：《警察行政管理：结构、过程与行为》，匡萃冶等译，中国人民公安大学出版社 2013 年版，第 492 页。

（根据案件难易度设定）三个部分组成，案件积分由三部分分数相乘而得。[①] 该局相关负责人告诉笔者："起初，只设置了办案数量分和质量分，后来发现经济、毒品等犯罪案件牵扯面广、耗费时间精力更多，若跟普通案件同样考核，对经侦、禁毒等警种的主办侦查员不公平，于是后来增加了系数分，案件越难系数分越高。"可见，在对主办侦查员量化考核过程中，有必要根据办案实际调校量化指标使其更趋合理，以实现考核之客观公平。同时，必须指出，主办侦查员量化考核机制并非十全十美，如对办案效果（执法/司法公信力、群众满意度等）就不好进行定量考核，正如学者所提醒：定量方法虽然有利于增强考核的严格化、精细化和可比性，但是，"如过分强调量化指标和定量方法，可能产生忽视办案质量和效果的问题"[②]。为此主办侦查员考核除量化考核外，仍需综合运用民意调查、部门评议等多样化的考核方法。

主办侦查员作为一种"理性人"，对主要办案责任之承受意味着职业压力与风险相应增大，由是应在权力和责任基础上释放出更多利益，构建权责利相平衡的主办侦查员职业保障机制。在"条块结合、以块为主"的公安管理体制下，主办侦查员职业保障之落实离不开党委政府支持，地方公安机关应围绕职级、薪资待遇等职业保障关键点，加强同党委政府、财政、人事等部门协调力度，以在顶层设计层面促成共识，形成机制改革"党政合力"。对于保障机制之内容，有基层侦查员形象

① 从调研掌握信息看，对主办侦查员因故意或者重大过失被认定为错案或者造成其他严重后果的，有公安机关考核实行"一票否决"制。

② 龙宗智：《试论建立健全司法绩效考核制度》，载《政法论坛》2018 年第 4 期。

地称为“票子”、“位子”和“面子”三个方面。所谓“票子”是指经济待遇保障，这是主办侦查员职业保障最基本的方面。主要是打破“大锅饭”式薪酬分配机制，建立合理的主办侦查员岗位津补贴制度，以提升主办侦查员经济待遇。为此，有学者建议为体现薪酬待遇上的差别，可考虑在现有津补贴基础上为主办侦查员设置单独的岗位津贴、办案绩效考核奖金等特殊津补贴项目。① 当然，这种特殊津补贴项目应与考核制下主办侦查员办案质效挂钩。实际上在美国等发达国家，薪水和津贴构成警察职业生涯之重要内容，而“警察的薪水和津贴是执法机构最具吸引力的方面”“大多数警察局都向特定任务或其他特定资质提供额外奖励”。②《司法改革意见》明确提出，根据检察和审判工作特点，可采取“现行工资收入+办案补贴或岗位津贴”方式确定检察官、法官薪酬。③ 随着员额制改革深入推进，这种薪酬制度在检法系统已基本兑现。如果将主办侦查员制度放入司法改革整体框架中，检察官、法官薪酬制度改革对主办侦查员薪酬制度调整完善，无疑具有重要的借鉴意义。“位子”和“面子”指政治、奖励等方面保障，应在晋职晋级、评先评优、立功受奖等方面对主办侦查员适度倾斜，以起

---

① 参见赵炜、张光主编：《公安改革通论》，中国人民公安大学出版社2017年版，第191页。

② 参见［美］塞缪尔·沃克、［美］查尔斯·M. 卡茨：《美国警察导论》（第8版），张小兵等译，中国人民公安大学出版社2016年版，第188页。

③ 2015年9月，中央深改组又审议通过《法官、检察官单独职务序列改革试点方案》和《法官、检察官工资制度改革试点方案》对建立有别于普通公务员的检察官、法官薪酬制度作出具体安排，此后，这种薪酬制度在全国检法系统逐步推开。

到激励作用并增强其职业尊荣感和使命感。如据相关报道，四川某县公安局在改革探索中，将主办侦查员资格作为提拔侦查岗位领导干部的“硬杠子”，激发了警察的办案热情与积极性。[①] 最后需指出的是，警察职业保障包括警察体制、警察法制、警察地位、警察权力、警察权利、警察装备、警察教育培训、警察经费和收入等丰富内容，[②] 因此要实现主办侦查员之职业化，尚需从这些方面作出系统性努力。

司法责任制被改革者喻为司法改革“牛鼻子”，[③] 由此易见其基础性、关键性地位，主办侦查员制度作为一种办案责任制自然亦具有此种表征。学者苏力在分析制度形成与发展问题时指出，“一个总体说来有用、有益的制度也不是万能的，不存在只有好处没有缺点的制度”“社会在任何时候都不可能只依赖某一个制度，需要的是一套相互制约和补充的制度”[④]。作为全面深化司法改革和公安改革的重要任务，主办侦查员制度在彰显好处之同时，亦有不少问题需认真对待，其中既有政策法律层面的，也不乏制度机制层面的问题。2019 年，习近平总书记出席全国公安工作会议，强调要坚持改革强警，把新时代公安改革向纵深推进。公安机关唯有秉持改革的思路，直面问题，方能逐步实现制度设计“谁办案谁负责”“办案质量终身

---

① 参见刘宏顺：《破不了案就算了？不得行!》，载《四川日报》2016 年 7 月 19 日，第 14 版。

② 参见冯德文编著：《警察学概论》，中国人民公安大学出版社 2005 年版，第 214 页。

③ 参见陈卫东：《改革开放四十年中国司法改革的回顾与展望》，载《中外法学》2018 年第 6 期。

④ 苏力：《制度是如何形成的》，北京大学出版社 2007 年版，第 55 页。

负责”之核心目标，正如某公安机关在主办侦查员制度改革实践中所提出“使更多案侦民警敢于喊出‘我办案、我负责’口号并承诺践诺”。

主要参考文献

一、著作

1. 冯德文编著：《警察学概论》，中国人民公安大学出版社 2005 年版。

2. 苏力：《制度是如何形成的》，北京大学出版社 2007 年版。

3. 宫万路：《侦查法治论》，群众出版社 2009 年版。

4. 罗锋：《改革开放 30 年：中国社会治安形势和犯罪控制战略》，群众出版社 2009 年版。

5. 魏永忠：《跨区域警务合作论：环首都地区社会安全防控警务合作体系研究》，中国人民公安大学出版社 2009 年版。

6. 王牧：《犯罪学基础理论研究》，中国检察出版社 2010 年版。

7. 向池山：《中国社会主义现代警务机制概论》，中国人民公安大学出版社 2010 年版。

8. 周欣：《侦查权配置问题研究》，中国人民公安大学出版社 2010 年版。

9. 郭志媛：《中国经验：以刑事司法改革试点项目为蓝本

的考察》，北京大学出版社 2011 年版。

10. 刘为军：《侦查中的博弈——侦查对抗与合作》，中国检察出版社 2011 年版。

11. 任惠华主编：《侦查学原理》，法律出版社 2012 年版。

12. 王大伟：《外国警察科学》，中国人民公安大学出版社 2012 年版。

13. 王大伟：《第五次警务革命：十论世界警务大趋势》，中国人民公安大学出版社 2012 年版。

14. 李双其：《侦查博弈论》，中国人民公安大学出版社 2013 年版。

15. 宋远升：《警察论》，法律出版社 2013 年版。

16. 杨正鸣、倪铁主编：《侦查学原理》，复旦大学出版社 2013 年版。

17. 中国刑事警察学院、辽宁省合同法研究会组编：《金融犯罪防控对策研究》，法律出版社 2013 年版。

18. 戴蓬、高爽主编：《经济犯罪案件侦查》，中国人民公安大学出版社 2014 年版。

19. 李萍：《中国自由贸易区发展理论与实践——兼论山东半岛自由贸易区的构想》，中国社会科学出版社 2014 年版。

20. 赵伟：《大数据在中国》，江苏文艺出版社 2014 年版。

21. 赵炜、张光主编：《警察政治学》，中国人民公安大学出版社 2014 年版。

22. 福建师范大学福建自贸区综合研究院编著：《自贸区大时代：从福建自贸试验区到 21 世纪海上丝绸之路核心区》，北京大学出版社 2015 年版。

23. 蒋硕亮：《中国（上海）自贸试验区制度创新与政府职能转变》，经济科学出版社2015年版。

24. 乐美龙编著：《中国（上海）自由贸易试验区变革与机遇》，上海交通大学出版社2015年版。

25. 刘为军：《博弈论视野下的区域警务合作研究》，时事出版社2015年版。

26. 陆永：《当代中国警政与现代国家成长》，江苏人民出版社2015年版。

27. 马忠红、杨郁娟主编：《刑事侦查学》，中国人民大学出版社2015年版。

28. 钱震杰、胡岩：《比较视野下自由贸易区的运行机制与法律规范》，清华大学出版社2015年版。

29. 唐雪莲：《公安机关刑事案件审核制度实证研究：以侦查权力的控制为视角》，北京大学出版社2015年版。

30. 苏力：《法治及其本土资源》，北京大学出版社2015年版。

31. 杨瑞清、王淑荣主编：《社区警务》，中国人民公安大学出版社2015年版。

32. 肖林：《国家试验：中国（上海）自由贸易试验区制度设计（增订版）》，格致出版社、上海人民出版社2015年版。

33. 陈辐宽主编：《上海自由贸易试验区检察实务研究》，法律出版社2016年版。

34. 陈立虎主编：《自贸区法律制度研究》，法律出版社2016年版。

35. 程小白主编：《经济犯罪侦查学》，中国人民公安大学出版社 2016 年版。

36. 福建自贸试验区领导小组办公室、福建自贸区发展研究中心等：《福建自贸试验区创新实践探索（2016）》，福建人民出版社 2016 年版。

37. 付磊：《刑事司法科层制之反思》，中国政法大学出版社 2016 年版。

38. 季卫东等：《中国的司法改革：制度变迁的路径依赖与顶层设计》，法律出版社 2016 年版。

39. 林雄主编：《中国自贸区建设与国际经验》，中山大学出版社 2016 年版。

40. 刘正：《中国自贸区金融创新与法律支持研究》，北京交通大学出版社 2016 年版。

41. 万志尧：《互联网金融犯罪问题研究》，黑龙江人民出版社 2016 年版。

42. 杨柏、陈伟主编：《内陆自贸区与重庆发展》，经济管理出版社 2016 年版。

43. 余湘青：《多元风险社会与警察法治》，中国政法大学出版社 2016 年版。

44. 张斌主编：《浦东法院服务保障上海自贸试验区的探索与实践》，法律出版社 2016 年版。

45. 张明楷：《刑法学》（第 5 版），法律出版社 2016 年版。

46. 周奇、张湧主编：《中国（上海）自贸试验区制度创新与案例研究》，上海社会科学院出版社 2016 年版。

47. 陈奇星主编：《自贸区建设中政府职能转变的突破与创

新研究》，上海人民出版社 2017 年版。

48. 胡铭：《审判中心与刑事诉讼》，中国法制出版社 2017 年版。

49. 黄守应、戴蓬主编：《广东打击防范经济犯罪实践与探索》，群众出版社 2017 年版。

50. 廖斌主编：《电信与网络犯罪防控研究》，中国政法大学出版社 2017 年版。

51. 罗锋、李健和主编：《中国警学理论》，中国人民公安大学出版社 2017 年版。

52. 卢建军：《警察职权的界定与配置》，北京大学出版社 2017 年版。

53. 李猛：《中国自贸区法律制度建立与完善研究》，人民出版社 2017 年版。

54. 马克昌主编：《刑法》（第 4 版），高等教育出版社 2017 年版。

55. 孙海龙：《司法责任制改革》，法律出版社 2017 年版。

56. 王大伟等编著：《外国警学理论》，中国人民公安大学出版社 2017 年版。

57. 王燃：《大数据侦查》，清华大学出版社 2017 年版。

58. 魏永忠主编：《警务合作理论与范式：兼论处置社会安全突发事件区域合作机制》，中国法制出版社 2017 年版。

59. 肖林、张湧主编：《中国（上海）自由贸易试验区制度创新：回顾与前瞻》，格致出版社、上海人民出版社 2017 年版。

60. 于长利、熊裕武主编：《自贸时代的警务变革：珠海横琴自贸区警务新模式的探索与实践》，群众出版社 2017 年版。

61. 赵炜、张光主编：《公安改革通论》，中国人民公安大学出版社 2017 年版。

62. 陈瑞华：《司法体制改革导论》，法律出版社 2018 年版。

63. 高全喜主编：《上海自贸区法治建设探索》，社会科学文献出版社 2018 年版。

64. 郭松：《试点改革与刑事诉讼制度发展》，法律出版社 2018 年版。

65. 李永涛主编：《电信网络新型诈骗犯罪侦查与治理研究》，中国人民公安大学出版社 2017 年版。

66. 王大伟：《英美警察科学》，中国人民公安大学出版社、群众出版社 2018 年版。

67. 喻海松：《网络犯罪二十讲》，法律出版社 2018 年版。

68. 陈利强：《中国特色自贸区（港）法治建构论》，人民出版社 2019 年版。

69. 黄佳祯、许强等：《成渝经济圈：经济效率评价与治理研究》，中国经济出版社 2019 年版。

70. 马兵主编：《经济犯罪案件侦查概论》，中国人民公安大学出版社 2019 年版。

71. 马忠红：《侦查学专论》，中国人民公安大学出版社 2019 年版。

72. 邵彦铭等：《网络犯罪识别与防控》，中国民主法制出版社 2019 年版。

73. 卜卓、卢歌主编：《电信互联网诈骗防范一本通》，北京邮电大学出版社 2020 年版。

74. 涂敏主编：《网络犯罪案件侦查》，中国人民公安大学出版社 2020 年版。

75. 许凯主编：《中国（上海）自由贸易试验区司法保障问题研究》，北京大学出版社 2020 年版。

76. 刘品新：《电子证据法》，中国人民大学出版社 2021 年版。

77. 江溯主编：《中国网络犯罪综合报告》，北京大学出版社 2021 年版。

78. 谢玲：《电信网络诈骗犯罪研究》，中国人民公安大学出版社 2021 年版。

79. 赵玉丽：《省际交界地区警务合作研究》，团结出版社 2021 年版。

80. 陈昭明：《深度学习全书：公式 + 推导 + 代码 + TensorFlow 全程案例》，清华大学出版社 2022 年版。

81. 王牧主编：《新犯罪学》，高等教育出版社 2022 年版。

82. 徐昕、刘新旺：《人工智能：构建适应复杂环境的智能体》，上海科学技术文献出版社 2022 年版。

83. 丁磊：《生成式人工智能：人工智能重大迭代的核心驱动力》，中信出版社 2023 年版。

84. 本书编写组：《国家人工智能安全知识百问》，人民出版社 2023 年版。

85. 李寅、肖利华：《从 ChatGPT 到 AIGC：智能创作与应用赋能》，电子工业出版社 2023 年版。

二、文章

1. 任淑霞：《责任区刑警队：努力并期待着》，载《人民公安》2002 年第 10 期。

2. 陈兴良：《罪刑法定司法化研究》，载《法律科学（西北政法大学学报）》2005 年第 4 期。

3. 孙岳庆、李天波等：《现代警务机制下刑侦专业化建设》，载《公安研究》2005 年第 8 期。

4. 肖文奇：《侦查讯问的博弈性探究》，载《福建公安高等专科学校学报》2006 年第 1 期。

5. 毕惜茜：《侦查讯问中博弈原理探析》，载《铁道警官高等专科学校学报》2008 年第 4 期。

6. 徐镇强：《警察专业化发展问题研究》，载《江苏警官学院学报》2009 年第 1 期。

7. 徐承：《成渝经济区警务合作的战略构想与路径设计》，载《中共四川省委省级机关党校学报》2012 年第 1 期。

8. 汪勇：《中国区域警务合作研究》，载《中国人民公安大学学报（社会科学版）》2013 年第 5 期。

9. 金黎钢、张丹丹：《中国（上海）自由贸易试验区公安警务工作实践研究》，载《上海公安高等专科学校学报》2013 年第 6 期。

10. 刘宪权：《中国（上海）自由贸易试验区成立对刑法适用之影响》，载《法学》2013 年第 12 期。

11. 石毅君：《浦东经济犯罪形势分析与应对策略——以上海自贸区建立为背景》，载《公安研究》2013 年第 12 期。

12. 郑少华：《中国（上海）自由贸易试验区的司法试

验》，载《法学》2013 年第 12 期。

13. 程一平、黄敬敏等：《浅析中国（上海）自由贸易试验区建设潜在犯罪风险及防范对策》，载《上海公安高等专科学校学报》2014 年第 1 期。

14. 刘松山：《论自贸区不具有独立的法治意义及几个相关法律问题》，载《政治与法律》2014 年第 2 期。

15. 金东日：《论机制》，载《广东社会科学》2014 年第 5 期。

16. 曲宁、徐樟丹等：《京津冀协同发展现在进行时》，载《天津经济》2014 年第 5 期。

17. 王利明：《负面清单管理模式与私法自治》，载《中国法学》2014 年第 5 期。

18. 张二震、戴翔：《关于构建开放型经济新体制的探讨》，载《南京社会科学》2014 年第 7 期。

19. 郭声琨：《充分发挥公安机关的生力军作用　为全面推进依法治国作出新贡献》，载《求是》2014 年第 24 期。

20. 刘宪权、卢勤忠等：《自贸区走私犯罪问题研究》，载《海关与经贸研究》2015 年第 1 期。

21. 上海市公安局自由贸易试验区分局课题组：《自贸试验区公安行政管理工作探索》，载《上海公安高等专科学校学报》2015 年第 1 期。

22. 邓国良：《实现主办侦查员制度由“背景变量”到“前景变量”的角色转换》，载《江西警察学院学报》2015 年第 2 期。

23. 蒋熙辉：《主办侦查员制度的初步探讨》，载《江西警察学院学报》2015 年第 2 期。

24. 吴秋玫：《试行主办侦查员制度的思考》，载《江西警察学院学报》2015 年第 2 期。

25. 张红显：《负面清单管理模式的法治之维》，载《法学评论》2015 年第 2 期。

26. 蒋硕亮：《中国（上海）自贸试验区制度创新与政府职能实现方式转变》，载《哈尔滨工业大学学报（社会科学版）》2015 年第 4 期。

27. 陈闻高：《三论侦查行为主体——兼谈主办侦查员制度》，载《江苏警官学院学报》2015 年第 5 期。

28. 熊一新：《关于全面深化公安改革若干问题的思考》，载《中国人民公安大学学报（社会科学版）》2015 年第 6 期。

29. 李敏：《美国纽约港自由贸易园区发展实践及其启示》，载《改革与战略》2015 年第 8 期。

30. 王红茹：《专家解读〈京津冀协同发展规划纲要〉看点》，载《中国经济周刊》2015 年第 18 期。

31. 曲光毅：《论上海自贸区行政执法体制的创新——以协商性行政执法体制为视角》，载《法制与经济》2015 年第 21 期。

32. 魏地：《全面深化公安改革下的新思路——主办侦查员制度的法治维度》，载《中国法律评论》2016 年第 1 期。

33. 宫轩：《京津冀签订框架协议 加强警务协同发展》，载《现代世界警察》2016 年第 3 期。

34. 李双其：《审讯中侦查人员与犯罪嫌疑人的合作——基于合作博弈的认识》，载《山东警察学院学报》2016 年第

3 期。

35. 汪海燕、范再峰:《主办侦查员制度研究》,载《中共中央党校学报》2016 年第 4 期。

36. 王晓伟:《建立主办侦查员制度有关问题的探讨》,载《山东警察学院学报》2016 年第 4 期。

37. 刘富鹏:《主办侦查员责任追究存在的问题及对策》,载《净月学刊》2016 年第 5 期。

38. 朱毅敏、严忠华等:《上海自贸试验区刑事检察工作情况调查》,载《人民检察》2016 年第 7 期。

39. 黄晋:《完善自贸试验区外商投资国家安全审查制度》,载《人民法治》2016 年第 12 期。

40. 范愉:《自贸区建设与纠纷解决机制的创新》,载《法治研究》2017 年第 1 期。

41. 乐昀:《自贸试验区海关防范走私监管——以福建省为例》,载《辽宁工业大学学报(社会科学版)》2017 年第 1 期。

42. 张小兵:《主办侦查员制度改革的困境与出路——H 省 L 市试点的模式和经验为例》,载《湘潭大学学报(哲学社会科学版)》2017 年第 2 期。

43. 上海市公安局自由贸易试验区分局课题组:《自贸试验区公共安全管理体系的探索和实践》,载《上海公安高等专科学校学报》2017 年第 4 期。

44. 上海市公安局自由贸易试验区分局课题组:《自贸区外国人证件业务"单一窗口"创新实践与思考》,载《上海公安高等专科学校学报》2017 年第 4 期。

45. 上海市公安局自由贸易试验区分局课题组:《创新

“打防同轴打防并进”工作理念　构建自贸区金融风险防控新模式》，载《上海公安高等专科学校学报》2017 年第 4 期。

46. 上海市公安局自由贸易试验区分局课题组：《自由贸易试验区建设背景下公安部门面临的机遇、挑战及应对工作路径》，载《上海公安高等专科学校学报》2017 年第 4 期。

47. 蒋和平、龚浩：《实践与探索：公安机关主办侦查员制度——兼论办案质量终身责任制》，载《中国刑警学院学报》2017 年第 5 期。

48. 刘敬东、丁广宇：《自贸试验区战略司法保障问题研究》，载《法律适用》2017 年第 17 期。

49. 任红：《我国自贸实验区洗钱风险审视与监管思路》，载《学术探索》2018 年第 1 期。

50. 杨婷：《论大数据时代我国刑事侦查模式的转型》，载《法商研究》2018 年第 2 期。

51. 陈瑞华：《公安体制改革的基本课题》，载《中国法律评论》2018 年第 3 期。

52. 许阳春：《论跨区域犯罪的侦查协作与指挥》，载《哈尔滨师范大学社会科学学报》2018 年第 3 期。

53. 刘征峰：《负面清单、透明度与法治原则——兼评我国自贸区外资管理的路径改革》，载《暨南学报（哲学社会科学版）》2018 年第 4 期。

54. 龙宗智：《试论建立健全司法绩效考核制度》，载《政法论坛》2018 年第 4 期。

55. 王琛、周彬：《大数据时代的警务模式改革》，载《中国人民公安大学学报（社会科学版）》2018 年第 4 期。

56. 陈燕、任学意：《重庆：自贸区里的派出所实践》，载《现代世界警察》2018 年第 5 期。

57. 刘宏斌：《自贸区警务：循发展之律 创模式之新》，载《现代世界警察》2018 年第 5 期。

58. 廖仔傲：《珠海横琴："自贸新时代"警务》，载《现代世界警察》2018 年第 5 期。

59. 陈卫东：《改革开放四十年中国司法改革的回顾与展望》，载《中外法学》2018 年第 6 期。

60. 叶氢、杨巨洪：《广东自贸区的警务模式与警务合作》，载《中国人民公安大学学报（社会科学版）》2018 年第 6 期。

61. 《上海：自贸区首发 2 项基层社会治理区级标准》，载《中国质量与标准导报》2018 年第 6 期。

62. 陈伟、熊波：《人工智能刑事风险的治理逻辑与刑法转向——基于人工智能犯罪与网络犯罪的类型差异》，载《学术界》2018 年第 9 期。

63. 皮勇：《论新型网络犯罪立法及其适用》，载《中国社会科学》2018 年第 10 期。

64. 薛妮：《海南自贸区（港）建设中的反洗钱机制》，载《人民法治》2018 年第 20 期。

65. 崔方军：《博弈论视角下的侦查讯问研究》，中国人民公安大学 2018 年硕士学位论文。

66. 曹泽康、殷丁韧：《电子商务平台犯罪事前预防研究》，载《福建警察学院学报》2019 年第 1 期。

67. 吴跃文：《大数据背景下跨境电信网络诈骗犯罪的预警

与反制——以冒充公检法诈骗为例》，载《湖北警官学院学报》2019年第3期。

68. 杨东：《“共票”：区块链治理新维度》，载《东方法学》2019年第3期。

69. 孙谦：《刑事侦查与法律监督》，载《国家检察官学院学报》2019年第4期。

70. 张旭、阮重骏：《人工智能非法应用的犯罪风险及其治理》，载《中国特色社会主义研究》2019年第4期。

71. 陈婉颖：《河南自贸区涉外警务存在的问题与优化路径》，载《郑州轻工业学院学报（社会科学版）》2019年第Z1期。

72. 刘冰捷：《法律概念的定位：理论与实践中的主办侦查员制度》，载《贵州社会科学》2019年第8期。

73. 郭旨龙：《中国刑法何以预防人工智能犯罪》，载《当代法学》2020年第2期。

74. 刘宪权：《涉人工智能犯罪中的归因与归责标准探析》，载《东方法学》2020年第3期。

75. 蔡操、吴江：《成渝地区双城经济圈建设下市域社会治理联动机制构建》，载《重庆行政》2020年第5期。

76. 叶寒冰：《关于服务成渝地区双城经济圈建设深化警务合作研究》，载《公安研究》2020年第7期。

77. 柏傲婷：《大数据背景下“杀猪盘”电信网络诈骗侦查对策研究》，载《网络空间安全》2020年第10期。

78. 《太原警方公布婚恋“杀猪盘”案例分析诈骗新手法》，《中国防伪报道》2020年第11期。

79. 王海涛、宋丽华等：《人工智能发展的新方向——人机物三元融合智能》，载《计算机科学》2020 年第 S2 期。

80. 雷鑫洪：《智慧税警协作下的涉税犯罪治理研究》，载《税务与经济》2021 年第 1 期。

81. 王枫梧：《“杀猪盘”式网络诈骗行为的脚本分析》，载《山东警察学院学报》2021 年第 1 期。

82. 曾磊：《惩治网络犯罪国际警务合作的理论基础与路径考量》，载《中国人民公安大学学报（社会科学版）》2021 年第 1 期。

83. 秦蕊、李娟娟等：《NFT：基于区块链的非同质化通证及其应用》，载《智能科学与技术学报》2021 年第 2 期。

84. 吴骥等：《横琴自贸区道路交通现状分析及治理对策》，载《道路交通管理》2021 年第 2 期。

85. 周孟辞：《“杀猪盘”电信网络诈骗犯罪人与被害人的互动关系研究》，载《江西警察学院学报》2021 年第 2 期。

86. 李晶晶、张卿：《中国城市群产业发展比较研究——基于长三角、珠三角、京津冀与成渝城市群的比较》，载《经济视角》2021 年第 3 期。

87. 郭春宁：《元宇宙的艺术生成：追溯 NFT 艺术的源头》，载《中国美术》2021 年第 4 期。

88. 马燕坤、王喆：《成渝地区双城经济圈科学高效治理：现实透视与体制机制创新》，载《经济体制改革》2021 年第 4 期。

89. 向静、刘亚岚：《“杀猪盘”电信诈骗犯罪的心理控制机制剖析》，载《中国人民公安大学学报（社会科学版）》

2021 年第 4 期。

90. 叶良芳：《犯罪场理论视角下电信网络诈骗犯罪的治理对策》，载《犯罪研究》2021 年第 6 期。

91. 司晓：《区块链数字资产物权论》，载《探索与争鸣》2021 年第 12 期。

92. 徐睿、陈中等：《咨询心理学视域下反诈劝阻心理攻略构建研究——以“婚恋交友类”电信网络诈骗案件为视角》，载《公安教育》2021 年第 7 期。

93. 黄家星：《“深度伪造”中个人隐私的保护：风险与对策》，载《华东理工大学学报（社会科学版）》2022 年第 1 期。

94. 谢玲：《电信网络诈骗心理控制的形成及阻断》，载《中国刑警学院学报》2022 年第 1 期。

95. 马皑、宋业臻：《人工智能犯罪风险评估“算法歧视”现象及其规制路径》，载《江淮论坛》2022 年第 2 期。

96. 苏宇：《非同质通证的法律性质与风险治理》，载《东方法学》2022 年第 2 期。

97. 姜艾汝：《“杀猪盘”网络诈骗犯罪的实证分析及打防对策研究》，载《网络安全技术与应用》2022 年第 3 期。

98. 房慧颖：《人工智能犯罪刑事责任归属与认定的教义学展开》，载《山东社会科学》2022 年第 4 期。

99. 魏丽婷、郭艳等：《非同质化代币（NFT）：逻辑、应用与趋势展望》，载《经济研究参考》2022 年第 4 期。

100. 谢玲：《遏制电诈犯罪虚拟货币跨境洗钱研究——以资金流查控为视角》，载《中国人民公安大学学报（自然科学版）》2022 年第 4 期。

101. 夏莹、黄华等：《反洗钱视角下 NFT 的洗钱风险探究及建议》，载《时代金融》2022 年第 5 期。

102. 张佳华：《大数据时代新型网络犯罪的惩治困境及进路》，载《学习与实践》2022 年第 5 期。

103. 王赓：《基于深度学习的人工智能发展与应用》，载《无线互联科技》2022 年第 6 期。

104. 全毅：《中国高水平开放型经济新体制框架与构建路径》，载《世界经济研究》2022 年第 10 期。

105. 余俊缘：《数字作品 NFT 交易的本质、规则及法律风险应对》，载《科技与出版》2022 年第 10 期。

106. 何明、李轩：《人工智能视域下智慧型侦查模式构建》，载《中国人民警察大学学报》2022 年第 12 期。

107. 范永恒：《国有企业资产管理存在的问题及其完善措施探讨》，载《企业改革与管理》2022 年第 15 期。

108. 尹俊翔、陶杨：《打击跨境电信网络诈骗犯罪的困境与对策》，载《人民论坛·学术前沿》2022 年第 16 期。

109. 裴绍军、梁绥：《NFT 交易中的潜在洗钱风险》，载《中国金融》2022 年第 17 期。

110. 宋鑫尧：《新形势下网络阵地控制发展路径思考》，载《网络安全技术与应用》2023 年第 1 期。

111. 王靖雯：《侦查阵地控制于虚拟货币洗钱犯罪侦防中的应用》，载《网络安全技术与应用》2023 年第 1 期。

112. 葛伟军、方懿：《区块链智能合约下加密数字藏品的法律属性与内生风险》，载《上海大学学报（社会科学版）》2023 年第 2 期。

113. 盛浩：《生成式人工智能的犯罪风险及刑法规制》，载《西南政法大学学报》2023年第4期。

114. 金益锋、马忠红：《刑事侦查中人工智能的应用：实践样态、风险挑战与发展策略》，载《科技导报》2023年第7期。

115. 张光卿：《河北实行主办侦查员责任制》，载《人民公安报》2005年1月16日，第4版。

116. 吴艺、刘建：《上海自贸区公安分局成立》，载《法制日报》2014年9月29日，第5版。

117. 林中明：《自贸区刑事法律适用指导意见发布》，载《检察日报》2014年11月9日，第1版。

118. 孙立成：《公正执法文明执法　为法治贵州建设提供保障》，载《人民公安报》2014年12月21日，第1版。

119. 梁仁昌：《福州马尾打造特色警务接轨自贸模式》，载《人民公安报》2015年5月21日，第1版。

120. 孟伟阳、蔡顺国：《自贸区犯罪呈粘附"自贸"特质》，载《法制日报》2015年7月20日，第5版。

121. 王清波、王宇声：《珠海将推出公安改革创先重点项目》，载《人民公安报》2015年9月23日，第4版。

122. 张亮：《天津自由贸易试验区背景下新区公安机关创新社会治理的实践与思考》，载《滨海时报》2016年3月25日，第1版。

123. 施楠：《刑侦制度改革的两大亮点》，载《人民公安报》2016年5月13日，第7版。

124. 刘宏顺：《破不了案就算了？不得行!》，载《四川日报》2016年7月19日，第14版。

125. 唐玮婕：《"单一窗口"让自贸区跨境引才大提速》，载《文汇报》2016年10月5日，第1版。

126. 阮仕喜：《汉阴："三级主办侦查员"模式激发队伍活力》，载《人民公安报》2017年7月27日，第7版。

127. 良子、周培：《构建与海南自贸区（港）建设相适应的共建共治共享社会治理新格局》，载《海南日报》2018年5月22日，第2版。

128. 李光明：《从等案办到抢办案》，载《法制日报》2019年3月25日，第1版。

129. 周科竞：《股民如何规避"杀猪盘"》，载《北京商报》2020年9月23日，第6版。

130. 蒋牧云、张荣旺：《NFT新玩家的金融魔术》，载《中国经营报》2021年8月30日，第B01版。

131. 陈瑜：《〈成渝地区双城经济圈便捷生活行动方案〉出炉》，载《重庆商报》2021年10月29日，第2版。

132. 王君晖：《NFT交易创新高 多方提示潜藏洗钱风险》，载《证券时报》2022年2月18日，第A02版。

133. 赵家新：《南通：商会警务服务站护航民营经济发展》，载《人民公安报》2022年11月19日，第2版。

134. 杨垠红、廖正飞：《合理界定非同质化代币的法律属性》，载《中国社会科学报》2022年12月28日，第4版。

三、网络资源

1. 公安部：《公安部党委发出通知部署全国公安机关深入

学习贯彻党的十八届四中全会精神》，载公安部网 2014 年 11 月 2 日，https：//www. mps. gov. cn/n2253534/n2253535/c4854881/content. html。

2. 梁仁昌、陈航岚：《福州市马尾区公安局“自贸 Style”广受好评》，载网易新闻网，http：//news. 163. com/15/0721/11/AV1VISCQ00014AEE. html。

3. 最高人民检察院：《最高检发布 6 起依法查处金融犯罪典型案例》，载最高人民检察院网，http：//www. spp. gov. cn/zdgz/201509/t20150923_ 105024. shtml。

4. 泓翔：《福建：“智慧警务”对接服务自贸试验区》，载搜狐网 2015 年 10 月 23 日，http：//www. sohu. com/a/37475899_ 114812。

5. 《上海检方：沪自贸区刑事案发平稳，金融犯罪罪名集中》，载环球网 2016 年 5 月 25 日，https：//m. huanqiu. com/article/9CaKrnJVECO。

6. 《重庆警方推 14 项出入境优惠政策　在渝外国友人更方便》，2017 年 6 月 7 日，https：//news. youth. cn/jsxw/201706/t20170607_ 9996862. htm。

7. 上海市公安局自贸区分局党委：《以公安改革创新成效服务自贸区建设发展》，载中国青年网 2017 年 6 月 28 日，https：//news. youth. cn/jsxw/201706/t20170628_ 10182969. htm。

8. 《李克强谈“放管服”改革：用政府权力减法换取市场活力乘法》，载中国新闻网，http：//www. chinanews. com/gn/2017/08 –06/8297210. shtml。

9. 《粤港澳大湾区警务合作座谈会在粤举行　服务湾区建

设携手共建平安》，载广东省人民政府网 2018 年 9 月 9 日，http：//www. gd. gov. cn/gdywdt/gdyw/content/post_ 128784. html。

10. 程景伟、夏立元：《广州南沙自贸区近一年来跨境案件明显增多》，载中国新闻网，http：//www. chinanews. com/sh/2018/12－14/8702805. shtml。

11. 《2018 国内外数据泄露事件盘点：5000 万条记录可致损失 3. 5 亿美元》，载网易网 2018 年 12 月 26 日，https：//www. 163. com/dy/article/E3V564G10514A1HE. html。

12. 《揭秘“杀猪盘”：“屠夫”深藏东南亚，被害人自杀几率高》，载新报业网，http：//news. xhby. net/fz/daya/201909/t20190923_ 6343097. shtml，2019 年 9 月 23 日。

13. 《辗转多国，包头警方成功抓获“东南亚杀猪盘”诈骗团伙全部成员!》，载内蒙古长安网，http：//www. nmg-zf. gov. cn/xwjj/2020－01－20/31530. html，2020 年 1 月 20 日。

14. 《涉案 2000 余万元，落网 66 人！金华金东公安打掉特大“杀猪盘”犯罪团伙》，载搜狐网 2020 年 8 月 27 日，https：//www. sohu. com/a/415360205_ 99962083。

15. 《专门针对离异单身女性下手，广西打掉一“杀猪盘”诈骗团伙》，载腾讯网，https：//new. qq. com/rain/a/20201117A02CHX00。

16. 张冠年：《防城港侦破一起特大跨国非法经营外汇案》，载国际在线网，https：//gx. cri. cn/n/20201224/5d56eaa8－f494－2568－ad81－b5c9ad1e2a01. html。

17. 最高人民检察院：《充分发挥检察职能　推进网络空间

治理典型案例》，载最高人民检察院网，https：//www. spp. gov. cn/spp/xwfbh/wsfbh/202101/t20210125_ 507452. shtml。

18. 最高人民检察院：《2021 年检察机关积极参与涉外法治建设，办理涉外刑事案件 5691 件》，载最高人民检察院网，https：//www. spp. gov. cn/spp/ttzgjgzbg/202203/t20220308 _ 548032. shtml。

19. 重庆市人民政府新闻办公室：《重庆举行公安局 2022 年一季度例行新闻发布会》，载重庆市人民政府 2022 年 4 月 12 日，https：//www. cq. gov. cn/hdjl/xwfbh/detail. html？interviewId = 1886&siteId = 589。

20. 中国科技新闻学会元宇宙科技传播专业委员会组织编写：《中国数字权益白皮书》，载贵州省大数据发展管理局，http：//dsj. guizhou. gov. cn/xwzx/gnyw/202206/t20220627 _ 75297077. html。

21. 厦门市税务局：《厦门查处一起骗取出口退税团伙案追缴 24626. 98 万元》，载新浪网 2022 年 11 月 15 日，http：//k. sina. cn/article_ 5993531560_ 1653e08a8020018z0h. html。

22. 《警惕！“AI 换脸”新骗局！》，载澎湃网 2023 年 5 月 23 日，https：//www. thepaper. cn/newsDetail_ forward_ 23190556。

四、外国文献

1. ［法］达尼埃尔 · 马丁、［法］弗雷德里克 - 保罗 · 马丁：《网络犯罪：威胁、风险与反击》，卢建平译，中国大百科全书出版社 2002 年版。

2. ［美］格若赫姆 · 罗珀：《博弈论导引及其应用》，柯华庆、闫静怡译，中国政法大学出版社 2005 年版。

3. ［瑞典］汉斯·舍格伦、［瑞典］约兰·斯科格编：《经济犯罪的新视角》，陈晓芳、廖志敏译，北京大学出版社 2006 年版。

4. ［美］安东尼·唐斯：《官僚制内幕》，郭小聪等译，中国人民大学出版社 2006 年版。

5. ［美］普尔普拉：《警察与社区——概念和实例》，杨新华译，中国人民公安大学出版社 2009 年版。

6. ［美］朱迪·弗里曼：《合作治理与新行政法》，毕洪海、陈标冲译，商务印书馆 2010 年版。

7. ［法］皮埃尔-菲利普·库姆斯等：《经济地理学：区域和国家一体化》，安虎森、颜银根等译，中国人民大学出版社 2011 年版。

8. ［美］查尔斯·R. 史旺生等：《警察行政管理：结构、过程与行为》，匡萃冶等译，中国人民公安大学出版社 2013 年版。

9. ［英］本·鲍林、［英］詹姆斯·谢普蒂基：《全球警务机制研究》，倪铁译，法律出版社 2014 年版。

10. ［英］彼得·乔伊斯：《警务发展与当代实践》，曹志建译，知识产权出版社 2015 年版。

11. ［美］布兰登·C. 韦尔什、［英］戴维·P. 法林顿编：《牛津犯罪预防指南》，秦英等译，中国人民公安大学出版社 2015 年版。

12. ［加］弗里德里克·勒米厄：《国际警务合作的理论与实践》，曾范敬译，中国人民公安大学出版社 2016 年版。

13. ［美］塞缪尔·沃克、［美］查尔斯·M. 卡茨：《美国警察导论》（第 8 版），张小兵等译，中国人民公安大学出版社 2016 年版。

14. ［瑞士］多米尼克·维斯勒、［美］伊赫科沃巴·昂武迪韦主编：《各国社区警务模式及比较》，梁坤译，社会科学文献出版社 2017 年版。

15. ［美］约翰·弗雷尔等：《跨部门合作治理》，甑杰译，化学工业出版社 2018 年版。

16. ［加］于非：《智能简史：从大爆炸到元宇宙》，清华大学出版社 2022 年版。

17. Trojanowicz Robert & Bucqueroux Bonnie, Community Policing: A contemporary perspective. Cincinnati, Ohio: Anderson Publishing Company, 1990.

18. Shaun Best, Zygmunt Bauman on Education in Liquid Modernity, New York and London: Routledge, 2021.

19. Lord Scarman, The Scarman Report: The Brixton Disorders, 10 – 12 April, 1981 (Pelican). Middlesex: Penguin Books Ltd, 1986.

20. Takayoshi Kusago & Zafiris Tzannatos, Export processing zones: A review in need of update. Social Protection & Labor Policy & Technical Notes, from the World Bank, 1998 (9802).

21. Richard C. Feiock & Rational Choice and Regional Governance, Journal of Urban Affairs, 2007, 29 (1).

22. Hakeem O. Yusuf, Democratic Transition, Judicial Accountability and Judicialisation of Politics in Africa, International

Journal of Law and Management, 2008, 50 (5).

23. Paul Rosenzweig, The International Governance Framework for Cybersecurity, Canada - United States Law Journal, 2012, 37 (2).

24. Richard C. Feiock, The Institutional Collective Action Framework, Policy Studies Journal, 2013, 41 (3).

25. Ian J. Goodfellow et al. Generative Adversarial Networks, Montreal: Advances in neural information processing systems, 2014.

26. Mehmet Sevri, Hacer Karacan & M. Ali Akcayol, Crime Analysis Based on Association Rules Using Apriori Algorithm. International Journal of Information and Electronics Engineering, 2017, 7 (3).

27. Lei Zhang, Supervision and Investigation of Internet Fraud Crimes, International Journal of Network Security, 2018, 20 (6).

28. M. Hanefi Calp, Evaluation of Multidisciplinary Effects of Artificial Intelligence with Optimization Perspective, Broad Research in Artificial Intelligence & Neuroscience, 2019, 10 (1).

29. Nataliya Maroz, Regionalization of International Cooperation in the Fight against Cybercrime. Law Review, 2019, 9 (2).

30. Younis Abdalla, M. Tariq Iqbal & Mohamed Shehata, Copy - Move Forgery Detection and Localization Using a Generative Adversarial Network and Convolutional Neural - Network, Information, 2019, 10 (9).

31. Aleksandra Jordanoska, The Exciting World of NFTs: A Consideration of Regulatory and Financial Crime Risks, Butterworths Journal of International Banking and Financial Law, 2021 (10).

32. Noah Charney, Do NFTs Mean the End of Real - World Art?, Journal of Art Crime, 2021, 25.

33. Ethan Katsh, Chris Draper & Noam Ebner, Comments on Artificial Intelligence, International Journal of Online Dispute Resolution. 2022, 9 (2).

34. Sean Sullivan, NFTs: Future or Fad?, Columbia Journal of Law & the Arts, 2022, 45 (3).

35. L. V. Astakhova, N. V. Kalyazin, Non - Fungible Tokens (NFT) as a Means and Object of Ensuring Information Security. Automatic Documentation and Mathematical Linguistics, 2022, 56.

36. Evans Kotei & Ramkumar Thirunavukarasu, A Systematic Review of Transformer - Based Pre - Trained Language Models through Self - Supervised Learning. Information, 2023, 14 (3).

37. Fatemeh Zare Mehrjardi, Ali Mohammad Latif & Mohsen Sardari Zarchi, Copy - Move Forgery Detection and Localization Using Deep Learning, International Journal of Pattern Recognition & Artificial Intelligence, 2023, 37 (9).

38. ComplyAdvantage, The State of Financial Crime 2022. https://complyadvantage.com/insights/the-state-of-financial-crime-2022/, 2022-02-10.

39. David Boyd, NFT Crime: From the Simple to the Ingeniously Simple, https://www.trustedsec.com/blog/nft-crime-from-the-simple-to-the-ingeniously-simple/, 2022-04-28.

后　记

本书是对我近 5 年公安学研究相关成果的一次汇总整理。若从 2011 年 9 月入职起算，到 2020 年 4 月脱下警服来到西南政法大学专职教书，其间有近 9 年的从警时间，而本书的成果形成于这 9 年的末尾、2020 年前后的这段时间，这段时间也正是自己人生的一次“转折点”。从这个角度看，本书有着明显的“过渡”意义。本书每一章节主题主要依托了一些省级课题聚焦开放发展背景下的警务问题展开研究。

现在，由于自己所在部门及从事专业研究领域发生变化，由原先的法学、公安学到现在的国家安全学，尽管这种变化并不是颠覆性的，“两安”研究（公安 + 国安）确实存在很多交叉结合点，但是，本书仍然很可能是我集中精力从事公安学研究的最后一次成果汇集了，因此有着“收官”的特殊意义。

本书的部分章节是我与学生合著而成，例如：第五章和第九章与李晨炜硕士合著；第六章与郭尧呈硕士合著；第七章与陈嘉鑫博士合著；第八章与韩梓龙硕士合著；其他章节由我独著。这些同学都是同龄人中的佼佼者，在与他们一起研究切磋的愉快过程中，我自己也受益良多。非常感谢同学们的热情参与。

感谢在学术道路上帮助过我的许多亲朋好友，也感谢自己的长期坚持，我将继续踏实做事、稳步前行。

谢　波

2024 年 1 月